# 极简财务

（第2版）
Second Edition

# THE FINANCE BOOK

斯图尔特·沃纳
（Stuart Warner）

赛义姆·侯赛因
（Saieem Hussain）
— 著 —

韩洪灵　刘　强
— 译 —

中国人民大学出版社
·北京·

# 译者序

"时间不语,却回答了所有的问题;数字不言,却见证了所有的真相。"对于广大的经理人、投资者或信贷者而言,理解会计数字的经济含义,运用财务数据穿透商业本质,有助于其更有效地进行一系列决策活动。然而,会计与财务之复杂的概念体系让很多人望而却步,这亦是译者多年从事 EMBA "战略性财务报表分析"、MBA "财务分析与证券估值"、MBA "财务会计"等课程教学的深切体会,"烧脑、巨难、枯燥"是大多数学员对学习财务原理的第一反应。因此,快速理解并掌握国际通用的会计与财务语言是商学院学生及财经人士共同的期盼。

令人欣慰的是,培生公司(Pearson)出版的《极简财务(第 2 版)》一书改变了上述现状。本书第 1 版自 2017 年问世以来,在全球范围内受到企业管理人员以及非财务专业人士的青睐与追捧。本书以通俗易懂的语言,以国际财务报告准则(International Financial Reporting Standards,IFRS)为导向建构了企业会计与财务知识的基本图谱,系少有的兼具可读性、实践性与学术性的财务图书。本书第 2 版的主要内容与特色包括:

- **简化概念,面向大众**

涵盖财务会计与财务管理的基本概念与内容,用简练的话术解释专业词汇,使得无论是财务专业人士还是非财务专业人士都能很好地理解一些抽象的会计概念。

- **案例贯穿，注重应用**

以国际财务报告准则为标准，用现实公司案例与报表数据贯穿本书各个章节，有助于读者将理论知识与实际应用高度融合、统一衔接。

- **统一模块，便于理解**

将章节知识框架模块化，构建了"敲黑板—涨知识—小课堂"的基础学习专栏以及"想一想"等进阶学习专栏，形成了基础财务会计知识"了解—思考—应用"的学习闭环。

本书中文版由浙江大学韩洪灵、刘强主译，具体分工如下：第 1~4 部分由韩洪灵、徐易天翻译，第 5~8 部分由刘强、纠展羽翻译。本书有助于投资者、基金经理、监管者、银行家、投资银行家等实务界人士快速掌握财务原理，亦可作为高等学校 EMBA、MBA 等专业硕士学位"财务报表分析""财务会计"等课程的配套参考书。

本译著是国家自然科学基金重点项目（71932003）、教育部人文社科重大攻关项目（22JZD010）、国家社科基金重点项目（22AGL012）、国家自然科学基金青年项目（72102209）的研究成果之一。翻译过程中难免存在疏漏，敬请读者批评指正。

韩洪灵　刘强

于浙江大学

# 目录

引 言

## 第 1 部分 财务基础知识

01　企业会计 / 007
02　财务人员及系统 / 014

## 第 2 部分 主要财务报表

03　利润表 / 031
04　资产负债表 / 040
05　现金流量表 / 051

## 第 3 部分 财务报表的要素

06　收入确认 / 063
07　营运支出和资本支出 / 071
08　企业税收 / 077
09　有形固定资产和折旧 / 087
10　商誉和其他无形资产 / 101
11　存　货 / 110

12　应收账款和应付账款 / 120

13　预付款项和预提费用 / 129

14　预计负债和或有事项 / 137

15　资本和储备 / 148

16　集团会计 / 157

17　重　估 / 165

18　减　值 / 174

## 第 4 部分　财务和监管环境

19　会计和财务报告准则 / 185

20　外部财务审计 / 192

21　公开信息 / 203

22　公司治理及举报 / 211

## 第 5 部分　评估财务状况

23　盈利能力指标 / 223

24　营运资本和流动性管理 / 232

25　破产和持续经营风险 / 242

26　长期偿债能力指标 / 252

27　投资者比率 / 261

28　企业估值 / 273

**第 6 部分　企业融资来源**

29　股权融资 / 285
30　债务融资 / 297

**第 7 部分　财务管理**

31　管理报表 / 309
32　盈利定价 / 317
33　利润规划 / 326
34　预算和预测 / 337
35　投资评估 / 346

**第 8 部分　实际应用**

36　财务报表的可靠性、相关性
　　和可信度 / 357
附录　格雷格斯公司财务报表 / 365

# 引 言

## 本书特色

### 无需财务基础

读者不需要任何财务基础即可理解书中的概念,因为本书的编写原则就是使读者能够轻松地阅读。本书将会告诉你什么是你需要知道的,让你掌握核心财务概念,从而快速进入财务领域。

本书的一个特点是,你不需要从头到尾读一遍,就能对财务有一定的理解。每章都涵盖一个特定的领域,这样,你就能够从任意章节开始阅读。此外,本书将复杂的财务话题分解为诸多关键概念,并以简洁、易于阅读的方式进行解释。

### 实务导向

虽然本书并非学术专著,但也不是一本"简单"的书籍。这是一本实务导向的图书,由实务专家编写而成。贯穿本书的是作者从不同行业、不同公司以及不同部门所获得的一手经验,而不是理论知识。

此外,两位作者都具有丰富的教学经验,指导、教授和培训过数千名专业人士,涵盖市场营销、销售、生产、工程、IT、行政管理、人力资源、法律和会计等领域。

### 聚焦管理人员

市面上绝大多数财务书籍都让读者沉浸在"细节"之中,它们更适合那些从事财务工作或有志于从事财务工作的人。

本书是为非财务从业者编写的,尤其适用于那些从事管理工作或有志于从事管理工作的人。

本书非常适合企业管理人员或考虑从事管理工作的人,包括董事、经理、MBA 以及在校生,也适合那些希望理解财务核心概念的读者。

### 一本书,一段旅程

为了便于阅读,本书各章节采用一致的格式。每章都有多处与其他相关章节的交叉引用(包括链接)。这使读者能够回顾相关章节并建立联系。跟随你的好奇心,开启你的旅程吧。

### 清晰的结构

本书每章都采用一致的格式,方便读者阅读。

| 一分钟小结 | 用简单的几句话解释财务核心概念的含义。 |
| --- | --- |
| 敲黑板 | 如果你时间有限,想要"开门见山",可以关注这部分。该专栏涵盖了本章要点,包括:<br>• 为什么重要?<br>• 何时重要?<br>• 实务中 |
| 涨知识 | 适用于希望了解更多知识或对复杂问题感兴趣的读者。 |
| 小课堂 | 提供更多见解的相关概念和图表。 |

| 想一想 | 提出一些有价值的问题，供读者思考，让读者反思对该章的学习，并将所学应用到工作中。<br>旨在树立读者信心，增进读者理解，激发读者好奇心。 |
|---|---|
| 看报表 | 适合对复杂问题和进一步细节感兴趣的读者。<br>报表对于了解公司财务十分有用。该专栏将帮助读者了解相关的财务概念如何反映，反映在报表何处。 |
| 实务关注点 | 在实务中需注意的要点。 |

## 应用

本书作者通过思考目前财务报表的局限性，探讨了财务的未来发展。

| 财务报表的可靠性、相关性和可信度 | 第 36 章讨论了财务报表的可靠性、相关性和可信度，并展望了财务报表的未来发展趋势。 |
|---|---|
| 格雷格斯公司 2020 年财务报表 | 附录为格雷格斯公司 2020 年财务报表，该报表在全书都有引用摘录，以展示财务概念在实务中的应用，方便读者参考。 |

## 用词

为便于非金融专业人士阅读，本书使用的是日常术语（如"固定资产"），同时也引入了替代术语（例如国际财务报告准则（IFRS）中使用的"非流动资产"）（见第 19 章会计和财务报告准则）。对于财务报告的处理和披露，我们采用国际财务报告准则，与本书案例中格雷格斯公司采用的准则一致。

"公司""企业""实体""组织"这些术语可以互换，含义没有区别。

## 目录

本书共 36 章，分为 8 个部分。

第 1 部分　财务基础知识

- 企业摒弃收付实现制而选择使用权责发生制的原因。
- 财务部门、主要人员及其制度。

第 2 部分　主要财务报表
- 主要有三种财务报表：利润表、资产负债表、现金流量表。

第 3 部分　财务报表的要素
- 本部分涵盖了构成财务报表的若干要素。

第 4 部分　财务和监管环境
- 公司经营的规则、规章、责任和最佳实践。

第 5 部分　评估财务状况
- 评估公司财务状况的关键绩效措施和指标。

第 6 部分　企业融资来源
- 企业融资的两个主要来源——股权融资和债务融资，以及一些其他来源。

第 7 部分　财务管理
- 企业采用的最佳财务管理方法。

第 8 部分　实际应用
- 对财务报表可靠性、相关性和可信度的探讨。
- 提供格雷格斯公司 2020 年财务报表副本，以便读者参考。

# 第 1 部分 财务基础知识

# 01
# 企业会计

> 记住，信用就是金钱。
>
> ——本杰明·富兰克林
> 美国政治家、作家、科学家和发明家

### 一分钟小结

现金与利润不同。

企业会计以权责发生制（accrual basis）为基础。这一规则体现了商业交易中固有的时间差异。

无论现金的收付是否发生，收入和费用都应与交易发生时间进行匹配。

简单地说：

- 在"赚取"收入时就要确认收入，而不是收到现金时；
- 在"发生"费用时就要确认费用，而不是支付现金时。

权责发生制会计帮助企业确定其实际利润和净资产。

## 敲黑板

### 销售和购买

企业间的交易通常建立在信用基础上，例如，客户在约定的天数之后向供应商付款。

交易时间通常是交付货物或提供服务的时间，这取决于业务的性质。

需要理解的关键概念是"赚取"的收入和"发生"的费用，如下表所示：

| "赚取"的收入 | "发生"的费用 |
| --- | --- |
| 销售收入在"赚取"时就需要在财务报表中确认，这可能与从客户"收到"现金的时间不同。 | 费用在"发生"时就需要在财务报表中确认，这可能与向供应商"支付"现金的时间不同。 |
| 例如，一次赊销行为发生时就要确认收入，而收到现金可能在30天或更长时间之后。 | 例如，一次赊购行为发生时就要确认费用，尽管这在支付现金给供应商之前。 |

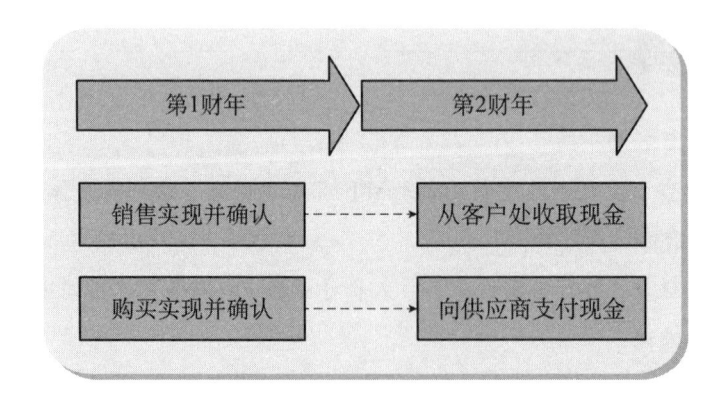

```
  第1财年  →    第2财年  →

  销售实现并确认  ----→  从客户处收取现金

  购买实现并确认  ----→  向供应商支付现金
```

上图说明收取和支付现金的时间可能与在公司报表中确认销售和购买的时间不同。

### 为什么重要？

权责发生制会计是公司法和公认会计惯例（Generally Accepted Accounting

Practice, GAAP）所要求的（见第 19 章会计和财务报告准则）。

按权责发生制编制财务报表能更准确地反映企业当前的财务状况和净资产。一家企业的年末资产负债表上有大量现金，并不意味着它的财务状况很好，因为其可能存在一些未兑现的现金承诺。

## 示例

信用有限公司是一家向客户和供应商赊销和赊购产品的公司。在截至 2021 年 12 月 31 日的一年内，其进行了以下交易：

| 交易 | 金额（英镑） | 交易时间 | 结算时间 |
| --- | --- | --- | --- |
| 采购 | 6 000 | 2021 年 12 月 1 日 | 2022 年 2 月 1 日支付现金 |
| 销售 | 10 000 | 2021 年 12 月 15 日 | 2022 年 2 月 15 日收取现金 |

如果使用收付实现制记录上述交易，该公司 2021 年的业务利润将如下所示：

|  | 2021 年（英镑） |
| --- | --- |
| 销售 | 0 |
| 采购 | 0 |
| 利润 | 0 |

因此，以收付实现制记录利润会给人一种企业在年内没有进行任何交易活动的印象。然而，该公司这一年中显然一直在买卖产品。而使用权责发生制则可以反映真实发生的情况，如下表所示：

|  | 2021 年（英镑） |
| --- | --- |
| 销售 | 10 000 |
| 采购 | （6 000） |
| 利润 | 4 000 |

公司法和会计准则要求公司反映所发生交易的实质，即现实情况。现金收

付的时间只是合同双方之间的一种结算安排，不会改变交易的实质。

## 何时重要？

权责发生制在公司财年末编制财务报表时尤为重要。公司的报表应包括该年度内的所有销售交易，不论是否已全部收到与销售有关的现金。同样，报表应反映一年内所有的购买交易，不论是否支付了现金。

如果一个企业定期编制管理报表（见第 31 章管理报表），那么在每个期末调整所有的时间差异也是很重要的。

## 实务中

- 收入确认（见第 6 章收入确认）
- 折旧（见第 9 章有形固定资产及折旧）
- 应收账款和应付账款（见第 12 章应收账款和应付账款）
- 预付款项和预提费用（见第 13 章预付款项和预提费用）
- 预计负债（见第 14 章预计负债和或有事项）

审计师（见第 20 章外部财务审计）始终关注年末前后的交易，以确保它们被反映在正确的期间内。年末前后的大量赊销和赊购交易将对每年的利润产生显著影响，因此必须被分配到正确的年份。

## 涨知识

### "灰色地带"

对于大多数涉及简单产品或服务的企业来说，确定交易时点是相对简单的。

然而，对于更复杂的情况，有一些"灰色地带"需要会计师、审计师进行更多的思考和投入。虽然有许多既定的方法，但根据交易的不同，公司可以选择将哪种方法作为其会计政策。

以下是一些"灰色地带"的例子：

### 示例1：产品和服务组合

产品和服务的组合是一个"灰色地带"，例如一种包含售后服务的产品。这项服务可以在产品交付和付款后几个月再履行。公司需要建立收入确认政策，以确定销售收入和服务费用应分配的期间。

### 示例2：长期项目

项目持续数年的建筑公司需要有一个明确的收入确认政策。完工程度可能没法清楚反映其在何时收到预先商定的现金付款。当涉及质量保证金（扣留部分款项，直至项目验收合格）时，这就变得更加复杂了。

详情见第6章收入确认。

## 小课堂

"权责发生制"这个词经常让非财务人员感到困惑。这个术语在很多方面都适用，例如，权责发生制会计（本章）和预提费用（见第13章预付款项和预提费用）。

由于簿记工作是由意大利人卢卡·帕乔利（Luca Pacioli）完成的，会计中的许多词汇都源自拉丁语。"应计"在拉丁语中的衍生词是accrescere，意思是增长，词典中"应计"大多是指"积累"。

遗憾的是，将这一定义与权责发生制会计概念相关联仍然具有挑战性，因此有了"匹配"（matching）这个简单的概念。

## 想一想

1. 回想你上个月的收入和支出，思考为什么必须使用权责发生制概念来反映真实的业绩。如果你赚取了一份工资，但公司到月末还没有发给你，那么你"赚取"了这份工资吗？同样考虑一下你当月的信用卡支出，在结账日期后约28天内，你无须付清欠款，但请考虑在交易发生时，你是否已发生有关开支？综上，每月的"利润"应是你的收入和支出之间的差额，不管交易是否以现金结算。

2. 比较权责发生制会计和收付实现制会计，来理解为什么权责发生制会计可以防止企业通过改变与客户和供应商的交易条款来操纵财务成果。

以一个组织为例：

- 是否可以清楚地识别其交易何时发生？是否有记录支持？
- 该组织如何记录其采购及收到的相关产品或服务？应在什么情况下确认购买行为？
- 该组织是否采用权责发生制编制管理报表？
- 该组织是否向客户提供信贷，并从供应商那里获得信贷？如果是，如何管理和记录这个过程？
- 该组织是否对权责发生制和交易时间的影响有清晰的理解？

如果你想了解作者对这些问题的看法，请访问 financebook.co.uk。

## 看报表

根据公司法和公认会计惯例（GAAP）（见第 19 章会计和财务报告准则）的要求，所有公司报表将按照权责发生制编制。

在审查财务报表时，重要的是要意识到现金不等于利润。企业确认交易的时点和进行相关现金结算的时点极有可能不同。理解利润和现金之间的差异是公司必须编制现金流量表（见第 5 章现金流量表）和利润表（见第 3 章利润表）作为其财务报表组成部分的原因之一。

**实务关注点**

- 发生在期末前后的交易，尤其是年末。
- 债务人、债权人及应计结余的同比变化。
- 收入确认的会计政策（见第 6 章收入确认）。
- 营运现金与营运利润的比较（见第 5 章现金流量表）。

# 02
# 财务人员及系统

> 我不需要保镖,但我需要两位训练有素的注册会计师。
>
> ——猫王
> 美国音乐家、演员

**一分钟小结**

财务部门是许多组织的中心枢纽。企业大多数的业务功能都与财务有关,并与财务系统有一定程度的交互。

财务人员和系统帮助企业高效运作,为决策提供支持,实现企业的增值。

## 敲黑板

## 为什么重要?

健全的财务管理对任何组织的成功都至关重要,这也是行业内高业绩企业和平均业绩企业之间的关键区别之一。

最成功的组织会同时投资于财务人员和管理会计系统，因为它们明白，这将帮助其获得更高质量的信息并最终改进业务决策。

一个高效的财务团队可以为其他业务提供增值服务。

## 何时重要？

财务的关键截止日期是财务年度末，届时企业将编制财务报表并随后公布。

年度预算编制过程（见第34章预算和预测）是大多数非会计人员接触"财务"的时候。

尽管随着信息的数字化记录和报告，越来越多的实时信息产生，大多数成功的企业仍会编制月度管理报表（见第31章管理报表）。

### 1. 财务人员

下图是一个典型的财务部门结构：

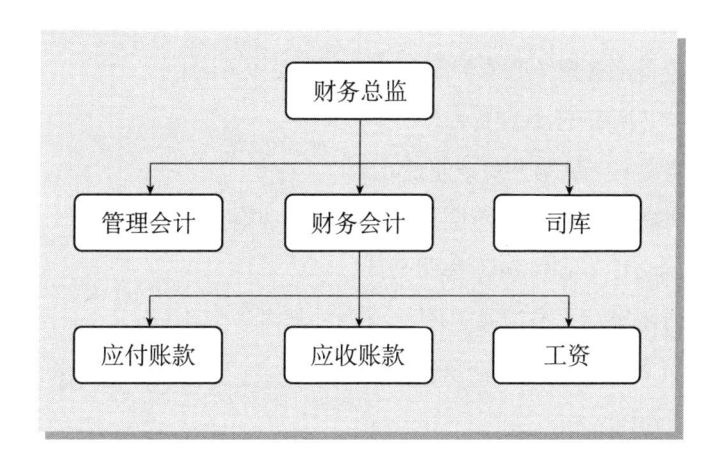

```
                    财务总监
                       |
        ┌──────────────┼──────────────┐
        ↓              ↓              ↓
     管理会计        财务会计         司库
                       |
        ┌──────────────┼──────────────┐
        ↓              ↓              ↓
     应付账款        应收账款         工资
```

**财务总监（finance director）**

财务总监或首席财务官的职责是确保财务战略与业务战略相一致，他们通常是董事会成员。财务总监全面负责企业的财务状况，并密切监控KPI（key performance indicator，关键绩效指标），如：

- 盈利能力指标（见第 23 章盈利能力指标）；
- 营运资金和流动性（见第 24 章营运资本和流动性管理）；
- 长期偿债能力指标（见第 26 章长期偿债能力指标）；
- 投资者比率（见第 27 章投资者比率）。

**财务会计（financial accounting）**

财务会计团队（通常被称为"财务"）负责处理交易并进行会计记录，"财务总监"（financial controller）负责领导团队。

其中有三个关键部分：

（1）应付账款（accounts payable）：处理采购订单、供应商发票和向供应商付款（见第 12 章应收账款和应付账款）；

（2）应收账款（accounts receivable）：处理销售发票和向客户收款（见第 12 章应收账款和应付账款）；

（3）工资（payroll）：按时、准确地支付员工工资和相关税费。

财务会计的其他工作内容：

- 记账；
- 固定资产管理（见第 9 章有形固定资产和折旧）；
- 存货（见第 11 章存货）；
- 税务会计（见第 8 章企业税收）；
- 财务报告（见第 19 章会计和财务报告准则）；
- 集团会计（见第 16 章集团会计）；
- 与外部审计人员沟通（见第 20 章外部财务审计）；
- 投资者关系（见第 29 章股权融资）。

**司库（treasury）**

大型组织的财务部门也可能设有司库团队，其职责包括：

- 确保企业不会现金短缺；
- 高效地使用剩余现金；
- 确定中长期资金来源；
- 管理同银行的关系，监控贷款合同；

- 为海外业务管理外汇。

**管理会计（management accounting）**

管理会计团队监控预算，做出预测并提供支持财务决策的信息（见第 31 章管理会计）。

# 实务中

每个组织都有自己的结构。在规模较小的组织中，许多职能会被合并。最小的组织可能会将其财务外包给会计师事务所或聘请簿记员记账，因为这比设立一个财务部门更具成本效益。

## 2. 财务系统

**原始凭证（source documents）（见图 2-1）**

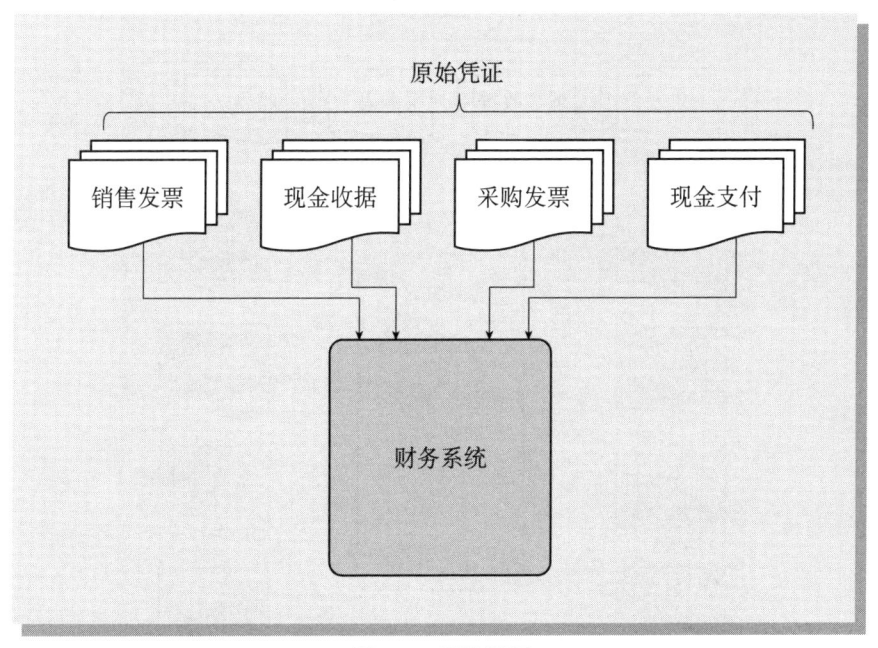

图 2-1　原始凭证

大多数原始凭证来自销售和购买（见第 12 章应收账款和应付账款），包括：

- 请购单；
- 销售和采购订单；
- 送货单（销售）；
- 验收单（采购）；
- 销售和采购发票；
- 汇款通知单（现金收支）。

其他原始凭证包括：

- 工资工时表；
- 管理费用的发票，如水电费和租金；
- 资本支出的发票（见第 7 章营运支出和资本支出）。

**关键部分（key functions）(见图 2-2)**

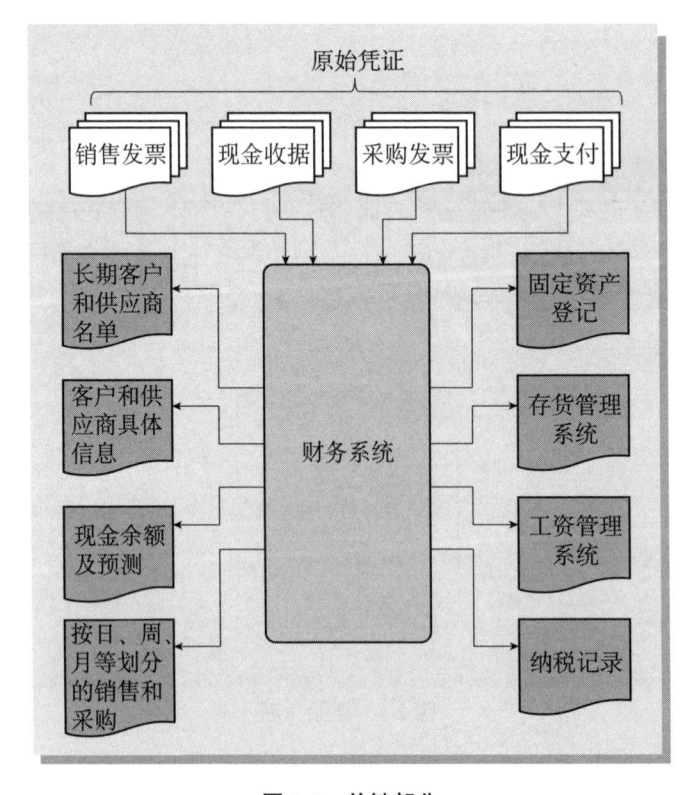

图 2-2 关键部分

- 销售和采购报告；
- 现金流管理（见第 24 章营运资本和流动性管理）；
- 固定资产管理（见第 9 章有形固定资产和折旧和第 10 章商誉及其他无形资产）；
- 存货管理（见第 11 章存货）；
- 税收管理，例如增值税纳税申报（见第 8 章企业税收）；
- 工资管理有时会设置一个单独的系统，作为补充控制。

**总分类账（nominal ledger）(见图 2-3)**

总分类账是记录所有会计交易的地方。每笔交易根据其性质不同被分配到不同的名义"账户"。总分类账有时会非常详细。例如，"销售"部分可能对每个地域销售的每个产品或服务都设置一个单独的明细科目。详细程度取决于公司的规模、复杂性和业务需求。

**试算平衡表（trial balance）(见图 2-3)**

试算平衡表列出了总分类账中的每个账户及其相关的"余额"（或总额），分为利润表项目（见第 3 章利润表）和资产负债表项目（见第 4 章资产负债表）。

**日记账（journals）(见图 2-3)**

经授权的财务会计人员负责编制期末日记账。日记账会反映出与权责发生制概念相关的时间差异（见第 1 章企业会计）。典型的日记账包括：

- 折旧（见第 9 章有形固定资产和折旧）；
- 预付款项和预提费用（见第 13 章预付款项和预提费用）；
- 预计负债（见第 14 章预计负债和或有事项）。

**财务报表工作底稿（draft financial accounts）(见图 2-4)**

"调整后的"试算平衡表用于编制内部使用的财务报表工作底稿。

**管理报表和预算（management accounts and budgeting）(见图 2-4)**

管理会计将使用财务系统中的信息来编制管理报表，其中包括预算执行情况报告。

管理报表的目的是帮助内部利益相关者（如公司董事）高效地经营企业。管理会计需要经常、定期地获取财务信息来做出明智的业务决策，并了解业务

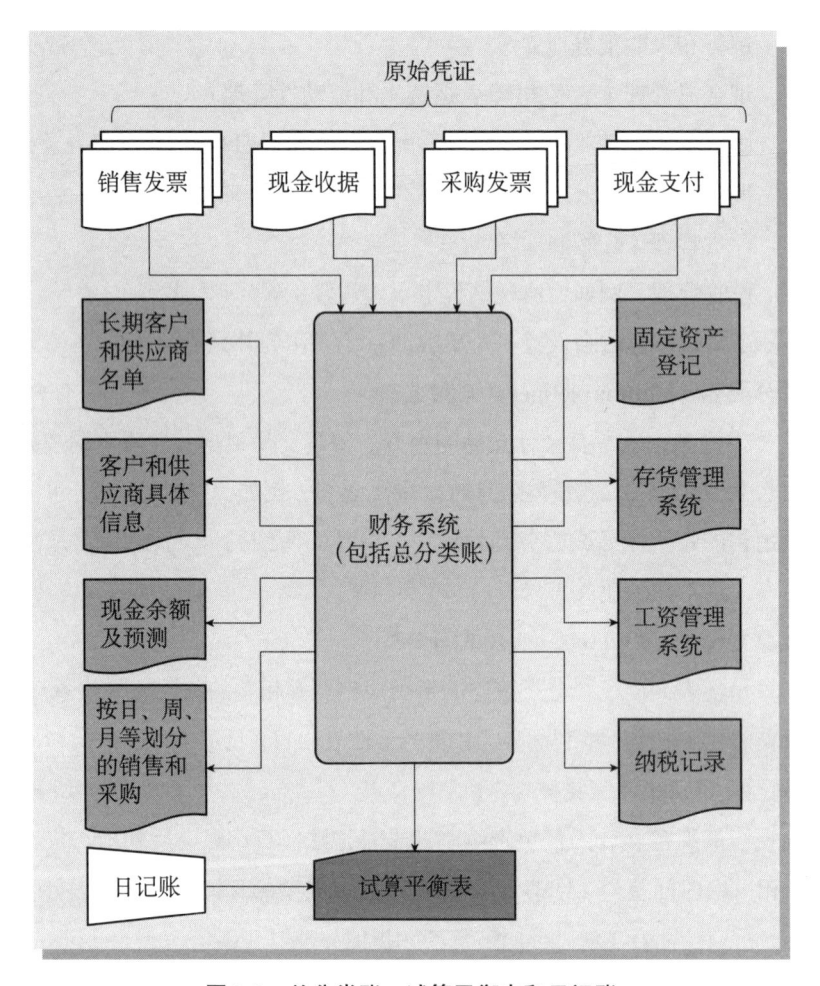

图 2-3 总分类账、试算平衡表和日记账

是否在按计划进行。

管理报表使用过去和现在的信息（包括非财务信息），有助于公司对其未来做出明智的决策（见第 31 章管理报表）。

**法定报表（statutory accounts）（见图 2-4）**

财务报表工作底稿在公布之前，可能会进一步调整，以符合会计和财务报告准则的要求（见第 19 章会计和财务报告准则）。

财务报表的目的是向股东以及其他内部和外部的利益相关者（如员工和债

权人）报告公司的历史财务成果。

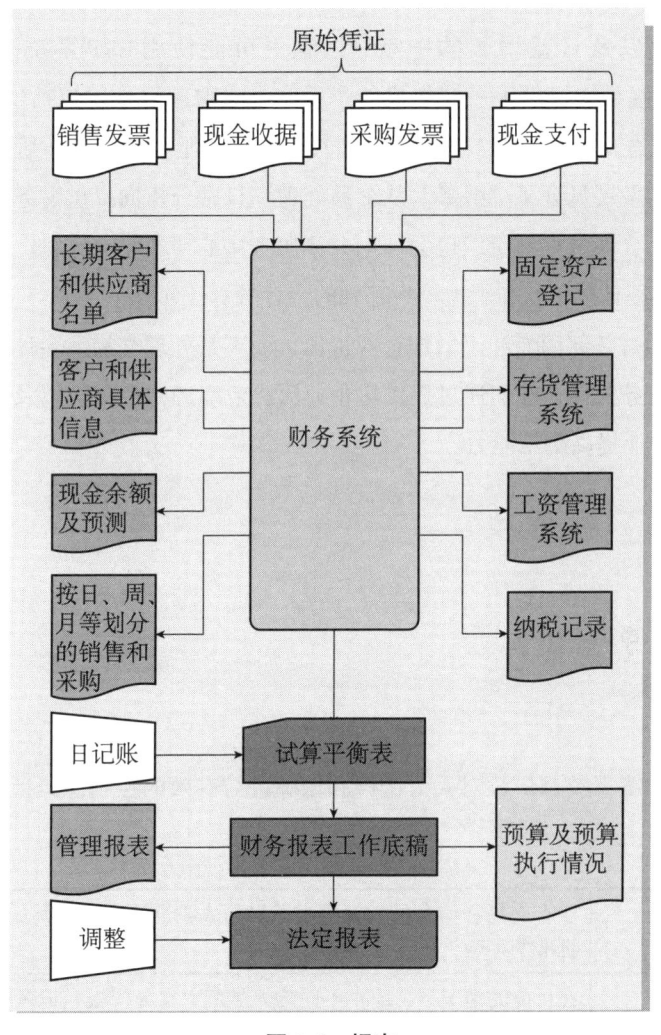

图 2-4 报表

## 实务中

在以往的手工会计系统中，交易被记录在"账簿"和"分类账"中。尽管电算化会计系统广泛流行，但这些术语仍在使用。如今，市面上有很多现成的电算化会计系统可供选择，比如 Sage、QuickBooks 和 Xero，它们都具有云功能。

大型（以及日益增长的中型）组织更可能使用 ERP 系统，如 SAP 和 Oracle。这些系统提供了一套集成的子系统，除财务之外还包括供应链管理、生产加工、客户关系管理、人力资源和其他业务管理（见第 31 章管理报表）。

技术的发展见证了"财务"从交易处理和日常分析向提供财务分析以支持决策的转变。许多大型组织也会使用共享服务中心（多部门组织中的一个中心部门）来处理日常事务和承担较为基础的会计核算工作。

如今的财务部门专注于增加企业价值，而不是处理交易。会计师越来越被视为财务业务伙伴，他们通过提供对企业历史业绩的财务见解以及预测未来业绩来帮助企业提高决策能力。

## 涨知识

### 系统控制

所有财务系统都应该对人为错误和舞弊进行有效的控制。典型的控制示例如下表所示：

| | |
|---|---|
| 授权 | 所有交易和信息录入都应由适当的人批准或授权。例如，部门经理批准的采购订单。 |
| 职责分离 | 在可能的情况下，应由不同的人员负责交易授权、记账和对账。 |
| 访问控制 | 设置密码限制访问。例如，只有相关人员才能录入信息或访问输出信息。 |
| 实物控制 | 只有授权人员才能接触某些资产。例如，只有经过授权的 IT 人员才能进入服务器室。 |
| 输入控制 | 例如，经过授权才能批量录入和验证客户或供应商编号。 |
| 对账 | 定期对账，例如编制银行对账单、盘点存货（见第 11 章存货）。 |

| 预算 | 预算和实际情况之间的差异将凸显所有潜在错报（见第 34 章预算和预测）。 |
|---|---|
| 审查 | 记录系统的每次更改以及做出更改的人员。 |
| 备份 | 定期进行备份，以便系统可以恢复到以前的状态。如今越来越多的备份被保存在云端。 |
| 应急计划 | 例如，在系统故障或其他危险情况下的系统恢复计划。 |
| 内部审计 | 定期对系统及其控制进行独立的"内部"审查（见第 20 章外部财务审计）。 |
| 审计委员会 | 由非执行董事组成的董事会委员会，负责确保财务报表的完整性（见第 22 章公司治理和举报）。 |

有效的控制措施除了能带来明显的内部好处，还能使审计师减少所需的测试量（见第 20 章外部财务审计）。

## 小课堂

### 代表机构

英国有许多专业的会计师协会，每个协会都提供自己的资格认证。例如，英格兰及威尔士特许会计师协会（ICAEW）提供英格兰及威尔士特许会计师（ACA）或英格兰及威尔士资深特许会计师（FCA）的资格认证。英国和爱尔兰主要的会计师协会如下表所示。

| 资格类型 | 协会举例 |
|---|---|
| 特许 | 英格兰及威尔士特许会计师协会（ICAEW） |
| 特许 | 苏格兰特许会计师协会（ICAS） |
| 特许 | 爱尔兰特许会计师协会（ICAI） |
| 注册 | 特许公认会计师公会（ACCA） |
| 公共部门 | 英国特许公共财务与会计师执业协会（CIPFA） |

续表

| 资格类型 | 协会举例 |
|---|---|
| 管理 | 英国特许管理会计师公会（CIMA） |
| 技术人员 | 英国专业会计员协会（AAT） |
| 税务 | 特许税务顾问（CTA） |

ICAEW、ICAS、ICAI、ACCA成员均可注册为外部审计师。

还有一些国际会计专业协会。其中一些协会与一个或多个英国协会订立互认协议，从而可跨地区提供服务。

特别是在英国，与律师和医生等职业不同，"会计师"不限于满足专业要求的从业人员。因此，在聘用会计师前，应先核查其是否持有上述机构认证的专业资格。

## 想一想

1. 如今的财务部门为组织提供哪些服务？财务是否需要提供增值服务，以帮助企业做出更好的决策，还是仅限于报告历史财务信息？哪些目前没有提供的财务信息也是有价值的？

2. 目前财务部门发布内部管理信息的速度（频率）有多快？这个频率和时间是否合理？

3. 为什么财务部门通常在一个周期结束后的2~3周才能编制出财务信息？

4. 历史财务信息在决策中有多大用处？

5. 职责分离是什么意思？为什么这是财务部门内部的一项重要控制？

如果你想了解作者对这些问题的看法，请访问 financebook.co.uk。

## 看报表

年度报告中的战略报告通常会酌情提及财务系统的开发情况。

### 摘自格雷格斯公司 2015 年年度报告

在格雷格斯公司的 2015 年年度报告（第 18 页）中，首席执行官的报告提到了 ERP 系统的建设。摘录如下：

> 2015 年，我们安装了 SAP 作为运行 ERP 系统所需的基础设施，完成了该系统的第一个模块的建设，并在第四季度与新的客户联络系统一起上线。我们计划在 2016 年上半年将现有的财务流程引入 SAP。我们将建立一个平台，在此平台上可以实现横跨物流、采购、产品生命周期管理和集中处理、预测和补货的一系列新功能。我们计划在今年下半年试用改进的订购流程。
>
> 我们一直被项目的结果所激励，一旦所有关键功能都实现，预计每年净收益约为 600 万英镑，我们也可以更灵活应对未来的进一步变革。

### 摘自格雷格斯公司 2020 年年度报告

在格雷格斯公司的 2020 年年度报告（第 30 页）中，首席执行官报告了最新情况。摘录如下：

> "日出计划"（Project Sunrise）的又一个重要年份——我们的主要进程和系统投资计划
>
> 2020 年，尽管全球疫情对业务造成了干扰，项目团队仍在继续推出我们的 SAP 供应链解决方案。今年 9 月，团队在恩菲尔德面包店（Enfield bakery）的面包卷技术平台上应用了 SAP 系统。该团队还于 2020 年 10 月在曼彻斯特的首个联合基地应用了生产和物流解决方案。除此之外，我们还将 SAP 系统与我们的第三方物流供应商之一（The Ice Company）进行了整合。到 2021 年，我们将继续取得良好进展，目标是在 2021 年年底前将该系统推广到供应链的其余部分。

格雷格斯公司的无形资产包括软件以及正在开发的资产。

正在开发的资产与新系统平台投资产生的软件项目有关。软件开发完成后，它将从正在开发的资产转移到软件项目中。

附注显示，2020 年，其又投资了 10 万英镑用于开发，另有 150 万英镑的开发项目完成并转移到软件项目中。

**10. 无形资产**

集团和母公司

| | 软件<br>（百万英镑） | 正在开发的资产<br>（百万英镑） | 总计<br>（百万英镑） |
| --- | --- | --- | --- |
| **费用** | | | |
| 2018 年 12 月 30 日的余额 | 23.8 | 2.9 | 26.7 |
| 增加额 | 2.5 | 1.2 | 3.7 |
| 转入 | 2.6 | (2.6) | — |
| 2019 年 12 月 28 日的余额 | 28.9 | 1.5 | 30.4 |
| **2019 年 12 月 29 日的余额** | 28.9 | 1.5 | 30.4 |
| 增加额 | 2.7 | 0.1 | 2.8 |
| 转入 | 1.5 | (1.5) | — |
| **2021 年 1 月 2 日的余额** | 33.1 | 0.1 | 33.2 |
| **摊销** | | | |
| 2018 年 12 月 30 日的余额 | 9.8 | — | 9.8 |
| 本年度摊销费用 | 3.8 | — | 3.8 |
| 2019 年 12 月 28 日的余额 | 13.6 | — | 13.6 |
| **2019 年 12 月 29 日的余额** | 13.6 | — | 13.6 |
| 本年度摊销费用 | 4.0 | — | 4.0 |
| **2021 年 1 月 2 日的余额** | 17.6 | — | 17.6 |
| **账面金额** | | | |
| 2018 年 12 月 29 日 | 14.0 | 2.9 | 16.9 |
| 2019 年 12 月 28 日 | 15.3 | 1.5 | 16.8 |
| **2019 年 12 月 29 日** | 15.3 | 1.5 | 16.8 |
| **2021 年 1 月 2 日** | 15.5 | 0.1 | 15.6 |

正在开发的资产与新系统平台投资产生的软件项目有关。

（附录第 401 页）

> **实务关注点**
>
> - 财务部门的结构。相关角色和职责是否明确定义？
> - 财务团队的专业资格。
> - 实际使用的财务系统。它是一个公认的系统吗？是否有许多不同的系统需要协调和手动整合？
> - 除系统报告之外，企业是否使用了大量的电子表格？
> - 维护和增强系统所需的投资数额。
> - 是否有内部审计部门或者对财务系统和财务部门是否有独立的评估？
> - 外部审计师在进行审计时是否依赖财务系统？（见第 20 章外部财务审计。）

# 第 2 部分 主要财务报表

# 03
# 利润表

> 在预测风险和鲁莽决策之间,是盈亏的分界线。
>
> ——查尔斯·杜希格
> 记者、纪实作家

### 一分钟小结

利润表是公司编制的主要财务报表之一。它披露了公司在一段时间内的经营成果和财务状况。

利润表的目的是展示一个组织在一段时间内(通常是一年)的利润(或亏损)。利润表通过收入和支出计算出利润或亏损。

## 敲黑板

利润表记录了一段时间内企业的财务活动,可以是一天、一周、一个月、一个季度或一年。可以把利润表想象成企业从一个资产负债表日(见第4章资产负债表)到下一个资产负债表日的旅程记录,每一期的记录都是从上期末或零开始的。

可以将利润表类比成一个漏斗。企业获得的收入从漏斗的顶端进入，由于各种成本和费用的存在而不断减少。最终，漏斗底端的剩余部分（如果有的话）就代表企业的利润留存。

下图更详细地解释了利润增加和减少的情况。

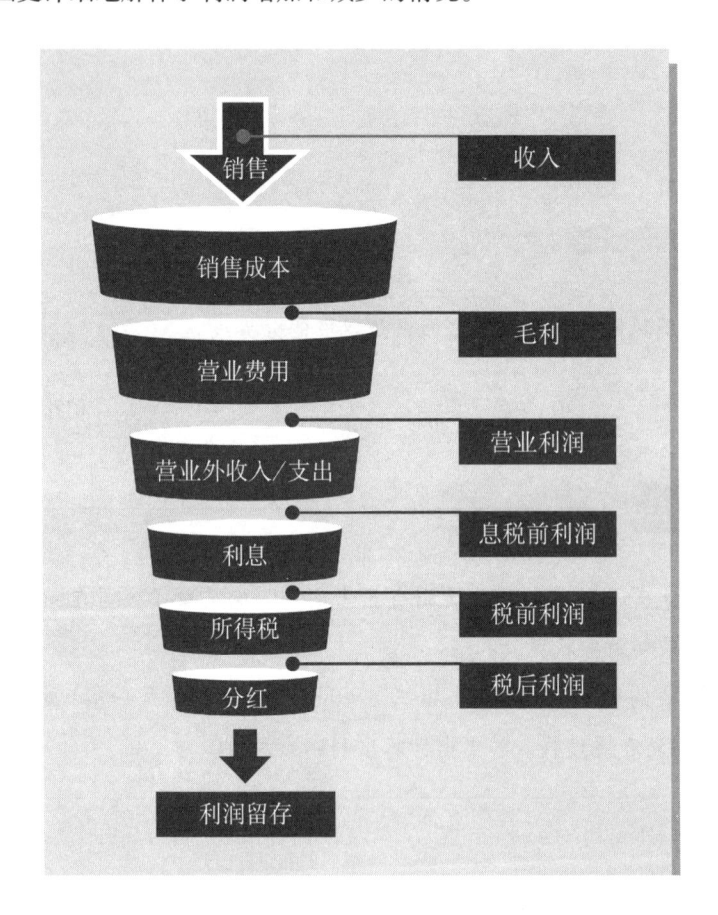

上图展示了利润表中的关键项目，对每个项目的解释如下：

| 收入 | <ul><li>收入是一段时间内经济利益的流入（见第 6 章收入确认）。</li><li>收入也被称为营业额、销售额。</li><li>公司必须解释其确认收入的会计政策（见第 19 章会计和财务报告准则）。</li></ul> |
|---|---|

| | |
|---|---|
| 销售成本 | • 销售成本（或销货成本）是与当期收入相关的直接成本。<br>• 对于零售商来说，销售成本主要是购买产品的成本。<br>• 对于生产商来说，销售成本是生产产品的成本（即生产成本）。<br>• 相比之下，服务型企业因为通常不提供实物产品，其销售成本大多为提供服务的劳动力成本。例如，牙医的销售成本包括牙医的工资及直接相关的成本。 |
| 毛利 | • 毛利等于收入扣除销售成本。<br>• 毛利可用于计算毛利率，这是一个常用的绩效衡量指标（见第23章盈利能力指标）。 |
| 营业费用 | • 营业费用是企业经营产生的其他成本，例如：营销、行政、管理、租金、水电费和其他间接费用（见第7章营运支出和资本支出）。 |
| 营业利润 | • 营业利润是企业经营所获得的利润。<br>• 营业利润的计算方法是从收入中扣除销售成本和营业费用，即所有的营业成本。<br>• 它不包括营业外收入（和支出），例如收到的银行利息。 |
| 息税前利润 | • 扣除利息和所得税之前的利润。<br>• 这是考虑了营业外收入和营业外支出后的营业利润。<br>• 息税前利润是大型企业常用的绩效衡量指标，息税前利润并未扣除财务费用和所得税费用（见第23章盈利能力指标）。 |
| 税前利润 | • 扣除所得税之前的利润。<br>• 税前利润等于息税前利润减利息费用。<br>• 税前利润也经常被用作大型企业的绩效衡量指标（见第23章盈利能力指标）。 |
| 税后利润 | • 扣除所得税之后的利润。<br>• 税后利润等于税前利润减所得税费用。<br>• 税后利润也被称为净利润、净收入、净收益或仅仅是"底线"。 |

注：利润留存未在利润表中披露。参见"涨知识"专栏，了解更多细节。

## 为什么重要？

利润是衡量企业业绩、成功与否和持续经营的主要标准。简化的利润表也可以为单个分部、部门、产品、客户等编制。利润表在整个组织中应该是最常见的。

对于管理者来说，利润可能是财务信息最重要的来源和关键的财务业绩衡量指标。

## 何时重要？

虽然出于法定要求（见第 19 章会计和财务报告准则），公司至少每年都会编制利润表，但许多企业会更频繁、更经常地编制内部利润表。通常情况下，利润表作为企业管理报表的一部分，每月编制一次（见第 31 章管理报表）。

## 涨知识

与利润表相关的一些附加项目解释如下：

| | |
|---|---|
| 可分配利润 | • 可分配利润是指扣除所有费用后企业的剩余利润，是可以分配给股东的利润。<br>• 可分配利润通常等于税后利润。<br>• 可分配利润在单独的财务报表（所有者权益变动表）中披露，此报表通常出现在利润表之后。 |
| 利润留存 | • 利润留存或留存收益的计算方法是从可分配利润中扣除支付给股东的股息。<br>• 大多数企业都会保留一定数量的资金，为未来的投资提供支持，因此利润留存是企业融资的重要来源。<br>• 利润留存与可分配利润一起在所有者权益变动表中披露，也可以在资产负债表中看到（见第 4 章资产负债表和第 15 章资本和储备）。 |

另类业绩指标（alternative performance measures）在公司报告中变得越来越普遍。另类业绩指标是非公认会计惯例（见第 19 章会计和财务报告准则）衡量指标。会计准则没有对这类指标进行定义，因此可以由公司自行解释。公司报告的另类业绩指标不应比 GAAP 的指标更突出，必须列明另类业绩指标对 GAAP 利润的调整过程。下表解释了两个常见的另类业绩指标：

| | |
|---|---|
| 息税折旧摊销前利润（EBITDA） | - 扣除利息、所得税、折旧及摊销前的利润。<br>- 这实际上是扣除折旧与摊销前的营业利润。<br>- EBITDA 是外部分析师常用的衡量核心利润的指标（因为它近似于经营活动产生的现金），因此经常被用作上市公司的内部业绩评价指标。<br>- 尽管这个指标很受欢迎，但其把折旧排除在外的做法饱受非议。反对者认为，折旧是维持企业运营所需的基本资本支出的近似值。 |
| 基础利润（underlying profit） | - 一些企业选择在披露法定利润的同时披露基础利润或标准化利润。这使报表使用者能够看到利润的真实变动趋势。<br>- 基础利润试图剔除非常规事项的影响，例如重组、处置资产或一次性收入 / 成本（见第 17 章重估）。<br>- 值得注意的是，会计准则不再专门定义"非常规"项目。重大项目必须在财务报表附注中披露，必要时还要在财务报表中披露。如果遗漏、错报或隐瞒某项内容可能会影响主要使用者根据财务报表作出的决定，那么它就是重要的。重要性取决于信息的性质或数量，或两者兼有。 |

## 小课堂

### 可选名称

利润表有很多不同的名称。以下是最常见的几种：

- 损益账户；
- 损益表；
- 损益及其他综合收益表；
- 收益表；
- 综合收益表；

- 收入表；
- 财务业绩表；
- 收支表；
- 财务活动表。

这些名称有些是由公司法定义的，有些是由会计法规定义的，这取决于管辖权。有些名称是曾经使用的，有些只在内部使用，许多名称可以交替使用。

## 未在利润表中披露的其他收入

利润表记录了公司产生收入的活动。但对于一些公司来说，有些不产生收入的活动也会导致净资产的变化。例如：

- 与不动产、厂房和设备相关的重估增值（见第 17 章重估）；
- 精算利得和损失；
- 境外经营产生的外汇折算利得和损失；
- 金融工具的特定利得和损失。

这些领域有非常具体的会计规定。

没有披露在利润表中的其他收入记录在"其他综合收益表"（statement of other comprehensive income）中，这是一个单独的财务报表，通常出现在利润表之后。

## 想一想

1. 在你看来，哪个利润指标反映了"真正的"利润？请从不同财务报表使用者的角度思考这个问题。

2. 思考你对某个企业直接成本和间接成本相对规模的预期。这是否反映在销售成本和营业费用的相对规模上？

3. 在你所在的企业中，人们对利润表的使用和理解程度如何？

4. 一个组织应该把利润表放在首位，还是应将之与其他财务报表等同？请说明理由。

5. 寻找使用基础利润和 EBITDA 等另类业绩指标的可比公司。这些指标在其中是否有明确的定义且具有可比性？

6. "营业额是虚幻的，利润是实在的。"以牺牲利润为代价追求营业额一定是个坏主意吗？

7. 对比两家公司的利润——A 公司和 B 公司，如果 A 公司的利润比 B 公司高，那么是否可以得出 A 公司业绩更好的结论？还需要什么信息来比较二者的业绩？

如果你想了解作者对这些问题的看法，请访问 financebook.co.uk。

## 看报表

通常会有一页利润表，披露当前和上一个会计期间各主要利润表项目的金额。

大多数的利润表都有附注，在附注中可以找到更多的细节。

## 摘自格雷格斯公司 2020 年年度报告

**合并利润表**

截至 2021 年 1 月 2 日的 53 周（2019 年：截至 2019 年 12 月 28 日的 52 周）

|  | 附注 | 2020 年（百万英镑） | 2019 年（百万英镑） |
|---|---|---|---|
| 收入 | 1 | 811.3 | 1 167.9 |
| 销售成本 |  | (300.4) | (418.1) |

续表

| | 附注 | 2020 年<br>（百万英镑） | 2019 年<br>（百万英镑） |
|---|---|---|---|
| 不包括非常规事项的销售成本 | | (299.6) | (412.2) |
| 非常规事项 | 4 | (0.8) | (5.9) |
| 毛利 | | 510.9 | 755.7 |
| 销售费用 | | (465.8) | (572.8) |
| 管理费用 | | (52.1) | (62.2) |
| 营业利润 /（亏损） | | (7.0) | 114.8 |
| 财务费用 | 6 | (6.7) | (6.5) |
| 税前利润 /（亏损） | 3—6 | (13.7) | 108.3 |
| 所得税 | 8 | 0.7 | (21.3) |
| 本财年归属于母公司股东的利润 /（亏损） | | (13.0) | 87.0 |
| 基本每股收益 /（亏损） | 9 | (12.9 便士) | 86.2 便士 |
| 稀释每股收益 /（亏损） | 9 | (12.9 便士) | 85.0 便士 |

（附录第 365 页）

以下项目有更详细的附注：

- 收入（附录第 390 页）；

- 非常规项目（附录第 395 页）；

- 财务收入和费用（附录第 397 页）；

- 税前利润（附录第 394 页）；

- 所得税（附录第 398 页）；

- 每股收益（附录第 400 页和第 27 章投资者比率）。

> **实务关注点**

利润表应该有基准。有效的内部基准是前期数据、预算和预测数据，而有效的外部基准是竞争对手的表现和行业平均水平。

利润表是企业业绩的短期记录。分析企业数年的利润有助于确定其发展趋势。

请注意，利润可能会因时间差异而被扭曲。期末前后的交易可以使某一特定时期的利润看起来比平时更多或更少。因此，分析这一趋势的重要性不言而喻。

要注意利润可能会被会计调整所扭曲，例如：

- 预付款项和预提费用（见第 13 章预付款项和预提费用）；
- 预计负债（见第 14 章预计负债和或有事项）；
- 资产减值（见第 18 章减值）。

要意识到利润会受到会计政策和决策的影响（见第 19 章会计和财务报告准则），例如：

- 营运支出和资本支出（见第 7 章营运支出和资本支出）；
- 折旧（见第 9 章有形固定资产和折旧）。

分析师通常根据利润表来计算相对数业绩指标，如毛利率和净利率（见第 23 章盈利能力指标）。

利润留存是企业未来信心的潜在标志，也是企业未来几年的安全网。企业可以为未来的投资机会"储蓄"（见第 15 章资本和储备）。

# 04

# 资产负债表

> 我们倾向于关注资产而忘记负债。
>
> ——苏茜·欧曼
> 金融顾问、作家、美国媒体人

**一分钟小结**

资产负债表是公司编制的主要财务报表之一，它显示了一家公司在某一时间点的融资结构和财务状况。

资产负债表披露了一家公司的资产、负债以及股东在公司的股份，可以用来评估流动性和偿债能力。

资产负债表也被称为财务状况表。

## 敲黑板

资产负债表披露了企业在某一时间点（例如12月）的资产和负债（净资产）。虽然了解这些信息很有帮助，但投资者更感兴趣的是公司净资产在一段时间内的变化情况。为确定资产及负债的变化，公司董事会将不断地披露经营情况。根据法律规定，公司通常必须每年（在同一天）编制资产负债表，向股东报告其资产和负债在过去 12 个月内的变化情况。

利润表（见第 3 章利润表）有助于解释净资产的增长（或下降）。一家公司盈利时，其净资产就会增长；亏损时，其净资产就会减少。利润表通常与资产负债表一起使用，有助于了解企业在一段时间内的表现。在这种情况下，可以把利润表看作是记录公司全年业务交易的"视频"，而资产负债表是反映公司年末状况的"照片"。通过每年对比照片和回顾视频，就可以了解公司的经营情况。

进一步类比，企业每年会重新录制一个"视频"（即利润表在每个新时期伊始重置为零）。而资产负债表的"照片"到下一年末会重新拍摄，因此人们可以看到照片之间的变化。

## 资产和负债

简单地说，资产是"拥有"的东西，负债是"欠下"的东西。

资产负债表基本上是对企业资产和负债的统计。资产负债表（balance sheet）的"balance"是指资产的价值等于其负债（包括股东权益）的价值。资产负债表展示了收购企业资产所需的资金。

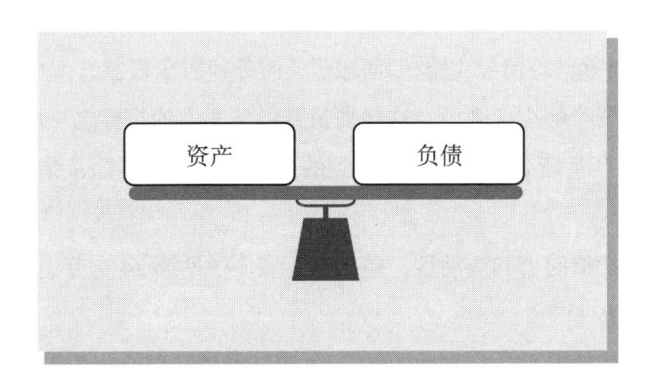

资产负债表的一些关键项目的解释如下表所示：

| | |
|---|---|
| 长期资产 | • 长期（或固定/非流动）资产用于支持企业存续。企业持有长期资产的时间通常超过一年。<br>• 长期资产包括有形资产（如不动产、厂房和设备，见第9章有形固定资产和折旧）和无形资产（如商标权、专利权和商誉，见第10章商誉和其他无形资产）以及投资。 |
| 短期资产 | • 短期（或流动）资产用于企业经营。其应在短期内（通常在12个月内）转换成现金。<br>• 例如：存货（见第11章存货）、应收账款（见第12章应收账款和应付账款）、预付款项（见第13章预付款项和预提费用）和现金。 |
| 短期负债 | • 短期（或流动）负债与短期资产一起用于企业经营。<br>• 例如：透支、短期借款、应付账款（见第12章应收账款和应付账款）和预提费用（见第13章预付款项和预提费用）。 |
| 长期负债 | • 长期（或非流动）负债包括融资和其他长期承诺。<br>• 例如：银行贷款（债务）、公司发行的债券（见第30章债务融资）和长期准备金（见第14章预计负债和或有事项）。 |
| 资本和储备 | • 资本和储备（或股东资金、所有者权益）由股本（股东的原始投资）和储备（主要是利润留存，是利润表和资产负债表之间的联系）组成（见第15章资本和储备和第29章股权融资）。<br>• 尽管权益在资本项目下有单独的分类，但权益是一种负债形式。这是因为它不属于公司，而属于股东，并且公司是独立于股东的法律实体。 |

## 为什么重要？

资产负债表是衡量企业规模的指标之一。资产负债表显示企业拥有什么（资产），背负什么（负债），以及如何融资（债务和股东权益）。对于制造商或房地产公司等重资产的企业来说，这是衡量其财务实力的指标之一。

仅根据资产负债表就可以计算得到的公司状况的重要衡量指标，主要分为以下两类：

- 短期偿债能力和流动性，包括营运资本（见第24章营运资本和流动性管理）；
- 长期偿债能力和稳定性（见第26章长期偿债能力指标）。

资产负债表可以作为分析公司利润表的背景资料。以下是根据两张财务报表计算的关键绩效指标（见第23章盈利能力指标）：

- 资产周转率；
- 已动用资本回报率；
- 权益净利率。

## 何时重要？

由于资产负债表仅代表公司生命周期中某一时点的状况，因此在解读资产负债表时，考虑时间因素是很重要的。一天前或一天后的"照片"可能会呈现出企业的不同状态。

在资产负债表中可以找到收入发生和收到现金、费用发生和支付现金之间的时间差异（见第1章企业会计）。需要注意关键时间差异的有：

- 存货（见第11章存货）；
- 应收账款和应付账款（见第12章应收账款和应付账款）；
- 预付款项和预提费用（见第13章预付款项和预提费用）；
- 递延收益和应计收入（见第13章预付款项和预提费用）。

## 实务中

审计师（见第20章外部财务审计）总是会关注年末前后的交易。他们将考虑这些交易对资产负债表价值的影响，并确保它们被反映在正确的期间。审计师也可能关注重估（见第17章重估）和减值（见第18章减值）及其对资产负债表资产价值的影响。

## 涨知识

### 资产负债表的其他项目

其他值得注意的资产负债表项目如下。

- 商誉：收购价格与收购资产价值之间的差额（见第 10 章商誉和其他无形资产）；
- 预计负债：无法精确确定范围和时间的已知负债（见第 14 章预计负债和或有事项）；
- 递延所得税：会计和税法之间的时间差异（见第 8 章企业税收）；
- 资本公积：非因交易产生的盈余（见第 15 章资本和储备）；
- 留存收益：企业留存的用于未来投资的利润（见第 15 章资本和储备）。

## 资产负债表价值

资产负债表中的资产价值通常以历史成本（会计师称之为"账面价值"）表示。根据某些会计准则，如英国公认会计惯例，资产可以重估（见第 17 章重估）。例如，投资或房产（资产负债表中资产价值较大的部分）经常被重估。

是否应该调整资产价值以反映其当前的市场价值是一个存在争议的问题，尤其是在高通胀时期。

有时，资产负债表可以同时包含历史价值和当前市场价值。这受到公司选择的会计政策的影响（见第 19 章会计和财务报告准则）。

负债通常以企业"欠"第三方的金额来表示。

必须认识到，资产和负债的价值波动对资产负债表总体价值及其相关绩效衡量指标存在影响。

同样需要注意的是，资产负债表不太可能反映所有单项资产或整个公司的市场价值（见第 28 章企业估值）。

## 小课堂

### 不同视角下的资产负债表

所有的资产负债表都会显示一家企业拥有的资产和负债。有些资产负债表把公司的所有资产放在一个部分，把公司的所有负债和股东权益放在另一个部分。这两部分总是相等的，总资产恒等于总负债加上股东权益。

资产 = 负债 + 股东权益

然而，也可以用不同的方式来列报这两部分。例如，可以将负债和资产放在同一部分。无论资产负债表以何种方式列报，两部分都将保持相等（即平衡）。

会计准则的要求决定了企业所使用的列报方式（见第 19 章会计和财务报告准则）。

下面是两种可选列报方式的示例：

**1. 净资产 / 股东资金**

股东是财务报表的主要使用者，这种资产负债表的列报方式旨在从股东的视角展示企业状况。

下图右边显示的是股东的资金（股东权益），它等于左边的净资产（固定资产 + 流动资产 – 流动负债 – 长期负债）。

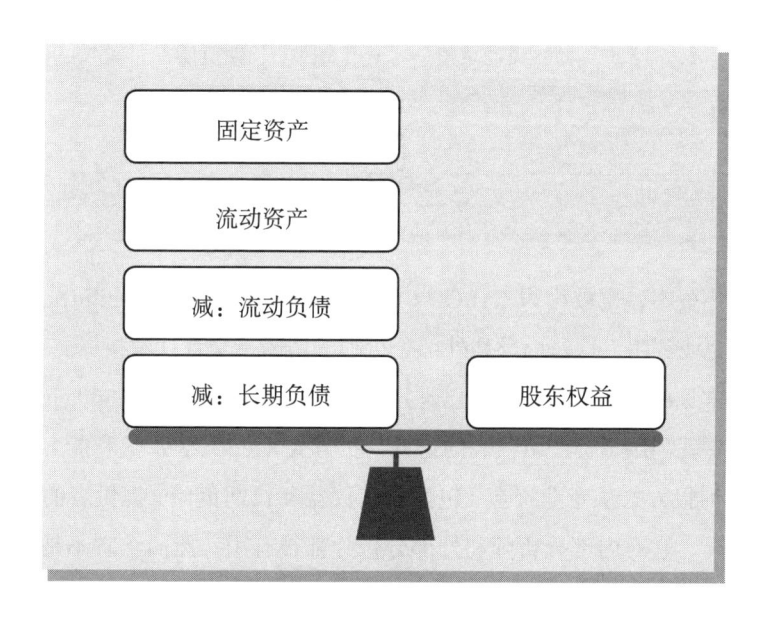

一个常见的绩效衡量指标是权益净利率（return on equity, ROE）或称净资产收益率（return on net assets, RONA）（见第 23 章盈利能力指标），它就利用了

资产负债表的这种披露方式。在这种披露方式下，资产负债表两侧每部分的总和都代表股东在企业中投资的"价值"。

**2. 资金来源和利用**

资产负债表也可以从公司如何筹集资金和如何利用筹集到的资金这一视角来看。

公司的融资来源（股东权益和长期负债，见第 29 章股权融资和第 30 章债务融资）显示在下图的右边，与左边公司动用的"资本"（固定资产 + 流动资产 – 流动负债）相等。

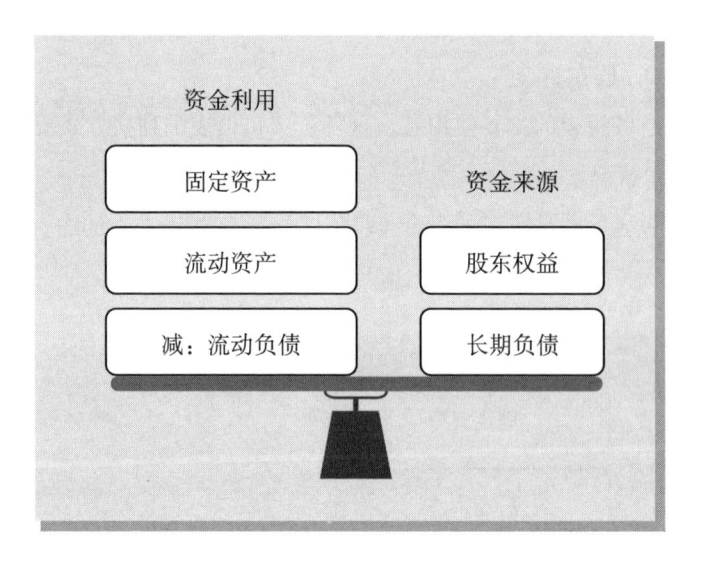

已动用资本，也被称为 TALCL（total assets less current liabilities），代表资金如何被企业利用。这是内部和外部分析师常用的一个合计数指标。

一个常见的绩效衡量指标是已动用资本回报率（return on capital employed，ROCE），它就利用了资产负债表的这种列报方式（见第 23 章盈利能力指标）。

这种列报方式从企业资金（包括股东权益和长期负债）提供者的视角来展示企业状况，它对内部分析师和外部分析师都很有用。然而，它不是公认会计惯例定义的列报方式（见第 19 章会计和财务报告准则）。

## 想一想

1. 查看某一家公司的资产负债表。思考其资产负债表中的资产列表是否反映了公司拥有的所有资产。如果不是的话，这个列表中缺少哪些资产？
2. 对于负债也请思考上述问题。
3. 截至 2020 年年底，格雷格斯公司净资产的"账面价值"为 3.216 亿英镑。格雷格斯公司的市值（股价乘以已发行股票数量）为 18 亿英镑。两者的差额代表什么？（见第 10 章商誉和其他无形资产和第 28 章企业估值。）
4. 为什么长期资产对企业很重要？
5. 公司的经营成果（显示在利润表中）与财务状况（显示在资产负债表中）有什么联系？

如果你想了解作者对这些问题的看法，请访问 financebook.co.uk。

## 看报表

资产负债表是公司的三大财务报表之一，另外两个是利润表和现金流量表。

资产负债表通常有一到两页，显示当前和上一个会计期间各主要项目的价值。

大多数资产负债表的项目都有附注，可以在报表附注中找到更多的细节。

### 摘自格雷格斯公司 2020 年年度报告

格雷格斯公司的资产负债表采用净资产/股东资金的列报形式。附注中几乎对每个资产负债表项目都有详细说明。

## 资产负债表

2021 年 1 月 2 日（2019 年：12 月 28 日）

| | 附注 | 集团 2020 年（百万英镑） | 集团 2019 年 重述（百万英镑） | 母公司 2020 年（百万英镑） | 母公司 2019 年 重述（百万英镑） |
|---|---|---|---|---|---|
| **资产** | | | | | |
| **非流动资产** | | | | | |
| 无形资产 | 10 | 15.6 | 16.8 | 15.6 | 16.8 |
| 不动产、厂房和设备 | 12 | 345.3 | 353.7 | 345.9 | 354.3 |
| 使用权资产 | 11 | 270.1 | 272.7 | 270.1 | 272.7 |
| 投资 | 13 | — | — | 5.0 | 5.0 |
| | | 631.0 | 643.2 | 636.6 | 648.8 |
| **流动资产** | | | | | |
| 存货 | 15 | 22.5 | 23.9 | 22.5 | 23.9 |
| 贸易和其他应收款 | 16 | 39.4 | 27.1 | 39.4 | 27.1 |
| 现金及现金等价物 | 17 | 36.8 | 91.3 | 36.8 | 91.3 |
| | | 98.7 | 142.3 | 98.7 | 142.3 |
| **总资产** | | 729.7 | 785.5 | 735.3 | 791.1 |
| **负债** | | | | | |
| **流动负债** | | | | | |
| 贸易和其他应付款 | 18 | (91.1) | (142.3) | (98.8) | (150.0) |
| 流动应付税款 | 19 | — | (11.8) | — | (11.8) |
| 租赁负债 | 11 | (48.6) | (48.8) | (48.6) | (48.8) |
| 预计负债 | 22 | (4.4) | (5.8) | (4.4) | (5.8) |
| | | (144.1) | (208.7) | (151.8) | (216.4) |
| **非流动负债** | | | | | |
| 其他应付款 | 20 | (3.7) | (4.2) | (3.7) | (4.2) |
| 养老金固定收益计划负债 | 21 | (11.9) | (0.6) | (11.9) | (0.6) |
| 租赁负债 | 11 | (243.1) | (226.9) | (243.1) | (226.9) |

续表

|  | 附注 | 集团 2020年（百万英镑） | 集团 2019年重述（百万英镑） | 母公司 2020年（百万英镑） | 母公司 2019年重述（百万英镑） |
|---|---|---|---|---|---|
| 递延所得税负债 | 14 | (2.3) | (2.4) | (1.8) | (2.0) |
| 长期准备金 | 22 | (3.0) | (1.6) | (3.0) | (1.6) |
|  |  | (264.0) | (235.7) | (263.5) | (235.3) |
| 总负债 |  | (408.1) | (444.4) | (415.3) | (451.7) |
| 净资产 |  | 321.6 | 341.1 | 320.0 | 339.4 |
| 所有者权益 |  |  |  |  |  |
| 资本和储备 |  |  |  |  |  |
| 股本 | 23 | 2.0 | 2.0 | 2.0 | 2.0 |
| 股本溢价 |  | 15.7 | 13.5 | 15.7 | 13.5 |
| 资本偿还准备金 | 23 | 0.4 | 0.4 | 0.4 | 0.4 |
| 留存收益 |  | 303.5 | 325.2 | 301.9 | 323.5 |
| 归属于母公司股东的所有者权益总额 |  | 321.6 | 341.1 | 320.0 | 339.4 |

（附录第366页）

**实务关注点**

资产负债表应该有基准。应当始终将上一期的数据包括在内，以便进行比较。有效的内部基准是预算和预测数据，而有效的外部基准是竞争对手的状况。

资产负债表是对企业在某一时点财务状况的记录。应对资产负债表进行数年的分析，以确定企业的发展趋势和真实情况。

### 实务关注点（续）

请注意，资产负债表可能会因时间差异而被扭曲，因此正确应用权责发生制概念十分重要（见第1章企业会计）。期末前后的交易可能会使某一特定时期的资产负债表数据看起来比平时更好或更差。因此，分析趋势很重要。

另外，资产负债表的价值可能会被会计调整所扭曲。

公司状况的趋势，例如流动性和资产负债率（见第24章营运资本和流动性管理）。

公司业绩的趋势，例如已动用资本回报率和权益净利率（见第23章盈利能力指标）。

# 05
# 现金流量表

> 现金为王。获取你能得到的每一笔现金,并牢牢抓住。
>
> ——杰克·韦尔奇
> 作家、通用电气董事长兼首席执行官(1981—2001年)

### 一分钟小结

现金流量表(cash flow statement,CFS)是主要财务报表之一。

现金流量表显示报告期内现金流入和流出的情况,它解释了资产负债表中的现金余额与上一个报告期相比是如何增加或减少的。

现金流量表包括三个主要部分,将现金流入和流出按以下类别列示:

- 经营活动;
- 投资活动;
- 筹资活动。

对于一家企业来说,"现金为王",通过分析现金流量表来评估企业获取和使用现金的能力是一种可以得到高质量信息的方法。

## 敲黑板

## 为什么重要？

现金流量表是分析公司绩效及现金管理的有效财务报表，它提供了许多从我们更熟悉的利润表（见第 3 章利润表）和资产负债表（见第 4 章资产负债表）中无法获得的见解。

现金是实实在在的。利润表和资产负债表包含会计调整，这些调整取决于主观判断，如预提费用（见第 13 章预付款项和预提费用）、预计负债（见第 14 章预计负债和或有事项）和折旧（见第 9 章有形固定资产和折旧）。但在现金流量表中不涉及主观判断。

现金流量表披露了一家公司如何：

- 管理短期流动性，如管理存货（见第 11 章存货），平衡应付账款与应收账款（见第 24 章营运资本和流动性管理）；
- 控制长期偿债能力，调整融资以备未来之需（见第 26 章长期偿债能力指标）；
- 为未来发展进行资产投资。

对于一家已成立的公司，现金流量表可以显示其未来现金流的金额、时间和确定性程度。由于现金流不受会计政策的影响，它使公司的年度现金状况具有可比性。

现金流量表由三部分组成。这三部分如右图所示，我们将在后文中进行解释。

## 经营活动

经营活动是企业主要的创收活动。

在现金流量表中，经营活动现金流还包括利息和税款。

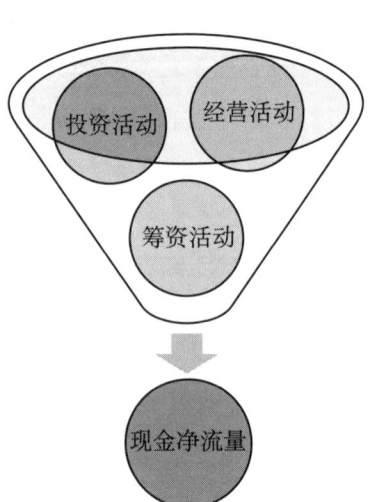

经营活动现金流是现金流量表的关键部分，它显示了企业是否可以在其经营中产生正现金流。而无法产生正现金流的公司必须借入或消耗短期现金储备。最终，从经营中获得的现金必须能够长期支持公司的其他业务。

主要经营活动有：
- 收到客户现金；
- 支付给供应商现金；
- 支付给员工和员工代表现金；
- 支付利息和税款。

经营活动现金流与营业利润的差额主要是由于：
- 会计调整；
- 营运资本流动；
- 支付利息和税款。

这一差额会体现在现金流量表的附注中。

请参见"实务中"和"涨知识"专栏，进一步讨论和了解更多细节。

## 投资活动

投资活动通常是指长期资产以及其他投资的购买和处置。

投资活动现金流包括来自银行存款等投资的收益，以及该公司持股的其他公司的股息。

投资活动对公司的长期成功是很重要的，它显示了公司投资新资产的程度，这些投资有望支持公司未来的现金流并产生利润。

## 筹资活动

筹资活动现金流是股权融资（见第29章股权融资）或债务融资（见第30章债务融资）的变化（增加或减少）。

其中包括支付给股东的股息。但是支付给银行等债权人的利息在经营活动现金流部分披露。

筹资活动显示了公司通过平衡杠杆（债务与股权的比例，见第 26 章长期偿债能力指标）来管理融资的情况。

筹资活动现金流还提供未来利息和股息支付的信息。

## 实务中

现金与利润不一样（见第 1 章企业会计），这一点在现金流量表中得到了证明。

公司营业利润的年度变动可能与经营活动产生的现金变动无关。

例如，在新冠疫情导致需求下降后，荷兰皇家壳牌（Royal Dutch Shell）报告称，其在 2020 年亏损 2 170 万美元。然而，该公司仍然产生了 3 410 万英镑的经营活动现金流，因为损失主要是由会计调整造成的（即对公司油田的未来价值计提的减值准备）。

从长期来看，经营活动产生的现金流和经营成果应该是一致的。然而，两者的短期差异可能揭示出从其他财务报表无法获得的业绩信息。

## 涨知识

### 计算经营活动的现金流量

根据国际会计准则第 7 号（IAS 7），计算经营活动产生的现金流量有两种方法：

- 直接法；
- 间接法。

无论使用哪种方法，都要在报表之后或附注中披露。

**直接法**

这种方法最清楚地说明了现金流的来源和使用情况。

|  | 英镑 |
|---|---|
| 收到客户现金 | × |
| 支付给供应商现金 | (×) |
| 支付给员工和员工代表现金 | (×) |
| 支付利息和税款 | (×) |
| 经营活动产生的现金流量 | × |

**间接法**

这种方法在实务中比较常用,因为计算所需的数据比较简单。此外,这种方法还体现了会计调整和营运资本变动的影响。

|  | 英镑 |
|---|---|
| 营业利润 | × |
| 调整: |  |
| 折旧/摊销 | × |
| 资产处置损益 | (×) |
| 存货减值带来的损失 | (×) |
| 坏账带来的损失 | (×) |
| 债务豁免带来的利得 | (×) |
| 支付利息和税款 | (×) |
| 经营活动产生的净现金流量 | × |

# 小课堂

## 自由现金流

自由现金流(free cash flow,FCF)作为一个另类业绩衡量指标越来越流行。本质上,它是通过从经营活动现金流中扣除资本支出计算得到的。

自由现金流实际上是扣除内部债务后剩余的现金。它代表了可用于潜在战略投资、债务偿还或向股东派发股利的现金。自由现金流既是一种保障，也是一种机遇。

自由现金流成为流行的业绩衡量指标，是因为它以现金为基础，受会计调整的影响较小。然而，由于它没有在会计准则中被定义（见第 19 章会计和财务报告准则），不同的公司和分析师会以不同的方式计算自由现金流，这使得其在不同的公司之间难以进行比较。

由于自由现金流包括潜在的资本支出，因此应该观察数年的数据。

## 现金及现金等价物

现金流量表有助于分析每个报告期内"现金及现金等价物"的变动。

- "现金"指公司持有的实物现金（例如备用金）加上可即时存取的银行存款。
- "现金等价物"指期限较短（3 个月或以下）、流动性强的投资，可随时转换为现金，且价值不会大幅波动的投资（例如商业票据及有价证券）。这些现金等价物是为满足短期现金承诺而持有的，并非基于投资目的。

现金流量表不会将"现金"和不同类型的"现金等价物"区分开来。

## 想一想

1. 如果一家公司的经营活动现金流与营业利润无关，你能推断出什么？
2. 投资活动是否总是由经营活动和筹资活动提供资金？
3. 你是否希望企业有定期的筹资和投资现金流？
4. 一家公司是否应该一直以产生正现金流为目标？
5. 某些公司可豁免报告现金流量表，这是否意味着现金流量表不如利润表和资产负债表重要或有用？

6. 思考某一组织报告的关键指标。自由现金流是其报告的关键指标吗？若不是，你认为自由现金流是评估组织业绩的有效指标吗？

7. 自由现金流是否应该与其他业绩衡量指标同等重要？

如果你想了解作者对这些问题的看法，请访问 financebook.co.uk。

## 看报表

现金流量表在公司年报的其他主要报表（利润表和资产负债表）之后。

非集团子公司的规模较小的公司（见第 21 章公开信息）可免于披露现金流量表。

### 摘自格雷格斯公司 2020 年年度报告和账目

**现金流量表**

截至 2021 年 1 月 2 日的 53 周（2019 年：截至 2019 年 12 月 28 日的 52 周）

|  | 附注 | 集团 2020 年（百万英镑） | 集团 2019 年（百万英镑） | 母公司 2020 年（百万英镑） | 母公司 2019 年（百万英镑） |
|---|---|---|---|---|---|
| **经营活动** |  |  |  |  |  |
| 经营活动产生的现金 |  | 61.6 | 246.0 | 61.6 | 246.0 |
| 所得税 |  | (10.7) | (20.3) | (10.7) | (20.3) |
| 租赁负债支付的利息 |  | (6.5) | (6.6) | (6.5) | (6.6) |
| 借款利息 |  | (0.8) | — | (0.8) | — |
| **经营活动净现金流入** |  | **43.6** | **219.1** | **43.6** | **219.1** |

续表

|  | 附注 | 集团 2020年（百万英镑） | 集团 2019年（百万英镑） | 母公司 2020年（百万英镑） | 母公司 2019年（百万英镑） |
| --- | --- | --- | --- | --- | --- |
| 投资活动 | | | | | |
| 购置不动产、厂房和设备 | | (58.8) | (85.4) | (58.8) | (85.4) |
| 购买无形资产 | | (2.8) | (3.7) | (2.8) | (3.7) |
| 处置不动产、厂房和设备的收益 | | 1.8 | 1.4 | 1.8 | 1.4 |
| 收到的利息 | 6 | 0.6 | 0.3 | 0.6 | 0.3 |
| 投资活动净现金流出 | | (59.2) | (87.4) | (59.2) | (87.4) |
| 筹资活动 | | | | | |
| 发行股票的收益 | | 2.2 | — | 2.2 | — |
| 出售自有股份 | | 1.5 | 4.9 | 1.5 | 4.9 |
| 购买自有股份 | | (0.5) | (11.8) | (0.5) | (11.8) |
| 贷款和借款收益 | | 100.0 | — | 100.0 | — |
| 股息支付 | | — | (72.1) | — | (72.1) |
| 偿还贷款和借款 | | (100.0) | — | (100.0) | — |
| 偿还租赁负债本金 | | (42.1) | (49.6) | (42.1) | (49.6) |
| 筹资活动净现金流出 | | (38.9) | (128.6) | (38.9) | (128.6) |
| 现金及现金等价物净增加/(减少) | | (54.5) | 3.1 | (54.5) | 3.1 |
| 年初现金及现金等价物 | 17 | 91.3 | 88.2 | 91.3 | 88.2 |
| 年末现金及现金等价物 | 17 | 36.8 | 91.3 | 36.8 | 91.3 |

以下是紧跟在现金流量表之后的补充报表，对经营活动产生的现金进行调整。

现金流量表——经营活动产生的现金

| | 附注 | 2020 年<br>（百万英镑） | 2019 年<br>（百万英镑） | 2020 年<br>（百万英镑） | 2019 年<br>（百万英镑） |
|---|---|---|---|---|---|
| 本年利润 /（亏损） | | (13.0) | 87.0 | (12.9) | 87.0 |
| 摊销 | 10 | 4.0 | 3.8 | 4.0 | 3.8 |
| 折旧——不动产、厂房和设备 | 12 | 56.9 | 56.1 | 56.9 | 56.1 |
| 折旧——使用权资产 | 11 | 51.9 | 50.8 | 51.9 | 50.8 |
| 减值——不动产、厂房和设备 | 12 | 5.2 | 0.3 | 5.2 | 0.3 |
| 减值——使用权资产 | | 8.8 | 0.5 | 8.8 | 0.5 |
| 处置不动产、厂房和设备的损失 | | 0.5 | 1.2 | 0.5 | 1.2 |
| 收到政府补助金 | | (0.5) | (0.5) | (0.5) | (0.5) |
| 股份支付费用 | 21 | 0.9 | 4.4 | 0.9 | 4.4 |
| 财务费用 | 6 | 6.7 | 6.5 | 6.7 | 6.5 |
| 所得税费用 | 8 | (0.7) | 21.3 | (0.8) | 21.3 |
| 存货减少 /（增加） | | 1.4 | (3.1) | 1.4 | (3.1) |
| 应收账款减少 /（增加） | | (12.3) | 4.5 | (12.3) | 4.5 |
| 应付账款增加 /（减少） | | (48.2) | 19.9 | (48.2) | 19.9 |
| 预计负债减少 | | — | (1.7) | — | (1.7) |
| 养老金固定收益计划负债减少 | 21 | — | (5.0) | — | (5.0) |
| 经营活动产生的现金 | | 61.6 | 246.0 | 61.6 | 246.0 |

（附录第 373 页）

**实务关注点**

- 公司的经营活动是否产生了现金?
- 经营活动产生的现金与营业利润之间的关系。
- 经营活动产生的现金与营业利润之间的主要区别。
- 公司近几年自由现金流的变动趋势。
- 用于投资活动的现金。
- 筹资活动产生的现金。
- 重组和偿还债务以及履行其他资金义务。

# 第 3 部分

# 财务报表的要素

# 06 收入确认

> 对收入确认规则的全面修订将给许多行业带来变革。
>
> ——克里斯汀·克里梅克
> 《华尔街日报》报道，美国财务会计准则委员会发言人

### 一分钟小结

收入确认决定了何时和多少收入可以在公司报表中确认。

对于大多数公司来说，收入是在交易的销售时点确认的，通常是货物的法定所有权从卖方转移到买方的时点。但在复杂的交易或涉及主观判断的交易中，容易发生错报或操纵收入的情况。

每家公司都需要确定（并披露）其收入确认政策。对于需要经外部审计的公司（见第20章外部财务审计），这些会计政策必须被仔细审查。

## 敲黑板

公司的收入确认政策对理解其业绩至关重要。

## 为什么重要？

收入确认上的错误会显著影响公司的报告结果和声誉。近年来最引人注目的收入错报案例之一是，乐购（Tesco）宣布其在2015年的财务报表中虚报了约2.5亿英镑的收入。该声明导致公司市值下跌20亿英镑（相当于股价下跌11.5%），这反过来又导致了重大的董事会变动，包括首席执行官的离职。

营业收入（也称为营业额、销售额）在利润表的第一行，通常是财务报表中金额最大的项目。企业必须赚取足够的收入来覆盖成本从而产生利润。

营业收入是吸引投资者关注的"头条"项目，因为它显示了一家企业在市场上的表现以及相对于竞争对手的表现。投资者、分析师、员工和其他利益相关者都对营业收入这一评估企业业绩的指标感兴趣。营业收入的同比增长是评估公司繁荣程度的一个关键指标。董事的业绩奖励也可能与营业收入或营业收入增长挂钩。

行业和政府在宏观层面使用收入数据来了解趋势，这有助于其制定战略或政策。

## 何时重要？

对于大多数商业交易来说，确定销售时点很简单。只有在收入已经赚取时才应确认。这是权责发生制概念（见第1章企业会计）的应用，企业通常在货物转移到买方时确认销售。

就服装零售商等商品销售者而言，收入在销售时确认，也就是在买方取得货物（或接受交货）并承诺支付货款的时候确认。

就服务供应商（例如移动运营商）而言，收入应在提供服务的期间内确认。

对于商品和服务结合在一起的交易（组合交易）或一笔交易覆盖一年以上的情况（多年交易）来说，收入确认变得更加复杂。在这种情况下，商品收入应在交付商品时确认，而服务收入应在提供服务期间确认。

## 示例（组合交易、多年交易）

某公司于 7 月 1 日以 1 020 英镑的价格售出了一份为期两年、每月付费的手机套餐，包括手机和数据服务套餐。这款手机的零售价为 700 英镑。

在这个例子中，服务（即数据服务套餐）的收入为 320 英镑（1 020 英镑减去 700 英镑的手机价格）。该公司将在未来 24 个月内（即服务提供期间）确认服务相关的收入。

假设卖方的账务年度截止日期为 12 月 31 日，卖方每年将确认的收入如下：

第一年

| 手机 | 700 英镑（在销售或发货时立即确认收入） |
|---|---|
| 服务 | 80 英镑（6 个月 /24 个月 ×320 英镑） |
|  | 780 英镑 |

第二年起

合同剩余部分的服务收入将按以下方式确认：

| 第二年 | 160 英镑（12 个月 /24 个月 ×320 英镑） |
|---|---|
| 第三年 | 80 英镑（剩余服务期限 6 个月） |

每年的利润（收入和成本之间的差额）通过相关成本与收入进行匹配来计算得到（见第 3 章利润表）。在这个例子中，手机的成本将与销售时点（即第一年）的收入相对应，而提供持续服务的成本将与 24 个月合同期内的收入相匹配。

## 实务中

尽管准则要求公司遵循明确的收入确认政策，但收入仍然容易被操纵。对上市公司而言，虚报收入的诱惑尤其强烈，因为公司（和董事）的成功是根据市场对收入增长的预期来衡量的。

在上市公司乐购的案例中，据称乐购的收入确认政策使该公司错报了收入的一个关键组成部分"商业收入"（实质上是来自供应商的回扣），原因是该公司"估计"了其门店未来可能销售的产品应得的收入。通过高估未来的销售额，乐购虚报了来自供应商的商业收入。

值得注意的是，乐购的财务报表已经接受了外部审计，审计师对其商业收入的确认没有发表任何意见（见第 20 章外部财务审计）。

## 涨知识

收入在财务报表中以扣除增值税和其他销售税后的净额列报。这是因为公司代税务机关收税（见第 8 章企业税收）。这部分钱代表的是财政收入，而不是公司的收入。

公司报告的收入也扣除了商业折扣。

代理商的收入是按其提供一项服务的佣金计算的，而不是按销售货物的全部价值计算的。例如，eBay 以代理商的身份为成千上万的零售商提供了销售平台。虽然权责发生制原则依然适用于确定销售发生的时间点，但只有佣金部分才会在代理人（eBay）的报表中被确认为收入。

收入确认也要扣除销售退回金额（见下文）。

## 小课堂

对于企业来说，一些产品被退回是很常见的，例如，因为客户对产品的质量不满意或其改变了主意。在会计处理中，退货是通过冲减原来的销售来反映的，这具有取消先前的交易的效果。因此，公司报告的收入是扣除销售退回后的净收入。然而，在一年内购买的商品通常不会在同一会计期间被客户退回，因此，公司需要在报告年度收入时估计可能发生的退货。

对于客户在某个会计期间购买但可在随后的会计期间退货的商品，公司必须估计预期的退货水平，除非预期退货的金额不大，否则应从收入中计提一笔预计负债，以估计退货商品的金额。这就是被称为谨慎性或保守主义的原则，它指出企业不应该高估其收入（和资产），也不应该低估其费用（和负债）。这一概念是会计人员编制财务报表的基础。

退货的例子凸显了读者普遍存在的一种误解，即财务报表准确地反映了过去的业绩。根据需要，财务报表需要进行估计（通常基于管理层的判断），因此也应以这种视角来理解财务报表（见第20章外部财务审计）。同样，有人可能会说，正是因为财务报表要求或允许董事做出这样的判断和估计，财务报表才容易被滥用或操纵，正如乐购案例所显示的那样。

回购协议是企业如何人为地夸大其营业收入的另一个例子。企业在销售商品的当年确认收入，但在下一年"买回"同样的商品时，收入将被转回。实际上，这些回购协议都是融资安排，由于没有发生真正的"销售"行为，因此应该从收入中扣除。然而，在实务中，它们可能很难被发现，因为交易的转回发生在之后的会计期间，即在未来一年中。

如果销售已经发生，但款项要在未来的某个日期（超过一年）才能收到，则可能需要以该款项进行贴现的现值进行核算。贴现说明了这样一个事实：明天的一元钱的价值低于今天的一元钱的价值，即资金存在机会成本（见第35章投资评估）。存在"先买后付"条款时尤其需要考虑资金的贴现，例如在家具零售业中普遍存在的四年期（或其他期限）无息信用支付条款。在这类条款中，商品的售价可以拆分为商品的现值以及应收利息。

关于收入确认的会计处理和披露的进一步细节见国际财务报告准则第15号（IFRS 15）。

在全球范围内，美国公认会计原则和国际财务报告准则关于收入确认的标准近年来变得更加一致，这使得投资者更容易比较不同国家的公司（见第19章会计和财务报告准则）。

## 想一想

1. 为什么两家在其他方面完全相同的企业报告的收入数据却可能不同？

2. 一家有望实现市场设定的收入增长目标的上市公司正面临具有挑战性的交易环境。该公司计划在今年的最后几个月推出几款新产品。董事会的判断将如何影响该年度报告的营业收入？

3. 查看一家上市公司披露的收入确认政策。思考其政策是否清晰，是否包括对需要作出的重要判断的解释。

4. 回顾本章内容，并思考财务报表反映企业业绩的准确程度。特别要注意的是，在评估业绩时收入的重要性。

如果你想了解作者对这些问题的看法，请访问 financebook.co.uk。

## 看报表

请阅览任何一套报表的会计政策附注。该附注应该清晰地披露公司的收入确认政策，并包括对收入确认所需的重大判断的解释。

审计报告应突出与收入相关的重大判断部分。

### 摘自格雷格斯公司 2020 年年度报告

（附录第 387 页）

(r) 收入

(i) 零售额

商品销售收入在收到现金或卡付款时确认为收入。收入的计量扣除了折扣、促销和增值税。送货服务收入计入零售额，并在交付时确认。

(ii) 特许经营销售

特许经营销售在货物交付给特许经营人时确认。额外的特许权使用费收入通常按总销售收入的百分比计算，根据相关协议按照特许经营人的产品销售额确认。开业前的资本装修费用由特许经营人承担，是整个特许经营销售协议的关键履约义务。这些再收费在相关装修完成时确认为收入。向客户开具的销售发票信用期少于三个月。

(iii) 批发销售

批发销售收入在货物交付给客户时确认。如果披露的信息具有商业敏感性，例如，如果只有一个批发客户，则不单独披露批发销售。向客户开具的销售发票信用期少于三个月。

(iv) 忠诚计划/礼品卡

收到的礼品卡或作为忠诚计划的一部分而收到的金额被推迟确认。当本集团已履行其根据计划条款提供产品的义务，或这些金额不再可能被赎回时，将其确认为收入。如果客户有权在忠诚计划下进行一定数量的购买后获得免费产品，则收到的对价的一部分将被延迟确认，以便在所有关联交易中平均确认收入。

上述交易类型产生的收入的性质、时间和不确定性彼此没有显著差异。

(s) 政府补助

政府补助最初在资产负债表中确认为递延收益，前提是合理保证将收到政府补助，且集团将遵守其附带条件。补偿本集团所发生费用的补助金在发生费用的同一期间按系统方式在利润表中确认为相关费用的净额。补偿集团资产成本的补助金在资产使用寿命内在利润表中确认。

(t) 财务费用

利息收入或支出采用实际利率法确认。

(u) 所得税

所得税包括当期所得税和递延所得税。所得税在利润表中确认，但与直接在权益中确认的项目相关的除外，在这种情况下，所得税在权益中进行确认。

**实务关注点**

- 在报表附注和会计政策的变更中披露的收入确认政策。

- 审计报告中强调的收入确认错报风险。

- 所出售产品/服务的性质，以及是否反映在收入确认政策中。

- 销售退回及其计量方法。变更企业估算的退货率会增加/减少报告的营业收入，为操纵或虚报收入提供了空间。

- 回购协议，即公司出售资产，但在未来以更高的价格买回来。

# 07 营运支出和资本支出

> 比竞争对手更好地控制成本,总会给你带来竞争优势。
> 
> ——山姆·沃尔顿
> 沃尔玛创始人(创业成功的10条规则)

### 一分钟小结

营运支出是指企业在日常经营中花费的资金,在利润表中确认。

资本支出是指用于"长期(固定)资产"的资金,在资产负债表中确认。

## 敲黑板

营运支出和资本支出的主要区别如下表所示:

| 营运支出 | 资本支出 |
| --- | --- |
| *定义*<br>企业经营所产生的费用,又称为收入支出。 | *定义*<br>用于购买或改善长期资产的支出。 |

续表

| 营运支出 | 资本支出 |
| --- | --- |
| 举例<br>工资、管理费用、销售费用、水电费、维修和维护费。 | 举例<br>建筑物、机器、汽车、电脑、办公家具、翻新支出。 |
| 影响<br>• 现金流出；<br>• 作为费用在利润表中列报，导致本年利润减少。 | 影响<br>• 现金流出；<br>• 增加资产负债表中（固定）资产的价值；<br>• 通过折旧逐步对利润产生影响（见第 9 章有形固定资产和折旧）。 |

## 为什么重要？

年度利润和资产负债表"规模"对企业和管理者都是重要的绩效衡量指标（见第 23 章盈利能力指标和第 26 章长期偿债能力指标）。

一项支出被分类为营运支出还是资本支出，将以不同的方式影响利润表和资产负债表。

## "灰色地带"

营运支出和资本支出的划分与支出项目有关。

典型的"灰色地带"是维修和翻新。一般的修理和维护支出通常是营运支出，而翻新支出通常是资本支出。然而，某些修理或翻新支出既可以分类为营运支出也可以分类为资本支出。例如，修理一扇破碎的窗户的支出可以明确地归类为"修理和维护"下的营运支出。然而，如果新窗户是对旧窗户的改进，比如采用了极化技术，那么可以将该支出归类为资本支出。

## 何时重要？

在下列情况中，企业可能会倾向于利用"灰色地带"，将支出分类为资本支出而不是营运支出，反之亦然。

- 基于利润目标的激励——将一项支出确认为资本支出而不是营运支出，将对本年利润产生有利影响。同样，一旦超过利润目标，将一项支出确认为营运支出而不是资本支出，将减少未来几年的折旧费用（见第 9 章有形固定资产和折旧）。
- 营运支出和资本支出分别编制预算，其中一项已经超出预算。
- 融资可用于资本支出，而不能用于营运支出。

## 实务中

大多数公司都应该制定明确一致的政策，对于同样的支出项目应该以同样的方式处理。

然而，由于"灰色地带"所赋予的自由裁量权，不同的公司可能有不同的政策，导致相同交易中的利润和资产价值不同。

## 涨知识

在实务中，公司应该使用清晰和有说服力的理由对营运支出和资本支出进行分类，其决策不应该被目标利润和资产价值所驱动。

要被归类为资本支出，某项支出应改善长期资产并增加资产价值，而不仅仅是维持资产的预期经济效益。

## 会计准则

有许多会计和财务报告准则（见第 19 章会计和财务报告准则）涵盖了营运支出和资本支出之间的一些常见"灰色地带"。例如：

1. 如果公司能够说明未来可以从开发中获得收益，则允许将开发支出资本化（视为资本支出）；
2. 购买固定资产的某些"借款"费用可以资本化。

## 实务中

为了减轻管理负担，大多数公司都有预先确定的资本支出限额。例如，任何低于1 000英镑的支出，无论是不是资本项目，都视为营运支出。资本支出需要进一步的记录（在固定资产登记册内）和计算折旧（见第9章有形固定资产和折旧）。

## 小课堂

在财务报表中，营运支出和资本支出的分类有一定程度的自由裁量权。然而，根据税法，营运支出和资本支出之间的区别是严格界定的。因此，在税务（本质上是根据纳税基础进行独立的利润核算）和财务中，营运支出和资本支出的处理通常是不同的（见第8章企业税收）。

## 想一想

1. 公司的董事正在设法提高本期报告的利润。根据你对资本支出和营运支出的掌握和理解，思考董事如何利用这一会计领域来实现他们的目标？
2. 在区分营运支出和资本支出时，你能列举一些"灰色地带"的例子吗？
3. 什么样的业务决策会受到营运支出或资本支出分类的影响？
4. 查阅某一公司的资本支出政策，它是否清晰明确？如果有资本支出限额，它是否设置在一个合理的水平上？
5. 是否应该制定资本支出预算和／或目标？
6. 应该如何为资本支出融资？

如果你想了解作者对这些问题的看法，请访问 financebook.co.uk。

## 看报表

所有管理费用均为营运支出。

然而,资本支出更显而易见,通常出现在两个地方:

1. 固定资产附注;
2. 现金流量表。

### 摘自格雷格斯公司 2020 年年度报告

无形资产附注见附录第 401 页。

不动产、厂房和设备附注见附录第 405 页。

现金流量表见附录第 373 页。

以下是无形资产附注的摘录:

|  | 软件<br>(百万英镑) | 正在开发的资产<br>(百万英镑) | 总计<br>(百万英镑) |
| --- | --- | --- | --- |
| 增加额 | 2.7 | 0.1 | 2.8 |

以下是不动产、厂房和设备附注的摘录:

|  | 土地和建筑物<br>(百万英镑) | 厂房和设备<br>(百万英镑) | 固定装置及配件<br>(百万英镑) | 在建工程<br>(百万英镑) | 总计<br>(百万英镑) |
| --- | --- | --- | --- | --- | --- |
| 增加额 | 3.3 | 10.1 | 19.6 | 22.9 | 55.9 |

有关资本支出的财务审查摘录如下:

> **资本支出**
>
> 我们在 2020 年的资本支出中总共投资了 5 870 万英镑(2019 年:8 600 万英镑)。这一年始于一个雄心勃勃的投资计划,这一计划旨在增加我们的门店数量,并为未来的扩张打造供应链。在第二季度,为了确保流动性,我们停止了几乎所有的资本支出,除了在泰恩河畔纽卡斯尔的贝利奥尔公园(Balliol Park)建造新的自动化冷库。

## 资本支出（续）

随着我们的店铺在2020年年中重新开张，我们对获得可持续的贸易水平更有信心，我们有选择地重新开始资本工程。新店集中开设在客户开车途中，事实证明，这些地点在当下的贸易环境中最具弹性。

本年不动产、厂房、设备以及无形资产的折旧和摊销为6 080万英镑（2019年：5 990万英镑）。另外还有资本化租赁的使用权资产产生的5 190万英镑（2019年：5 080万英镑）折旧。

我们2021年计划的资本支出约为7 000万英镑，包括完成贝利奥尔公园自动化冷库，提升食品的生产能力，并将店铺规模扩张速度恢复到之前的水平。为此，我们将投资开设100家直营店以及更多的加盟店。

近年来，我们对店铺进行了大量投资，因此2021年翻新的店铺较少，但我们仍然会尝试旨在支持未来计划的模式。翻新现有店铺的资本支出需求将在未来几年增加，我们将开始解决供应链问题，以满足未来的增长机会的需要。根据目前的计划，我们预计2022年需要9 000万英镑的资本支出，2023年则需要1亿英镑。

（2020年年度报告第43页）

### 实务关注点

- 关于支出分类为营运支出或资本支出的内部讨论。
- 资本支出的类型和性质以及如何与战略相结合。
- 资本支出的同比变化。
- 资本支出与折旧（见第9章有形固定资产和折旧）和摊销（见第10章商誉和其他无形资产）的比率。

# 08 企业税收

在这个世界上，唯有死亡和纳税无可避免。

——本杰明·富兰克林
美国政治家、作家、科学家和发明家

> **一分钟小结**
>
> 需要企业纳税的项目主要有：
> - 销售商品或服务的利润和投资收益；
> - 处置资产和投资的资本利得。
>
> 企业负责代收代扣在销售和雇佣中发生的税费，同时还必须为国家福利贡献就业税。
>
> 在英国，HMRC（英国税务和海关总署，Her Majesty's Revenue and Customs）是指定的税务机关和执法机构，企业必须向其纳税。

## 敲黑板

本章提供了主要税种的概览。税收问题始终需要专业意见。税收是一门庞大而复杂的学科，每家公司都有独特性，取决于其业务结构。税收在国家之间和国家内部也存在差异。

## 为什么重要？

无论是从货币成本还是从税收合规所花的时间来看，税收对企业来说都是一项重大的成本。缴纳税款和保存详细的纳税记录是法律要求。犯错或故意错报会受到法律处罚。

公司须缴的主要税款如下：

1. 所得税；
2. 资本利得税；
3. 就业税；
4. 增值税。

### 1. 所得税

尽管利润表是对公司利润的官方记录，但报告的利润往往与用来计算税款的利润不同。这是因为某些费用不允许用于扣税。例如：

- 折旧（见"涨知识"专栏和第9章有形固定资产和折旧）；
- 组建和收购成本；
- 向政党捐款；
- 业务招待费。

会计利润也根据以下因素进行调整：

- 非应税收入，例如政府补助；
- 购买某些资产的税收减免（见"涨知识"专栏）。

投资收益，如银行利息和企业持股的其他公司的股息（见第16章集团会计），也包括在应税利润中。

按年度计算，调整后的利润金额乘以"税率"（本书出版时，在英国为19%），就可得到"应纳税额"。

在英国，对公司利润征收的税被称为公司税（corporation tax，CT）。

"亏损"将在下面的"涨知识"专栏中介绍。

## 2. 资本利得税

如果公司以高于初始成本的价格出售资产或投资，需要就由此产生的资本利得纳税。

在英国，资本利得按处置收益减去下列项目计算得到：

- 初始成本；
- 购买时的相关费用；
- 改进和升级成本（但不包括维修和维护费用）；
- 销售成本。

英国还允许企业根据通货膨胀的影响调整初始成本。这就是所谓的"指数化津贴"（indexation allowance）。但是，这种津贴不会产生或增加资本亏损，只会减少利得。

在英国，企业的资本利得税税率与所得税税率相同。

如果公司更换一项资产，原资产处置的资本利得可以延后确认，直到被替换资产处置，这在英国被称为"滚转冲抵"（rollover relief）。

如果一家公司出现资本亏损，通常只能用当期和未来几年的收益来冲减。因此，资本亏损的抵减要比经营亏损有限得多（参见下面的"涨知识"专栏）。

## 3. 就业税

雇主作为纳税人，直接从员工的工资中扣除其所得税和其他税费，这笔钱随后被支付给税务机关。在英国，这种制度被称为PAYE（所得税预扣法，Pay as You Earn）。

执行该代扣代缴制度的费用由雇主承担。

PAYE 包括：

- 现金支付的所得税，如基本工资、加班费、奖金和佣金；
- 非现金项目（实物福利）的所得税，如公司配车和私人医疗保险等；
- 缴纳社会保险用于公共卫生服务和养老金等国家福利，这在英国被称为国民保险税（National Insurance Contributions，NIC），由雇员和雇主共同缴纳。

### 4. 增值税

增值税或销售税是对某些商品和服务的最终消费者征收的间接税。

在英国和大多数其他 OECD（经济合作与发展组织）国家，增值税出现在供应链的多个阶段。在增值税体系中，每完成一次销售，就征收一次增值税（销项税）。然而，企业也可以要求返还为生产或销售产品而购买原材料支付的增值税（进项税）。由此，企业定期向税务机关缴纳两者的差额。

**增值税示例**

ABC 有限公司出售家具，并从 XYZ 有限公司购买原材料（例如木材、胶水和钉子）。在某月，ABC 公司购买 5 万英镑的原材料，销售 10 万英镑的家具。本例使用 20% 的增值税税率（英国增值税标准税率）。

|  | 不含税价格<br>（英镑） | 增值税（20% 税率）<br>（英镑） | 总计<br>（英镑） |
| --- | --- | --- | --- |
| **XYZ 公司** |  |  |  |
| 销售原材料 | 50 000 | 10 000 | 60 000 |
|  |  |  |  |
| **ABC 公司** |  |  |  |
| 销售家具 | 100 000 | 20 000 | 120 000 |
| 购买原材料 | (50 000) | (10 000) | (60 000) |
|  | 50 000 | 10 000 |  |

在这个例子中，XYZ 公司和 ABC 公司都"收取"并缴纳了 10 000 英镑的增值税。两家公司都实现了增值 50 000 英镑。不同之处在于，ABC 公司扣除了 10 000 英镑的进项税，计算得出净额 10 000 英镑。

家具的终端"零售"消费者支付了全额增值税 20 000 英镑。这 20 000 英镑在家具供应链的两个增值阶段被收取。

因此,总的来说,增值税对企业来说不是一种成本,因为它可以扣除采购时支付的进项税额。企业只是代表税务机关进行征收,并承担相应的管理成本。

**增值税豁免**

1. 某些商品(在英国例如儿童服装和书籍)需缴纳的增值税为零。这意味着在销售时不对其征收销项税,但为生产这些商品而购买原材料发生的进项税仍然可以抵扣。

2. 对某些商品(在英国例如家用燃料和老年人的助行设备)与标准商品和服务按不同的税率征税(例如 5%)。

3. 某些行为(在英国例如慈善筹款活动和彩票销售)免征增值税。这些行为既不缴纳销项税,也不能抵扣进项税。

## 何时重要?

纳税申报和缴纳税款都有多个截止日期。逾期或错报金额可能会被罚款和加收滞纳金。

英国的截止日期如下表所示:

| 企业税 | 就业税 | 增值税 |
| --- | --- | --- |
| • 对于中小型公司,纳税期限为年度结束后 9 个月零 1 天。<br>• 对于大型公司,分四期缴纳税款(两期在本财年内,两期在本财年之后)。<br>• 所有公司都必须在年度结束后的 12 个月内提交纳税申报表。 | • 就业税和国民保险税必须在每个月的固定日期缴纳。<br>• 每次支付员工工资时,必须使用实时信息填写并提交一份工资支付汇总表。<br>• 年度汇总表必须在每年同一时间提交。 | • 大多数办理了税收登记的企业需要按季度缴纳增值税净额,并提交季度申报表。<br>• 为减轻小型企业的管理负担,设置了多种纳税方案,其期限和要求各不相同。 |

此外,在英国,企业被要求对大多数税种保持至少六年的纳税记录。

## 实务中

英国税务海关总署（HMRC）2020—2021年度税收收入5 840亿英镑（2019—2020年度为6 330亿英镑）。税收收入的分布情况如下（十年平均）[①]：

| 所得税、资本利得税和国民保险税（55%） | 增值税（21%） | 其他（10%） |
|---|---|---|
|  | 企业税（9%） | 燃料税（5%） |

### 逃税与避税

逃税的一个例子是，企业故意虚报利润，从而不缴纳应依法缴纳的税款。逃税会受到严厉的惩罚。

避税是指利用合法手段减少应纳税额的行为。这通常是通过申请税收减免和税收抵免来实现的。如果税务机关发现许多企业利用法律漏洞，会出台反避税法。

税收差额（tax gap）是指国家税务机关实际征收的税款与应该征收的税款之间的差额。对于截至2020年4月的纳税年度，英国税务海关总署估计税收缺口为350亿英镑，占应纳税额的5.3%。[②]

英国税务海关总署还会测算处理避税、逃税和不合规行为所产生的额外收入，称为合规收益（compliance yield）。缩小税收差额和增加合规收益是英国税务海关总署的一个持续性目标。

## 涨知识

### 资本减免

在英国，企业通过扣除资本减免（capital allowances）而不是折旧（见第9章有形固定资产和折旧）来计算应税利润。资本减免在本质上类似于折旧，都

---

[①] gov.uk/government/collections/hm-revenue-customs-receipts

[②] gov.uk/government/statistics/measuring-tax-gaps

是在资产的使用寿命内分摊其成本。尽管折旧政策由公司选择，但资本减免必须遵守特定的税收规则，公司没有自由裁量权。

资本减免通常是对机器、计算机设备和建筑物内的某些项目或与建筑物有关的成本等资产的补贴，不是对土地或建筑物本身的补贴。

为鼓励投资，政府允许对某些资产（例如环保车辆）给予加速资本减免（例如第一年就计提100%的减免）。

## 亏损抵减

如果一家公司出现亏损，那么该年度就无须缴税，从而获得亏损抵减。英国为亏损提供以下抵减政策：

- 将亏损结转至同一交易的未来交易利润；
- 用亏损抵减同期的其他收入或资本利得；
- 用亏损抵减前几期的利润；
- 用亏损抵减另一家集团公司的利润（"集团亏损抵减"）（见第16章集团会计）。

## 小课堂

## 国际税收

### 居民企业

全球化以及跨国公司的发展，增加了国际税收的相关性。

公司就其全球收入向其"居民"所在国纳税。居民身份取决于公司的：

- 注册地；
- 有效管理和控制所在地；
- 常设机构所在地。

要成为居民企业，必须证明其在某个国家进行了一定程度的贸易或做出一定程度的决策。例如，仓库仅仅是一个储存地点，注册办事处并不意味着企业在那里有实际的工作。

**双重征税**

如果一家公司在两个（或两个以上）国家都是居民企业，它可能要在这两个国家同时缴税，理论上会承担双重税负。

OECD认为，一家公司只能有一个有效管理地，那就是它应该被视为居民企业并纳税的地方。有效管理地应是：

- 进行关键管理和商业决策的地方；
- 董事会或高级管理人员开会的地方。

大多数国家都与国际贸易伙伴签订了双重征税协议。这些协议决定了哪个国家将对相关公司的利润征税，以及在两个国家进行贸易的公司的双重税收减免方法。

例如，股息是由税后利润支付的，也就是说，它们在支付国已经被征过税。当母公司从外国子公司获得股息时，股息必须包含在母公司的收入中，并将再次在接受股息的母公司居住国被征税（见第16章集团会计）。根据具体的国家和协议，所缴纳的海外税款通常可以获得双重税收减免。

设立海外子公司（一个独立法人实体）或者只是一个分支机构的决定，可能受到"当地"税率和相关双重征税协议的影响。

## 递延税

递延税是由于交易的会计处理与税务处理不同而产生的一种会计调整，本质上是暂时的时间性差异。参见格雷格斯公司2020年年度报告和账目摘录的例子。

## 实际税率

实际税率是根据会计利润而不是应税利润计算的税率，它比名义税率更准确地反映了公司的纳税义务。参见格雷格斯公司 2020 年年度报告和账目摘录的例子。

## 想一想

1. 企业追求避税合理吗？
2. 政府是否应该提供加速的资本减免？请说明理由。
3. 英国为企业亏损提供各种抵减措施，这项政策的目标是什么？是否适当？
4. 对跨国公司征税最公平、最合适的方式是什么？
5. 了解财政部每年在预算报告（通常在每年 3 月左右公布）中公布的税收变化。

如果你想了解作者对这些问题的看法，请访问 financebook.co.uk。

## 看报表

税费在利润表（税金和附加）和资产负债表（应交税费）中都可以找到。通常会有详细的附注解释在计算税费和负债时所做的全部调整。

缴纳的国民保险税通常列在雇佣成本项目的附注中。

### 摘自格雷格斯公司 2020 年年度报告

在格雷格斯公司的年度报告中，所得税费用附注部分计算了实际税率。格雷格斯公司 2020 年的实际税率为 5.2%（2019 年：19.7%）。由于格雷格斯公司出现亏损，其 2020 年的实际税率较低。在相关的"财务回顾"中，预计其未来几年的实际税率将高于 19% 的基准税率 1.5 个百分点，这主要是由于存在不可扣除的费用。

格雷格斯公司的 2020 年年报显示其存在净"递延税"负债，这主要是由于资本支出和员工福利。

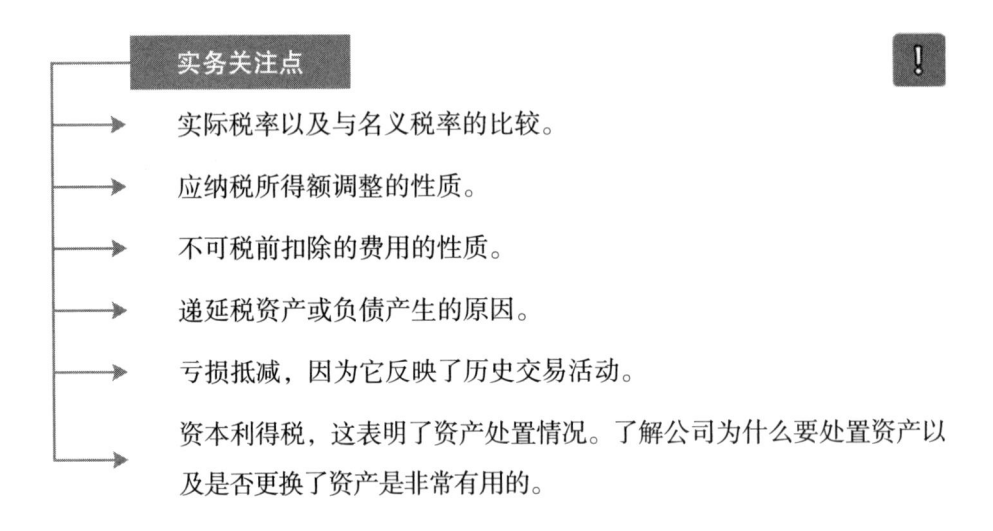

> **实务关注点**
> - 实际税率以及与名义税率的比较。
> - 应纳税所得额调整的性质。
> - 不可税前扣除的费用的性质。
> - 递延税资产或负债产生的原因。
> - 亏损抵减，因为它反映了历史交易活动。
> - 资本利得税，这表明了资产处置情况。了解公司为什么要处置资产以及是否更换了资产是非常有用的。

# 09
# 有形固定资产和折旧

> 没有什么是永恒的……
>
> ——阿诺德·H. 格拉索
> 美国作家

### 一分钟小结

有形固定资产（tangible fixed assets）是指企业拥有的实物资产，例如土地、不动产、设备、机动车等。

"固定"表示公司打算在业务中长期使用此资产（超过一年），即在数年内产生收入。这与流动资产（如存货）相反，销售的速度或频率通常被认为是评价流动资产的关键指标（见第 11 章存货）。

使用有形固定资产的成本通过折旧确认。折旧是一种会计费用，它试图将有形固定资产的成本分摊到使用寿命中。实际上，折旧反映的是有形固定资产的使用、损耗或消耗。

## 敲黑板

## 为什么重要?

- 企业持有的有形固定资产是衡量其向客户提供商品或服务能力的重要指标。例如，制造业企业在工厂和机器上的投资表明了其提供产品以满足当前和未来需求的能力，零售商在土地上的投资可以表明其扩大实体业务以应对新的增长机遇的潜力。不投资固定资产或不维持固定资产生产能力的企业可能无法抓住机遇或长期满足现有需求。
- 债权人通常将公司的有形固定资产视为对公司贷款的潜在担保来源（见第 30 章债务融资）。
- 会计师和分析师可以对公司使用有形固定资产的效率进行评估，从而比较不同企业的业绩（见第 23 章盈利能力指标）。

有形固定资产通常按资产的类型或特定"类别"（土地和建筑物、固定装置及配件、厂房和机器等）进行分组和报告。

## 折旧

有形固定资产的经济使用寿命是有限的。经济使用寿命是企业期望从资产中获取经济利益的期间。它是管理层在购买资产时做出的估计，反映该资产有望帮助企业创收的期间。例如，Ocado 公司使用货车将食品杂货送到顾客家中，而这些货车有一个经济使用寿命，例如五年。Ocado 公司将评估其经济使用寿命，以反映货车"报废"的时点，即其不再满足业务需求的时点。在这一期间结束时，这些货车需要更换。

为了反映资产的使用情况，企业每年在利润表中将该资产初始成本的一部分确认为费用。这项费用被称为折旧，它反映了资产的系统性损耗。

折旧费用还会减少资产的账面价值。在每个资产负债表日，账面净值（net book value）代表资产的剩余成本，即资产价值中尚未折旧的部分。

除土地外（见下文的解释），所有有形固定资产都必须计提折旧。

## 账面净值

有形固定资产在资产负债表中以账面净值表示。账面净值等于资产的成本减去累计折旧（该资产年折旧总和）。

## 示例 1

ABC 有限公司现有的资产是其六年前以 100 000 英镑购买的。该公司以每年 5% 的比率对其资产计提折旧。本年年末的账面净值将如下所示列入财务报表：

|  | 英镑 |
| --- | --- |
| 有形固定资产成本 | 100 000 |
| 累计折旧（5%×6 年） | (30 000) |
| 账面净值 | 70 000 |

累计折旧使资产成本减少了 30 000 英镑。累计折旧代表了六年的年折旧额（每年计提 100 000 英镑的 5%）。注意，在披露账面净值时，也会分别披露成本和折旧。这使财务报告使用者能够了解资产的剩余生产能力或剩余使用寿命。在上面的例子中，累计折旧相对较低（与成本相比），这表明资产仍然有良好的生产能力。

千万不要把账面净值和市场价值混为一谈。后者是对一项资产当前价值的衡量标准，只能根据市场条件（例如通货膨胀或资产可用性）来确定。账面净值是一个会计概念，并不代表市场价值。事实上，当资产价格会随着时间的推移而上涨时，账面净值低估了资产的市场价值。当考虑如何使用财务报表对企业进行估值时，这种差别就变得相关了（见第 28 章企业估值）。

## 折旧计算

计算折旧可以采用不同的方法。也许令人惊讶的是，会计准则允许公司（有限地）选择折旧方法（见第 19 章会计和财务报告准则）。虽然所选择的方法应是适当的并一贯应用，但选择的存在为企业提供了一定的自由裁量权，而这种自由裁量权又可用于影响财务成果。

固定资产折旧最广泛使用的方法是直线法。直线法下，折旧的计算公式如下：

$$年折旧额 = \frac{资产初始成本 - 预计残值}{预计使用寿命}$$

这种方法下，企业每年产生相同的折旧额（如果用图形表示，年折旧额将显示为一条"直线"，因此得名）。

其他常见的方法包括余额递减法和年数总和法（见"涨知识"专栏）。

一项资产在其经济使用寿命结束时价值为零是不合理的。例如，Ocado公司可能使用货车四年，并将其出售给第三方以获得残值（residual sum）。四年的使用寿命是Ocado公司的管理层对货车的使用期限以及何时需要置换的估计。这是一个判断，也反映了公司的资产置换政策。

## 示例2

XYZ有限公司本年花费20 000英镑购买了一辆新的货车。每辆货车的平均经济使用寿命为四年，四年之后该公司将更换新车型。估计这辆货车在其经济使用寿命结束时的残值为8 000英镑。

$$年折旧额 = \frac{20\,000 英镑 - 8\,000 英镑}{4 年} = 3\,000（英镑／年）$$

因为存在预计残值，货车的净成本是12 000英镑（20 000英镑减去8 000英镑），只有这部分在货车四年的使用寿命中作为折旧额（每年3 000英镑）。

这辆货车的账面净值在四年内的下降情况如下所示：

|  | 第一年<br>（英镑） | 第二年<br>（英镑） | 第三年<br>（英镑） | 第四年<br>（英镑） |
| --- | --- | --- | --- | --- |
| 成本 | 20 000 | 20 000 | 20 000 | 20 000 |
| 累计折旧 | (3 000) | (6 000) | (9 000) | (12 000) |
| 账面净值 | 17 000 | 14 000 | 11 000 | 8 000 |

每年折旧额固定为3 000英镑，同时资产负债表每年减少相等的成本。四

年之后，资产负债表上的成本将减少 12 000 英镑，这一数额与四年间利润表上反映的费用相等。

在这个例子中，资产没有被完全折旧。这是因为该资产的预计残值为 8 000 英镑。直线法实现的效果是，以每年相等的金额消耗资产的成本，在资产的经济使用寿命结束时还留有 8 000 英镑的残值。相反，如果该资产的预计残值为零，则该资产成本的全部金额将在四年内折旧（即每年 5 000 英镑），四年之后其账面净值为 0。

上述计算中包括的残值是管理层对资产使用寿命结束时处置资产所得的估计。残值在最初购买时的估计，可能与最终处置时的实际金额有所不同（见下文）。

## 处置收益 / 损失

残值是购置资产时由管理层做出的估计。因此，资产经济使用寿命结束时的实际残值与管理层最初的估计存在差异并不罕见。这种差异可能导致企业在最终处置或报废资产时产生收益或亏损。在上面的例子中，第四年年末：

- 如果实际残值超过 8 000 英镑，处置将产生收益；
- 如果实际残值低于 8 000 英镑，处置将出现亏损。

任何处置损益均应计入利润表内的其他营业收入或费用（见第 3 章利润表）。

## 重估

会计准则还允许企业重估有形固定资产的价值，而不是按购买成本入账。

如果一家企业选择重估其有形固定资产，则必须对重估资产以"最新"价值进行折旧（见第 17 章重估）。

## 何时重要？

只有当公司有权（并预期）从有形固定资产中获得经济利益时，有形固定资产才应作为资产在资产负债表中被资本化（"确认"）。如果一项固定资产不能为公司带来经济利益，那么它就不应被归类为资产。相反，它必须被归类为一项费用，从利润中扣除。虽然固定资产通常是由企业拥有的，但决定它们是否应该被归类为固定资产取决于其能否给企业带来经济利益，所以法定所有权并不是必需的。例如，租赁资产是不归公司所有的一类资产。然而，它们被资本化并（连同相应的租赁负债）被记录在资产负债表中，因为租赁资产赋予了公司从中获得收益的权利（见"小课堂"专栏）。

大多数企业在购置（或建造）固定资产时，都期望从这些资产中获得未来的收益，否则就不会投资这些资产。然而，事实并不总是如此。试想，一家房地产公司在几年时间里重新开发了一个购物中心，结果发现租户对零售店面的需求很少，甚至没有。这种需求的变化可能是由于最初投资时没有预料到的市场环境变化，例如新冠疫情和由此导致的网购的加速发展。

因此，对固定资产的投资是有风险的，企业需要评估其对固定资产的投资是否能继续产生经济利益。这种年度评估被称为减值测试。在有减值迹象的情况下，公司必须将每项资产（或资产类别）的成本降低到可收回金额。任何减值损失都将反映在利润表中（见第 18 章减值）。

实务中，企业对其当年持有的固定资产计提年折旧。但是，对于在年中购买的资产，通常会在购买当年分摊折旧。例如，在年底前三个月购买的资产，在第一个会计期间只收取年度折旧费的四分之一。年中购买的资产可以解释为什么一年的折旧额可能比预期的要低。

## 实务中

折旧涉及许多判断，包括方法的选择、使用寿命和预计残值。公司在进行这些估计时必须做出合理的判断，其决定将影响报告的财务成果。一些公司可能将此视为操纵业绩报告的机会。

| 高估使用寿命 | 会使年折旧额偏低，导致账面净值和报告的利润偏高。 |
| --- | --- |
| 高估预计残值 | 会使年折旧额偏低，导致账面净值和报告的利润偏高，但在最终处置时会产生损失。 |

实务中，企业在资产经济使用寿命结束，也就是资产被完全折旧之后继续使用的情况并不少见，这可能是企业采用"激进"折旧方法的证据。它也可能表明管理层通过推迟确认购买替代资产的资本支出来改善企业的现金状况。

注意，虽然折旧估计变更可能是改善业绩报告的一种方式，但任何变更都应该在公司的会计政策附注中披露，并接受审查和批准，例如内部审计委员会（见第22章公司治理及举报）和外部审计师的审查和批准（见第20章外部财务审计）。

## 涨知识

## 可选折旧方法

企业可以选择直线法之外的其他折旧方法，例如余额递减法和年数总和法。折旧额根据所选择的方法而有所不同。

余额递减法以账面净值的固定百分比计算年折旧额。与每年计提相等折旧额的直线法相比，余额递减法下，随着资产账面净值的下降，年折旧额将逐年下降。实际上，这种方法的效果是，在资产使用寿命的最初几年折旧额较高，而在后来的几年折旧额逐渐降低。这种方法适用于前期使用较多的资产，如新轿车和新货车。

年数总和法也是在资产使用寿命的最初几年计提较高的折旧额，以反映资产在最初几年使用率更高的情况。这种计算方法复杂一些，因为它需要将资产折旧年限逐年的数字相加，然后从剩余使用年数最多的一年开始，应用该逐年递减的总和作为分母来计算折旧费。

例如，一项以30 000英镑购买的资产，预计使用年限为五年，预计残值为0，使用年数总和法进行折旧。对其每年折旧额的计算方法如下：

年数总和 = 5+4+3+2+1 = 15

第一年折旧（5/15） 　　　　　　　　　　　　　　10 000英镑

| | |
|---|---|
| 第二年折旧（4/15） | 8 000 英镑 |
| 第三年折旧（3/15） | 6 000 英镑 |
| 第四年折旧（2/15） | 4 000 英镑 |
| 第五年折旧（1/15） | 2 000 英镑 |
| 总计 | 30 000 英镑 |

虽然管理层有选择方法的自由裁量权，但所选择的方法应该反映资产使用的现实情况。例如，办公室家具通常选择直线折旧法，因为它每年的使用情况比较平均，而汽车可能在前期使用更多（当新购入时），因此选择余额递减法或年数总和法更合适。

## 固定资产成本

根据会计准则，固定资产的"成本"包括：

- 购买成本；
- 与达到管理层预计可使用状态直接相关的费用。

虽然"交付"和"安装"等成本很容易被确定为"达到预计可使用状态"所必需的，但其他成本，如"培训费"和"借款费用"就没有那么明确了。

例如，培训费通常是一项持续经营成本，并被视为营运支出（见第7章营运支出和资本支出）。然而，某些培训成本可能被计入资产的成本中，即"资本化"，并作为有形固定资产的一部分，例如，当培训被认为是操作新设备所必需时。

同样，如果一项资产是通过专门借款融资取得的，那么融资成本也可以资本化，作为资产成本的一部分，而不是计入费用。将一项支出分类为资本还是费用会影响利润表和资产负债表的资产价值（见第7章营运支出和资本支出）。

## 摊销

折旧和摊销可视为同义概念。摊销之于无形资产，犹如折旧之于有形固定资产。有形固定资产在本质上是有实物形态的，而无形资产是没有实物形态的。常见的无形资产包括专利权和许可证（见第 10 章商誉和其他无形资产）。

## 小课堂

### 使用寿命无法合理估计（或无限）的资产

永久产权土地不计提折旧。"使用寿命"或"消耗"的概念并不适用，除非土地的某些方面确实会被消耗完，例如，可以开采的矿山。土地是一种具有无限使用寿命的独特的有形固定资产。

商誉也是一类特殊的无形资产。它不需要摊销，因为它被认为是无限期的（见第 10 章商誉和其他无形资产）。

### 固定还是流动？

固定资产和流动资产之间的区别并不总是很明显。根据商业活动的不同，土地和建筑物既可以分类为流动资产，也可以分类为固定资产。

例如，房地产企业可能会出售而不是长期持有房屋。因此，房屋被归类为"存货"或"在建工程"（对于仍在建设阶段的资产），并被列报在其资产负债表的"流动资产"项目下（见第 11 章存货）。

然而，如果物业管理公司拥有一项相同的资产，并打算从该资产中获得长期收益，则该房屋将被归类为固定资产。

### 租赁资产

资产负债表包括租赁资产和负债，即使该资产不属于公司所有。

除了有限的例外（见下文），IFRS 16 要求将租赁资本化并确认相应的负债。这是基于实质重于形式的原则（因为租赁的实际情况是，承租人拥有资产的使用权，尽管在法律上出租人仍然拥有该资产）。

对租赁的会计处理既要确认资产，又要确认相应的负债。租赁负债是一种会计核算，而不是企业在资产负债表日的实际债务。

不过，租期少于12个月的租赁以及低价值租赁无须资本化，而是确认为费用。

## 固定资产登记册

大多数企业都有固定资产登记册（fixed asset register，FAR）。其中的书面记录（或数据库）使公司能够确定每一项固定资产的位置。固定资产登记册记录了实际存在于办公场所以及存放在第三方地点的固定资产的位置，其中还包括由公司所有但出借或出租给他人的资产。

固定资产登记册还记录了资产价值，可作为计算折旧和税收的原始资料（见第8章企业税收）。

## 想一想

1. 公司董事修改了对固定资产的经济使用寿命的估计，这对未来的年折旧额有什么影响？

2. 两家公司尽管同时购买了相同的资产，却报告了不同的折旧额。请解释折旧额不同的可能原因。

3. Ocado公司把汽车归类为固定资产，而福特公司把汽车归类为流动资产中的存货。请解释为什么这两家企业对汽车的会计处理不同。

4. 查阅一家上市公司披露的折旧政策，它的政策符合你的期望吗？

5. 对于一个你最近工作过的组织（商店、教育机构、公司等）：

（1）你能识别哪些固定资产？

（2）你对每项资产如何分类？

（3）你认为各类资产最适合哪种折旧方法？

（4）你认为在多长时间内对每种类型的资产进行折旧比较合适？

如果你想了解作者对这些问题的看法，请访问 financebook.co.uk。

## 看报表

会计政策附注将解释公司采用的固定资产处理方法，包括折旧和重估政策。

年底购买或建造固定资产的合同承诺需要在"资本承诺"附注中单独披露。这为财务报表使用者提供了企业用于购买尚未使用的资产的资金信息，并展现了其未来的生产能力和增长前景。

利润表将折旧计入成本或管理费用项目中。

有形固定资产计入资产负债表的固定（或非流动）资产项目中。

固定资产附注分别披露固定资产和无形资产的账面价值和累计折旧。本年度的变动情况按资产类别披露。

### 摘自格雷格斯公司 2020 年年度报告

（附录第 405 页）

**12. 不动产、厂房和设备**
集团

| | 土地和建筑物<br>（百万英镑） | 厂房和设备<br>（百万英镑） | 固定装置及配件<br>（百万英镑） | 在建工程<br>（百万英镑） | 总计<br>（百万英镑） |
|---|---|---|---|---|---|
| 费用 | | | | | |
| 2018 年 12 月 30 日的余额 | 153.1 | 154.9 | 321.1 | 2.0 | 631.1 |
| 增加额 | 12.2 | 28.1 | 36.0 | 6.0 | 82.3 |
| 处置 | (0.6) | (14.9) | (19.3) | — | (34.8) |
| 转入 | 1.6 | 0.5 | — | (2.1) | — |

续表

| | 土地和建筑物（百万英镑） | 厂房和设备（百万英镑） | 固定装置及配件（百万英镑） | 在建工程（百万英镑） | 总计（百万英镑） |
| --- | --- | --- | --- | --- | --- |
| 2019 年 12 月 28 日的余额 | 166.3 | 168.6 | 337.8 | 5.9 | 678.6 |
| **2019 年 12 月 29 日的余额** | 166.3 | 168.6 | 337.8 | 5.9 | 678.6 |
| 增加额 | 3.3 | 10.1 | 19.6 | 22.9 | 55.9 |
| 处置 | (0.7) | (8.1) | (8.7) | — | (17.5) |
| 转入 | — | 1.9 | — | (1.9) | — |
| **2021 年 1 月 2 日的余额** | 168.9 | 172.5 | 348.7 | 26.9 | 717.0 |
| 折旧 | | | | | |
| 2018 年 12 月 30 日的余额 | 44.1 | 89.9 | 166.7 | — | 300.7 |
| 本年度折旧费 | 4.6 | 13.3 | 38.2 | — | 56.1 |
| 本年度减值费用 | — | 0.5 | 0.4 | — | 0.9 |
| 本年度减值冲回 | — | — | (0.6) | — | (0.6) |
| 处置 | (0.5) | (14.4) | (17.3) | — | (32.2) |
| 2019 年 12 月 28 日的余额 | 48.2 | 89.3 | 187.4 | — | 324.9 |
| **2019 年 12 月 29 日的余额** | 48.2 | 89.3 | 187.4 | — | 324.9 |
| 本年度折旧费 | 4.9 | 14.3 | 37.6 | — | 56.8 |
| 本年度减值费用 | — | — | 5.9 | — | 5.9 |

续表

| | 土地和建筑物（百万英镑） | 厂房和设备（百万英镑） | 固定装置及配件（百万英镑） | 在建工程（百万英镑） | 总计（百万英镑） |
|---|---|---|---|---|---|
| 本年度减值冲回 | — | — | (0.7) | — | (0.7) |
| 处置 | (0.3) | (7.4) | (7.5) | — | (15.2) |
| 2021年1月2日的余额 | 52.8 | 96.2 | 222.7 | — | 371.7 |
| 账面金额 | | | | | |
| 2018年12月30日 | 109.0 | 65.0 | 154.4 | 2.0 | 330.4 |
| 2019年12月28日 | 118.1 | 79.3 | 150.4 | 5.9 | 353.7 |
| 2019年12月29日 | 118.1 | 79.3 | 150.4 | 5.9 | 353.7 |
| 2021年1月2日 | 116.1 | 76.3 | 126.0 | 26.9 | 345.3 |

在建工程涉及自动化冷库设施的建设，资产的价值将通过正常交易过程收回。

如果有事件发生或情况变化表明账面价值可能无法收回，则对资产进行减值测试，并在必要时计提减值准备。在这些计算中使用的方法和假设，以及有关的敏感性，载于第123页和第124页的编制基础——关键的估计和判断。

2018年，该公司签订了Twickenham空置场地的处置合同。处置的条件取决于一系列因素，包括申请和获批规划许可。截至2020年底，这些因素的解决时间仍不确定，因此该资产继续被归类为非流动资产。在现阶段，场地处置产生的总收益预计仍将与投资计划中预期的收益保持一致。

**实务关注点**

对固定资产进行实地检查，以确认其存在（即资产没有被盗）并检查资产状况（以支持其账面价值）。

资本支出与折旧之比。如果每年的总折旧额超过资本支出，企业可能无法长期维持目前的生产能力。

当购置新的有形固定资产时，哪些成本应予以资本化。

用于计算折旧的使用寿命小于资产的实际寿命。

有形固定资产金额折旧（账面净值为0）但仍在生产过程中使用的公司。与采用更现实的折旧政策的竞争对手相比，这些公司可能会显示出更高的资产周转率（见第23章盈利能力指标）。

折旧政策的变更，包括对使用寿命和残值的估计。

资产置换政策的变更及其原因。

# 10

# 商誉和其他无形资产

> 我不知道这么大金额的商誉是从哪里来的……
>
> ——菲丝特
> 加拿大歌手

### ▌一分钟小结

一家公司的价值通常大于其各部分价值之和,差额即为商誉(goodwill)。商誉是一种隐性资产,它的存在取决于企业的声誉、地理位置、市场地位、客户忠诚度和员工专业知识等因素。隐性商誉更准确地说是"自创"商誉,它从不出现在公司自身的资产负债表上。

商誉也被认为是一种独特的资产,因为商誉与其他资产不同,不能从企业中分离出来,也就是说,它不能转移或独立存在,它是企业的 DNA 价值。

由于商誉的模糊特性,会计准则禁止在财务报表中确认自创商誉(inherent goodwill)。这在很大程度上是因为自创商誉的价值难以被可靠计量。

当一个企业被另一个企业收购时,它的价值是可以确定的。当支付的价格与购买的可辨认净资产的公允价值之间存在差额时,这个差额就代表该隐性资产的价值,即被收购公司的商誉。在收购时,这一差额被记录在

> **一分钟小结（续）**
>
> 收购公司的报表中（见第 16 章集团会计），称为外购商誉。
>
> 外购商誉被归类为"无形"固定资产，因为它没有实物形态。其他无形资产包括专利权、商标权和开发成本，在财务报表中被归类为固定资产，因为它们是企业长期持有的。

# 敲黑板

由于自创商誉估值的不确定性和波动性，公司自创商誉不能在报表上确认。

例如，有一家成立了 20 年、拥有知名品牌和忠实客户群的企业，它的员工经验丰富，拥有多年积累的独特技能。这些特点加在一起，反映了企业的自创商誉。然而，为这些特点估值是非常主观的，因此自创商誉的价值是不确定的。

可以通过思考几个月后的业务状况来理解商誉的波动性。公司的前景急转直下，由于一场未预见的大流行病的破坏性影响，该公司不得不裁减大量员工。由于员工需要安全工作，客户的订单没有办法完成。这反过来又影响了客户需求和忠诚度，导致品牌声誉受损。然而其竞争对手，尤其是海外供应商，能够以更低的成本和更高的可靠性向客户提供产品。由此可以看出，如果自创商誉在前一年入账，其价值将在很短的时间内发生显著变化。

上述例子反映了一个更广泛的问题，即商誉与企业的品牌和声誉密切相关。在当今基于社交媒体的环境中，企业的声誉可能会迅速受损，最近的案例如 TSB（IT 故障问题）、Facebook（数据隐私问题）和波音公司（737 Max 安全问题）。

正是由于商誉的价值难以可靠计量以及存在波动的风险，自创商誉不能入账，即商誉仍然是"无形的"。

## 为什么以及何时重要？

在对企业进行估值时，商誉成为一个问题。由于资产负债表不能识别或确认企业拥有的所有资产的真实价值，企业估值成为一项复杂的任务（见第28章企业估值）。

买卖双方都希望评估出资产负债表上记录的资产的价值以及自创商誉的价值。因为正是这些资产加在一起使企业产生利润。尤其是卖方，他们自然希望买方为商誉付款。

一旦双方就收购价格达成一致并完成收购，商誉就会以一个准确的数字被记录在财务报表中。"外购"商誉是为收购企业支付的超额金额，该金额会在买方的财务报表中作为无形固定资产记录（见第16章集团会计）。然而，尽管商誉的价值是在收购时计算的，但正如上文所述，商誉是具有波动性的。因此，外购商誉必须进行年度减值测试，以确保该资产的价值继续与为其支付的金额相等（参见"涨知识"专栏）。

## 外购商誉示例

一家服装零售商收购了附近城镇的另一家零售商，该商店的可辨认净资产价值为200 000英镑。

收购方同意支付300 000英镑买下整个企业，这意味着有100 000英镑的溢价。在收购方看来，溢价部分是被收购方商誉的对价。商誉代表有利的地理位置、忠实的客户群以及品牌。而收购方认为这些因素有助于获取未来的利润。

从会计角度来看，200 000英镑的可辨认净资产以300 000英镑被收购，其中100 000英镑（300 000–200 000）的差额代表外购商誉，该金额将作为无形资产在收购方的集团报表中确认。

## 实务中

商誉的"价值"通常是由买卖双方协商确定的。在决定是否支付溢价时，收购方不仅要考虑品牌、客户基础、竞争力等因素，还要考虑"协同效应"（例如，企业合并后可从供应商处获得更多的数量折扣从而节省成本）或市场势力（market power）等战略因素。

对于上市公司（其股票在合法证券交易所交易的公司）来说，利用股价可以更方便进行企业估值，从而更容易得出商誉的价值。

收购企业支付的溢价并不总是合理的。企业历史上充斥着这样的例子：首席执行官花钱购买商誉，却发现他们的期望落空了。

例如，微软在2014年收购了诺基亚，当时被收购方称为"标志性事件"。一年多后，微软被迫注销了76亿美元的商誉，并承认其试图在竞争激烈的市场上与已经占据主导地位的企业竞争的错误。2018年，卡夫亨氏的商誉减值超过150亿美元，导致其整体亏损。这证实了亨氏在三年前收购卡夫时出价过高。

愤世嫉俗的人往往认为，商誉只是资产负债表上一个用来反映买家奢侈程度的数字！

## 涨知识

### 公允价值

商誉等于收购时企业支付对价的公允价值与其所购净资产的公允价值之间的差额。公允价值不应与账面价值混淆。

资产的公允价值与账面价值关系不大，因为企业通常采用的会计政策是按固定资产的初始购买（历史）成本，而不是按当前价值记录固定资产（见第17章重估）。然而，某些固定资产，特别是土地和建筑物，可能会随着时间的推移而增值，这将导致公允（市场）价值和财务报表中记录的账面价值之间的差距越来越大。因此，在进行收购计算商誉时，企业必须首先重估其所有资产的价值（估计其公允价值），以反映可辨认净资产在销售时点的市场价值。

## 其他无形资产

无形资产（intangible assets）是没有实物形态的固定资产。无形资产包括开发成本（与开发新产品或服务相关的成本）、专利权（给予持有人有时限的发明专有权许可证）、商标和软件。

无形资产之所以被称为"资产"，是因为企业购买或开发无形资产是为了产生收入和利润。思考一下药物专利权的例子。该专利权赋予所有者在一定期限内通过独家销售专利药物产生收入的权利。因此，专利权是一种资产，因为它们在未来能够给企业带来经济利益。事实上，制药公司正是利用注册专利权（作为一项资产）的机会来证明研发新药物和新疗法所需的巨额前期支出和风险是合理的。

无形资产在持有或拥有该资产的公司报表中确认。

## 摊销

与所有其他使用寿命有限的固定资产（见第 9 章有形固定资产和折旧）不同，商誉的使用寿命是无限期的。支付溢价购买商誉的公司会维持商誉的价值，例如，通过采取措施确保客户忠诚度和其他有助于维持商誉的因素存续下去。对于成功做到这一点的企业，所购买的商誉将无限期地作为其资产负债表上的一项资产。商誉的价值永远不会减少，商誉也不要求摊销，即在未来的会计期间不分摊成本。

所有其他无形资产都需要在其预计使用寿命内摊销，因为它们的使用寿命是有限的。

## 减值

由于使用寿命无限的假设，商誉必须每年进行减值测试，以验证其账面价值依然合理。从本质上说，减值测试是将说明支付商誉是合理的原始假设与企业在被收购后数年的实际表现进行比较。如果企业在被收购后的表现达到预期，则商誉不会减值。

其他无形资产（即寿命有限的资产）需要进行摊销，但不必接受减值测试，除非有证据或迹象表明资产已减值（见第 18 章减值）。

## 小课堂

### 负商誉

商誉可以是正的也可以是负的。

直观地说，负商誉意味着收购方支付的对价低于其所获得的可辨认净资产的价值。例如，由于被收购方的一部分资产廉价出售，收购方可能获得"便宜货"。与在资产负债表上作为资产确认的正商誉不同，负商誉在收购方的报表上作为收益（收购收益）(而不是作为负资产) 入账。

## 想一想

1. 以某一个企业为例，找出哪些因素影响该企业的自创商誉。

2. 可口可乐 2020 年财务报告显示，公司净资产为 210 亿美元。然而，其市值为 2 210 亿美元（基于 2021 年 3 月 18 日的收盘价）。

（1）应用商誉的定义来估计可口可乐商誉的价值（假设不需要对净资产进行公允价值调整）。

（2）思考影响可口可乐商誉的因素。

3. 选择一家上市公司：

（1）思考该公司可能拥有哪些无形固定资产。

（2）查阅该公司的财务报表，确定这些无形资产的会计处理方法。

（3）该公司是否将外购商誉计入合并资产负债表？如果是，思考该商誉是否已经减值,以及减值的原因(查看财务报表中的商誉附注)。

4.《金融时报》报道,根据彭博(Bloomberg)的数据,在 2021 年 341 家市值超过 1 亿美元的非金融美国上市公司中,商誉至少占其总资产的三分之一。如果商誉在公司资产负债表中占很大比例,会出现什么问题?

如果你想了解作者对这些问题的看法,请访问 financebook.co.uk。

## 看报表

商誉在收购方合并财务报表的非流动资产部分列示。

无形固定资产在资产负债表的固定(或非流动)资产项目下列示。

固定资产附注单独披露账面金额和累计摊销额。年度变化情况按资产类别列示。

自创商誉不会出现在个别财务报表中。

## 摘自格雷格斯公司 2020 年年度报告

(附录第 401 页)

### 10. 无形资产
集团和母公司

|  | 软件<br>(百万英镑) | 正在开发的资产<br>(百万英镑) | 总计<br>(百万英镑) |
| --- | --- | --- | --- |
| 费用 |  |  |  |
| 2018 年 12 月 30 日的余额 | 23.8 | 2.9 | 26.7 |
| 增加额 | 2.5 | 1.2 | 3.7 |
| 转入 | 2.6 | (2.6) | — |
| 2019 年 12 月 28 日的余额 | 28.9 | 1.5 | 30.4 |

续表

|  | 软件<br>（百万英镑） | 正在开发的资产<br>（百万英镑） | 总计<br>（百万英镑） |
| --- | --- | --- | --- |
| **2019 年 12 月 29 日的余额** | 28.9 | 1.5 | 30.4 |
| 增加额 | 2.7 | 0.1 | 2.8 |
| 转入 | 1.5 | (1.5) | — |
| **2021 年 1 月 2 日的余额** | 33.1 | 0.1 | 33.2 |
| 摊销 |  |  |  |
| 2018 年 12 月 30 日的余额 | 9.8 | — | 9.8 |
| 本年度摊销费用 | 3.8 | — | 3.8 |
| 2019 年 12 月 28 日的余额 | 13.6 | — | 13.6 |
| **2019 年 12 月 29 日的余额** | 13.6 | — | 13.6 |
| 本年度摊销费用 | 4.0 | — | 4.0 |
| **2021 年 1 月 2 日的余额** | 17.6 | — | 17.6 |
| **账面金额** |  |  |  |
| 2018 年 12 月 29 日 | 14.0 | 2.9 | 16.9 |
| 2019 年 12 月 28 日 | 15.3 | 1.5 | 16.8 |
| 2019 年 12 月 29 日 | 15.3 | 1.5 | 16.8 |
| 2021 年 1 月 2 日 | 15.5 | 0.1 | 15.6 |

正在开发的资产与新系统平台投资产生的软件项目有关。

> **实务关注点**
>
> 商誉披露在合并财务报表中。
>
> 商誉的增加/减少以及变化的原因（收购、处置、减值）。
>
> 可能的商誉减值迹象，如被收购企业的收入/利润未达到最初预期。
>
> 对于上市公司而言，在收购期间或收购后股价下跌，可能表明"市场"不相信交易的合理性。
>
> 报表中的负商誉意味着"廉价"购买。这些交易可能会引起更多关注，因为它们导致商誉被确认为收益。
>
> 公司是否采用了 IFRS 或英国 GAAP。与 IFRS 相反，英国 GAAP 对商誉的会计处理要求每年摊销。

# 11
# 存 货

> 我一直是个渴望赚钱的孩子。我从爸爸那里借了1美元，去糖果店买了1美元的糖果，并搭建了自己的摊位，以每颗5美分的价格出售糖果。在售出一半的存货后，我赚了2.5美元，把1美元还给了我爸爸。
>
> ——盖伊·菲埃里
> 餐馆老板、作家、电视名人

### 一分钟小结

存货通常是制造/零售企业资产负债表中占比较大的资产。正是通过出售存货，企业才能产生收入和利润。

持有存货会占用资金从而带来巨大的商业风险。如果存货不能及时出售，可能会导致流动性问题；如果存货不能以足够高的价格出售，可能会导致亏损。反之，存货过少可能会导致错失商业机会，将客户拱手让给竞争对手。

存货作为流动资产记录在资产负债表中，企业每年应至少进行一次实物盘点。

## 敲黑板

存货包括三个生产阶段的物品：原材料、在产品和产成品。存货的确切分类取决于公司的业务活动。例如，超市将未煮熟的冷冻肉归类为"产成品"，因为对于超市来说冷冻肉是可供出售的，即使消费者不能直接食用。相比之下，馅饼制造商会将其冷冻肉归类为"原材料"。

## 为什么重要？

购买或持有存货会占用公司的现金资源。高效的库存管理对任何企业的运营成功都至关重要。

持有过多存货的公司如果无法通过出售获利，可能会面临流动性问题或需要承担亏损。过多的存货持有量还会占用可投资于其他地方的资金（见第24章营运资本和流动性管理）。

同样，存货过少的公司将无法满足客户需求，失去客户以及有利可图的销售机会。

为了将风险降至最低，管理层可以应用不同的方法来管理存货。

JIT（准时制，just in time）方法是指企业只在需要时订购和接收货物。JIT方法在制造业（如汽车行业）中广泛应用，其旨在最大限度地降低缺货风险，同时消除存货过剩风险。运用JIT方法的先决条件是，企业必须拥有准确的库存跟踪和需求预测系统。

企业可以仔细监控关键存货指标，以识别库存过剩等问题。其中，存货周转天数是一个关键指标，可以确定企业的库存水平是否合适（见下文）。

## 存货周转天数

一家公司的成功在一定程度上取决于它能以多快的速度出售或"周转"其存货以变现。

存货周转天数是一个比率，用于计算卖出存货所需的天数。它使用历史销售信息进行计算，如下所示：

$$\frac{存货}{销售（营业）成本} \times 365$$

将持有存货的成本（通常用年末金额）与当年售出的存货的成本进行比较，这是根据实际销售活动得出的公司存货持有天数指标。

例如，一家公司在年底持有1 000英镑的存货。在这一年里，存货销售成本为2 000英镑。用过去的销售情况作为对未来销售的指导，存货周转天数表明该公司持有6个月的存货，也就是说，需要半年的时间来出售公司持有的这部分存货。

$$\frac{1\,000\,英镑}{2\,000\,英镑} \times 365 \approx 183 \text{ 天（6个月）}$$

人们经常将同一行业的企业的存货周转天数进行比较，来评估企业的相对效率。然而，存货周转天数没有一个"标准"数值。

不同部门和行业的存货周转天数有所不同。在评估企业存货水平是否合适时，了解行业（或行业规范）是很重要的。

## 格雷格斯公司与翠丰集团（Kingfisher，百安居公司（B&O）的所有者）

| 存货周转天数 | 2020 年 | 2019 年 |
| --- | --- | --- |
| 格雷格斯公司 | 27.3 | 20.9 |
| 翠丰集团 | 125.0 | 127.5 |

连锁面包店格雷格斯公司持有的存货包括原材料（面粉）和在产品（处于不同生产阶段的零食）。家庭装修公司翠丰集团持有的存货只有产成品，包括油漆和割草机等自制产品。

计算数据显示，格雷格斯公司的存货周转天数约为27天。相比之下，翠丰集团持有存货的时间要长得多。由于格雷格斯公司出售的商品具有易腐烂的特性，这一结果也就不足为奇。

较长的存货周转期导致现金被占用的时间较长，因此管理层会持续关注管理（减少）存货周转天数的方法。减少存货周转天数可以更快地释放现金，使企业能够加快资金循环，或者将资金用在其他地方。

### 存货周转率

存货周转率是存货周转天数的补充指标，说明存货周转的次数，即存货在一年中售出的次数。它的计算公式是：销售成本/存货。

| 存货周转率（销售成本/存货） | 2020年 | 2019年 |
| --- | --- | --- |
| 格雷格斯公司 | 13.4次 | 17.5次 |
| 翠丰集团 | 2.9次 | 2.9次 |

### 何时重要？

企业的一个商业目标应该是优化库存。这意味着其应避免不必要的库存，同时将"缺货"（即库存耗尽）风险降至最低。

由于需求模式的不确定性，优化库存是一个持续性（有些人认为不可能）的挑战。然而，在尝试这种不可能的过程中，超市开发出了反应迅速的JIT供应链，使其能够迅速改变库存水平，以应对突发的需求高峰。例如，当名厨迪莉娅·史密斯（Delia Smith）的一则电视广告引发大黄被抢购时，Waitrose公司转而进口大黄，以满足激增的需求。在预期销量激增的情况下，囤货是达成相同目标的另一种选择，但成本更高。

最近，由于新冠疫情，JIT模式也面临着压力。此外，2021年"Ever Given"号轮船搁浅并阻塞了苏伊士运河六天，暴露了供应链的脆弱性。这些事件可能导致公司增加库存，以防范重大、不确定的未来事件带来的风险。

### 年终结算

在财务报表中必须准确地确认和计量存货。在每个会计期末已购入但未售出的物品在报表中应作为存货列报。

除规模极小的企业外，其余企业可能都有一个库存系统，以显示每种存货的"账面"数量。至少每年应进行一次存货盘点，核实所记录的（账面）数量是否实际持有并发现账实差异，例如由于失窃造成的差异。在盘点时检查存货的状况也有助于发现陈旧或损坏的存货，这反过来又会影响财务报表中所记录的存货价值。

给存货"估值"可能是一个复杂的过程，原因有很多：

1. 因为成本通常随时间波动，存货通常在一年中不同的时间以不同的价格购买。计算年终存货成本将需要详细追查采购发票，以确定每一项（年底持有的）存货在购买时的初始成本。会计发展出了多种成本计算方法，如先进先出法（first-in-first-out，FIFO）和平均成本法（average cost，AVCO），以得出年终存货成本（见"小课堂"专栏）。

2. 即使存货成本已经确定，也不能保证出售后必然能获利。销售价格将取决于各种经济因素，如市场竞争、消费者偏好和潮流等。存货可能很快就会过时，特别是在快速发展的创新行业，如科技行业。

## 成本与可变现净值

存货存在可能无法出售的商业风险。这种风险必须在每个财务年度结束时进行评估。如果一项存货的可变现价值（潜在销售价格）低于其成本，其账面价值必须"减记"到对其潜在销售价格的最佳估计（称为可变现净值，net realisable value，NRV），即必须记录损失。这是谨慎性或保守原则的应用（见第 6 章收入确认）。

例如，时装零售商在季末可能会发现裙子还有库存。为了清理库存，吸引顾客，零售商不得不把价格降到 80 英镑。如果每件裙子的成本为 100 英镑，零售商必须将资产负债表上的存货成本减少 20 英镑（100-80），并确认损失。在财务报表中以成本和可变现净值较低者确认存货的价值，可确保企业在资产负债表中没有高估存货的价值。

## 涨知识

### 在产品

在产品（work in progress，WIP）是一个术语，用于描述产品制造、提供服务和长期（建设）合同中各个阶段的商品。

### 产成品

对制造业企业来说，评估在产品和产成品的价值可能特别复杂，因为生产成本包括人工成本、材料成本和间接费用。这就要求公司保有详细的成本和时间记录。

### 服务

对于服务业企业（没有实物产出），"存货"是指正在进行的工作，以尚未收取费用的时间的价值计算。

### 长期合同

对于从事多年期建筑项目的房屋建筑商等企业来说，存货被记录为"长期在建工程"，因为建设需要持续数年。长期合同的会计核算要求企业定期核实已完成部分。

## 小课堂

### 存货成本计价方法

由于数量折扣、重新谈判、通货膨胀导致价格变化，或可能与多个供应商进行交易等原因，企业全年的存货采购成本在不断变化。如果年底未售出的存货是以不同的价格购买的，在计算成本时，公司可能需要确定购买和出售存货的先后顺序。

## 先进先出法

超市希望先销售生产日期最早的食品（例如，超市货架上的牛奶，离到期日最近的会放在货架的前面）。因此，对于有保质期的易腐物品，先进先出法通常反映了企业出售存货的顺序。

对于年终成本的计算，仍在货架上的存货的成本与最近从供应商购买的存货相关（因为这些存货剩余的保质期最长）。

## 平均成本法

相比之下，像百安居这样的零售商几乎不需要按时间顺序出售商品，因为它们通常出售的商品都是不易变质的，所以"销售截止日"的概念在很大程度上是无关紧要的。由于其商品可以按任何顺序出售，因此可以通过计算（所有已购存货的）"平均成本"来估计年底未售出存货的成本。

综上，对于保质期较长的同质（相同）产品，使用平均成本法可以反映存货销售的实际情况。这也是记录和计算年终存货成本的一种更简单的方法。平均成本法以计算新购入和持有的存货的平均成本为基础。

成本计价方法的选择是需要决策的，因为它影响公司报告的盈利能力和其资产负债表金额。由于通货膨胀的影响，采用先进先出法会比采用平均成本法报告更高的存货余额，因为公司近期持有的存货很可能是以最高成本购买的（假设存在通货膨胀）。因此，先进先出法将报告更高的利润（因为其核算的销售成本与平均成本法相比金额更低）。

虽然会计准则（见第 19 章会计和财务报告准则）允许企业使用这两种方法中的任何一种，但由于所选择的方法将影响企业报告的利润，所以成本计价方法应反映存货"流动"（即被公司购买和出售）的实际情况。

如果先进先出法和平均成本法与公司持有的不同存货相关且匹配，公司可以同时采用这两种方法。例如，超市的存货中通常既有食品，也有非食品。

## 想一想

1. 如果一家公司的存货周转天数是100天：
（1）解释这个数字意味着什么；
（2）你如何评估这个数字是否适合该公司？

2. 一项资产是否应归类为存货（或固定资产）取决于企业的性质和活动，即企业如何产生收入。对于以下每类企业，识别出应归类为存货和固定资产的资产：
（1）汽车制造商，如福特公司、特斯拉公司；
（2）房地产开发商，如邦瑞集团（Barratt）、克雷斯特·尼科尔森公司（Crest Nicholson）；
（3）房地产投资公司，如兰德证券公司、英国土地公司。

3. 格雷格斯公司在其年底报告的存货数据中没有报告产成品（见下文的摘录），但其零售店有可供出售给消费者的存货。思考为什么格雷格斯公司不在财务报表中披露产成品。

4. 存货对财务报表有什么影响？哪些与存货相关的决策可能会受到公司实现财务报表目标的影响？

如果你想了解作者对这些问题的看法，请访问 financebook.co.uk。

## 看报表

会计政策附注中会说明公司采用的存货政策。

存货列示在资产负债表的"流动资产"项目下,"销售成本"在利润表中披露。

## 摘自格雷格斯公司 2020 年财务报表

(附录第 412 页)

| 15. 存货 | | |
|---|---|---|
| | 集团和母公司 | |
| | 2020 年<br>(百万英镑) | 2019 年<br>(百万英镑) |
| 原材料和消耗品 | 13.3 | 19.4 |
| 在产品 | 9.2 | 4.5 |
| | 22.5 | 23.9 |

本期确认为费用的存货核销金额为 3 490 万英镑(2019 年:3 390 万英镑)。

(j) 存货

存货按成本和可变现净值中较低者列报。可变现净值是指在正常经营过程中的估计售价,减去估计的完工成本和销售费用后的净额。存货成本包括购买存货发生的支出和直接人工成本。

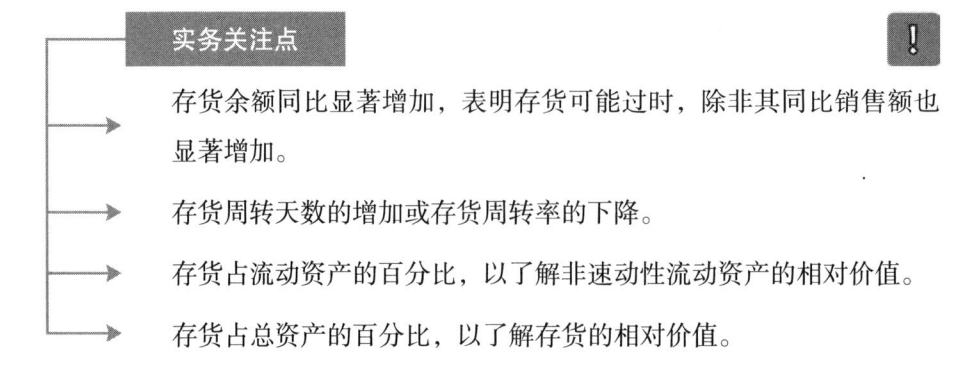

**实务关注点**

- 存货余额同比显著增加,表明存货可能过时,除非其同比销售额也显著增加。
- 存货周转天数的增加或存货周转率的下降。
- 存货占流动资产的百分比,以了解非速动性流动资产的相对价值。
- 存货占总资产的百分比,以了解存货的相对价值。

**实务关注点（续）**

企业通过公开的"抽查"政策不定期地进行存货盘点是一种常见的做法，这些盘点可以对盗窃形成威慑。

审计人员将参加存货盘点并设法进行"截止"测试，以确保存货被正确计入销售成本（利润表）和在年末资产负债表中披露。

# 12
# 应收账款和应付账款

> 债权人比债务人的记忆力好。债权人是一个迷信的教派，他们是固定日期和时间的忠实遵守者。
>
> ——本杰明·富兰克林
> 美国政治家、作家、科学家和发明家

**一分钟小结**

信用是现代商业的基石之一，大多数公司提供和接受信贷。

接受信贷的客户被称为债务人，提供信贷的供应商被称为债权人。

应收账款是资产，因为它们将带来未来的现金流入或利益。应付账款是负债，因为它们将带来未来的现金流出或成本。

## 敲黑板

### 为什么重要？

应收账款是未来现金流入的重要来源，它们使企业能够在一定程度上预测其在未来几天或几周内将收到的现金。

然而，应收账款代表未来的现金流入，不能为企业当前面临的现金需求提供资金。

另一方面，应付账款可能是企业短期融资的重要来源。推迟而非提前向债权人付款，意味着企业可占用现金的时间更长。如果供应商提供的信贷期限与企业提供给客户的信贷期限相关联，将有助于企业管理其现金流。

应收账款和应付账款构成企业营运资本的一部分。营运资本的另一个主要组成部分是存货（见第 11 章存货和第 24 章营运资本和流动性管理）。

## 何时重要？

对大多数企业来说，应收账款和应付账款的管理是一项持续的工作。管理现金流入和现金流出的时点对企业的生存至关重要，必须定期监控以及提醒债务人应付账款即将到期（见下文的信贷控制）。

## 实务中

企业投入了大量资源，特别是在管理应收账款方面。典型的管理手段有：

| 信贷控制 | • 信贷控制部门负责管理和催收信贷客户的欠款。<br>• 在小型企业中，信贷控制可能是会计工作内容的一部分。在较大的企业中，它由一个完整的团队负责（见第 2 章财务人员及系统）。<br>• 信贷控制通常会增加企业的价值，因为如果不去催收，一些债务人必然不会还款。 |
|---|---|
| 分类账 | • 应收账款和应付账款分类账记录了与每个信贷客户和供应商有关的财务交易明细。<br>• 应收账款和应付账款的余额也可以用"账龄报告"的形式编制，例如：<br>  • 现在到期的账款；<br>  • 已经到期一个月的账款；<br>  • 已经到期两个月的账款（见第 2 章财务人员及系统）。 |

| 应收账款及应付账款周转天数 | • 一个常用的绩效衡量指标是计算所有客户和供应商的未偿债务和债权的平均天数，这就是所谓的应收账款及应付账款周转天数。公式在"小课堂"专栏（见第 24 章营运资本和流动性管理）。<br>• 高级管理人员和外部分析师可以通过计算这些比率快速评估企业的流动性。<br>• 例如，如果已知一家企业向其客户提供 30 天的信贷，而其债务人的债务偿还天数为 60 天，这表明其存在潜在的流动性问题。该公司收回债务的时间比预期多了 30 天。可以进一步分析，这是许多债务人都存在的问题，还是少数债务人扭曲了平均值。 |
|---|---|

## 涨知识

### 可替换术语

债务人和债权人有几种可互换的术语。本章使用"债务人"和"债权人"，因为这两个词在实务中使用最广泛，也最广为人知。

| 债务人 | 债权人 |
|---|---|
| 信用客户 | 信用供应商 |
| 应收账款账户 | 应付账款账户 |
| 交易应收款 | 交易应付款 |
| 应收账款 | 应付账款 |

### 信贷控制程序

遵循程序和有组织地进行催收可以更好地收回客户欠款。在适用的情况下，应采取以下步骤：

| 1 | 审查客户的支付能力并检查他们的信用记录；要求新客户提前付款。 |
| 2 | 签订合同或协议，明确规定付款期限。 |
| 3 | 获取交货证据或确认客户已收到产品或服务。 |

| | |
|---|---|
| 4 | 每次发货都开具发票,避免部分发货,防止混淆。 |
| 5 | 最好在发货的同时开具发票,因为大多数客户都是从获取发票之日起计算付款期限,而不是从发货之日起计算。 |
| 6 | 发票字迹清晰,包含明确的付款期限以避免歧义。 |
| 7 | 确认客户已收到发票。 |
| 8 | 定期审查未偿还的客户欠款。 |
| 9 | 对逾期客户实施处理程序。例如,先发电子邮件,再打电话,之后寄信,最后发律师函。 |
| 10 | 采用信用保险或将催收债务外包给保理公司以降低坏账风险。 |

## 应收账款管理

- **代收欠款**

代收欠款是指企业将催收债务外包给具备管理和收回债务专业能力的第三方。代收欠款具有一些优点(例如,员工专注于经营业务,有效的信贷控制程序,某些保理公司会预支现金或贴现)。代收欠款也有一些相应的缺点(例如,与客户失去联系和对保理公司形成依赖)。(另见第 24 章营运资本和流动性管理。)

- **发票保理**

发票保理适用于提前收回某些高额票据的现金垫款,而非与代收欠款一样适用于所有客户债务。

- **保险**

只需支付保险费,就可以为某些风险债务投保,这对出口商尤为有利。

- **债务出售**

有专门的债务催收公司,它们会购买债务余额甚至是坏账(见下文)。但是,它们只会支付债务的部分金额。

- **提供折扣**

一些商家会提供折扣激励客户提前付款,但应该仔细衡量提供折扣的成本和收益。通常情况下,折扣的成本可能比从客户那里延迟收款的财务成本更高。此外，一些顾客即使没有提前付款也会获得折扣。

## 坏账

对于许多企业而言，坏账是家常便饭。许多公司都会有坏账准备（见第 14 章预计负债和或有事项），坏账准备由两部分组成：

1. 专项坏账准备：
- 这是针对特定债务人设置的。例如，那些已经资不抵债或存在潜在无法解决的纠纷的公司。

2. 一般坏账准备：
- 根据经验，企业通常会由于各种各样的原因承担许多意想不到的坏账。为应对这种情况，企业通常会按应收账款余额的一定百分比（如 2%）计提坏账准备。

应收账款以扣除坏账准备后的净额列报在公司的资产负债表中。

## 应付账款管理

管理应付账款也很重要。

供应商不仅是重要的信贷来源，也是企业成功的关键，因为他们经常提供关键的投入要素。虽然向供应商要求信贷是可以的，但重要的是不要滥用他们的善意。健康的供应商关系对于确保未来的持续供应非常重要。

会计系统会生成应付账款账龄清单，以便计划和安排付款（见第 2 章财务人员及系统）。这一清单应纳入现金流预测，以确保企业有足够的资金按期付款。大多数企业会充分利用供应商提供的信贷（见第 24 章营运资本和流动性管理）。

这通常是一个相对"实力"的问题，它决定了谁对付款条件具有话语权，这就是为什么许多企业更喜欢与规模相似的合作伙伴做生意。

# 小课堂

## 应收账款和应付账款周转天数

应收账款和应付账款的周转天数可以用下列公式计算：

$$应收账款周转天数 = \frac{应收账款}{销售收入} \times 365$$

理想情况下，只有赊销收入才会作为分母。

$$应付账款周转天数 = \frac{应付账款}{销售成本} \times 365$$

理想情况下，只有赊购成本才会作为分母。

（见第 24 章营运资本和流动性管理。）

## "借"与"贷"的混淆

术语"债务人"和"债权人"源自术语"借方"和"贷方"。对企业来说，债务人是借方，债权人是贷方。借方和贷方是复式记账法的一部分，是会计核算的基础。

有时因为银行从自己的角度（而不是从客户的角度）使用借贷术语而使"借""贷"出现混淆。银行对这些术语的普遍混用导致很多人混淆了它们的意义。

例如，思考一下企业和银行是如何看待银行余额的：

|  | 企业视角 | 银行视角 |
| --- | --- | --- |
| 银行余额为正 | 资产（借方） | 银行持有客户的资金而形成负债（贷方） |
| 银行余额为负 | 负债（贷方） | 客户拖欠银行款项而形成资产（借方） |

因此，在考虑债务人/借方和债权人/贷方时，视角是很重要的。

## 想一想

1. 以某一个组织为例，思考你对该组织应收账款及应付账款周转天数的预期，然后计算应收账款及应付账款的周转天数。实际结果符合你的预期吗？如何解释其中的差异？

2. 应收账款周转天数是否总是与应付账款周转天数相关？请说明原因。

3. 代收欠款是一个优选方案，还是只应被视为保底措施？你认为哪些企业更可能采用代收欠款？

4. 思考为什么向客户和供应商提供信贷的做法已经成为常态。你认为将交易方式改为"货到付款"会有什么影响？

5. 在催收债务方面，哪些信贷控制程序最有效？

6. 企业什么时候应该接受供应商的信贷？

如果你想了解作者对这些问题的看法，请访问 financebook.co.uk。

## 看报表

应收账款和应付账款可以分别在资产负债表中的流动资产和流动负债项目下找到。

**摘自格雷格斯公司 2020 年年度报告和账目**

在格雷格斯公司的资产负债表上，应收账款包括在"贸易和其他应收款"项目中，附注 16 对此项目进行了说明。

附注 16 还对贸易应收款的账龄进行了分析。

### 16. 贸易和其他应收款

|  | 集团和母公司 | |
| --- | --- | --- |
|  | 2020 年<br>（百万英镑） | 2019 年<br>（百万英镑） |
| 贸易应收款 | 22.0 | 15.8 |
| 其他应收款 | 11.4 | 6.0 |
| 预付账款 | 6.0 | 5.3 |
|  | 39.4 | 27.1 |

2021 年 1 月 2 日，坏账准备金额不重大。金融资产的预期信用损失（expected credit losses，ECL）不重大。

资产负债表日未减值的贸易应收款账龄为：

|  | 集团和母公司 | |
| --- | --- | --- |
|  | 2020 年<br>（百万英镑） | 2019 年<br>（百万英镑） |
| 未逾期 | 17.3 | 14.5 |
| 逾期 1~30 天 | 3.9 | 1.1 |
| 逾期 31~90 天 | 0.7 | 0.2 |
| 逾期超过 90 天 | 0.1 | — |
|  | 22.0 | 15.8 |

集团认为，根据历史付款行为和对客户信用风险的广泛分析，所有逾期超过 30 天且对 ECL 计提数额不大的备抵的应收款项仍可全额收回。根据集团对客户信用风险的监控，集团认为，对于未逾期的贸易应收款，无须对 ECL 计提大额备抵。

在格雷格斯公司的资产负债表上，应付账款包括在"贸易和其他应付款"项目中，附注 18 对此项目进行了说明。摘录如下：

#### 18. 贸易和其他应付款

| | 集团 2020 年（百万英镑） | 集团 2019 年（百万英镑） | 母公司 2020 年（百万英镑） | 母公司 2019 年（百万英镑） |
|---|---|---|---|---|
| 贸易应付款 | 48.8 | 66.7 | 48.8 | 66.7 |
| 欠子公司的款项 | — | — | 7.7 | 7.7 |
| 其他税费和社会保障 | 6.8 | 8.9 | 6.8 | 8.9 |
| 其他应付款 | 17.4 | 31.9 | 17.4 | 31.9 |
| 预提费用 | 15.1 | 32.0 | 15.1 | 32.0 |
| 客户预付款 | 2.5 | 2.3 | 2.5 | 2.3 |
| 递延政府补助金 | 0.5 | 0.5 | 0.5 | 0.5 |
| | 91.1 | 142.3 | 98.8 | 150.0 |

2019 年，预提费用和其他应付款包括 2 700 万英镑的绩效薪酬预提费用。2020 年没有类似的预提费用。

（附录第 412、414 页）

> **实务关注点**
>
> 随着时间的推移，查看应收账款和应付账款的价值，以评估它们的变化是否与业务的增长或衰退一致。
>
> 分析一段时间内的应收账款周转天数有助于了解企业应收账款的风险程度，同时它也反映了信贷控制程序及其执行情况。
>
> 同样，分析一段时间内的应付账款周转天数有助于了解企业对供应商信贷的依赖程度，它也反映了实际执行情况。
>
> 作为营运资本分析的一部分（见第 24 章营运资本和流动性管理），比较应收账款水平和应付账款水平是很有用的，这是一种快速而简单的衡量企业流动性敞口的方法。
>
> 发生在年底前后的交易，无论是销售、收款、购买还是支付，都可能导致应收账款或应付账款的年末余额失真，进而导致利润失真。

# 13
# 预付款项和预提费用

> 会计基于权责发生制。
>
> ——佚名

### 一分钟小结

| 预付款项（预付费用） | 预提费用（应计费用） |
|---|---|
| 已开具发票并付款，但尚未收到货物或服务。 | 已收到货物或服务，但尚未开票或付款。 |

预付款项和预提费用都是"匹配"概念的举例（也被称为"权责发生制"概念，见第1章企业会计）。这一概念的目标是将费用与其发生的期间相匹配，而不是与支付的期间相匹配。

需要注意的关键事项之一是，预提费用对企业财务报表具有双重影响。

## 敲黑板

从本质上讲，当收到货物或服务与相关的开票、付款行为之间存在时间差时，就会出现预付款项和预提费用。下表列举了典型的预付款项和预提费用。

| 预付款项 | 预提费用 |
| --- | --- |
| • 租金和费率<br>• 保险费<br>• 订阅费<br>• 软件许可费<br>• 预付充值卡 | • 已发货但尚未开票或付款的存货<br>• 承包商和顾问的账单<br>• 会计师和律师的费用<br>• 能源使用费<br>• 员工假期工资 |

## 示例

ABC 有限公司的会计年度为公历年，而其保险账单（每年提前支付）从 7 月 1 日持续到次年 6 月 30 日。12 月 31 日，它将有 6 个月未"使用"的预付保险费。因此，预付金额相当于已付金额的一半。

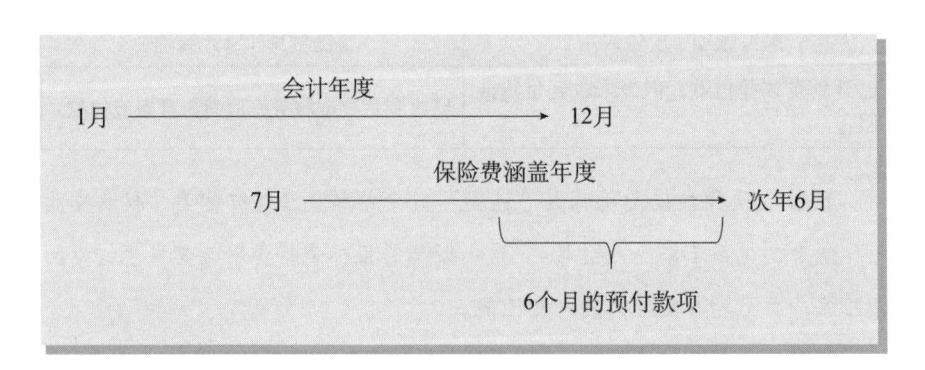

```
                会计年度
1月 ─────────────────────────→ 12月

                    保险费涵盖年度
        7月 ─────────────────────────→ 次年6月
                            └──────┬──────┘
                              6个月的预付款项
```

ABC 有限公司于每年的 1 月、4 月、7 月和 10 月底支付拖欠了 3 个月的水电费。12 月 31 日，该公司将有 2 个月的水电费直到下年 1 月 31 日才会支付。因此，该公司将尚未支付的 2 个月水电费确认为预提费用，计量的金额基于上季度 / 年度账单和当前使用量估计。

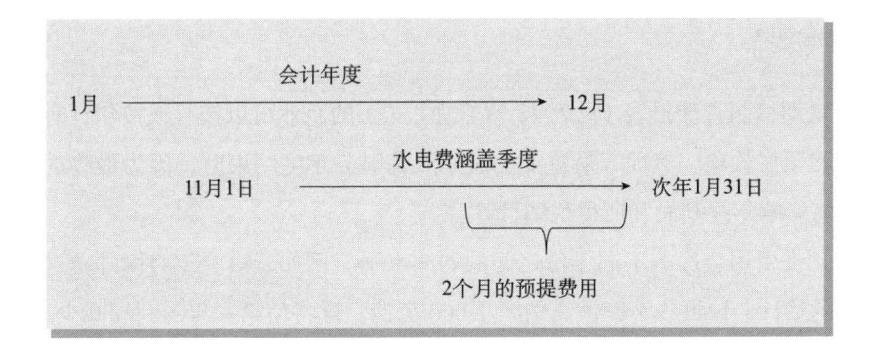

```
        会计年度
1月 ─────────────────────→ 12月

              水电费涵盖季度
    11月1日 ─────────────────→ 次年1月31日
                          ⏟
                      2个月的预提费用
```

## 对财务报表的影响

|  | 预付款项 | 预提费用 |
| --- | --- | --- |
| 利润表 | • 无影响（经期末会计调整后） | • 一项费用<br>• 导致利润减少 |
| 资产负债表 | • 一项流动资产（现金）减少，同时另一项流动资产（预付款项）增加（这是记账处理的最终效果）<br>• 对净资产没有影响 | • 一项流动负债（预提费用）增加<br>• 导致净资产减少 |
| 现金流量表 | • 预付款项等额的现金流出 | • 由于费用尚未支付，对现金流量表没有影响 |

## 为什么重要？

预提费用很重要，因为其对利润表和资产负债表都有影响（见上表）。

预提费用对利润的财务影响有时是不确定的，因为预提费用通常需要估算。然而，估算应该有一个合理的基准。例如，需要估算电费的公司可能会将电表使用量与上一个季度的账单进行比较，或者简单地使用上年的估算结果作为应计利润的基准（如果经营活动没有显著变化的话）。

需要注意的是，预提费用必须基于企业对已收到的商品和服务的支出来确认。

## 何时重要?

定期编制管理报表（见第 31 章管理报表）的企业可以按月或按年计算预提费用和预付款项。然而，最重要的时间点是财务年度结束时，因为最终的预提费用将影响年终利润和所得税的计算。

预提费用会影响不同年份之间的利润水平。例如，第一年对律师费进行了谨慎的估计，导致该金额被高估了 1 000 英镑。这将使第一年的利润减少 1 000 英镑，第二年的利润增加 1 000 英镑。这是因为企业一旦收到实际发票，就会在第二年调整预提费用金额，以反映实际支出。

## 实务中

| 预付款项 | 预提费用 |
| --- | --- |
| 保险费、许可费和租金等服务费通常需要提前支付。<br>然而，在其他情况下，提前支付可能是有利的。例如：<br>• 享受批量购买的折扣；<br>• 通过提早购买来对冲通货膨胀；<br>• 与新的供应商建立合作。<br>另一方面，预付款项代表现金流出，会产生相关的财务成本。如果收到预付款的企业资不抵债，也有成为无担保债权人的风险。 | 预提费用实际上是企业的免费信贷。例如，X 供应商在一个月之后开具发票，而 Y 企业将在收到发票后一个月向其供应商付款。在这个例子中，Y 企业实际上获得了两个月的信贷。在第一个月，该债务将被归类为预提费用，发票开具之后，欠款将被归类为贸易应付款。<br>然而，在实务中，预提费用需要更多的管理。由于会计系统会收到发票并进行记录，财务部门可以知道其贸易应付款的价值（见第 2 章财务人员及系统）。<br>然而，财务部门可能不知道已收到的货物或服务尚未开具发票。因此在期末，财务部门需要从业务人员处获得资料，以便了解其负债的全貌。<br>大多数内部控制良好的成熟企业实际上都有相应的系统（例如，采购订单系统）来识别何时以及在哪种情况下需要确认预提费用。 |

## 涨知识

### 收入方面

到目前为止，本章已经考虑了递延（预付）和应计（预提）的支出。现在我们来看递延和应计的收入（见下表）。

| 递延收益 | 应计收入 |
| --- | --- |
| 如果企业从第三方收到预付款（或押金），则将其视为递延收益（deferred income）。换句话说，款项虽然已经（以现金形式）收到，但企业还没有"赚取"收入（因为货物还没有交付或服务还没有履行）。<br>由于该收入尚未赚取，因此在企业资产负债表上将其确认为对第三方的短期负债。<br>递延收益有利于现金流。 | 如果企业向第三方提供了货物或服务，但尚未开具发票，则将其视为应计收入。由于收入已经"赚取"，但尚未开具（或收到）发票，故在企业资产负债表上将其确认为短期资产。<br>律师事务所等专业服务公司，以及建筑企业等签订长期合同的企业，由于存在大量"未结算的在建工程"或应计收入，经常在营运资本管理方面遇到挑战。<br>在实务中，企业应该以尽量减少应计收入为目标，通过及时开具发票并限定债务人的付款时间，将应计收入转入应收账款。 |

### 总结

|  | 资产 | 负债 |
| --- | --- | --- |
| 收入 | 应计收入<br>已赚取但尚未开票 | 递延收益<br>已收到但尚未赚取 |
| 费用 | 预付款项<br>已支付但尚未发生 | 预提费用<br>已发生但尚未支付（或开票） |

### 经验

应计项目通常发生在收款或付款之前，而递延项目发生在收款或付款之后。

## 小课堂

### 预付款项和预提费用的会计处理

预提费用和预付款项是需要进行期末调整的项目。其他典型的调整项目包括折旧（见第9章有形固定资产和折旧）、摊销（见第10章商誉和其他无形资产）和坏账准备（见第12章应收账款和应付账款）。手工日记账分录通常由会计人员编制，以调整会计记录中的余额（见第2章财务人员及系统）。

### 可替换术语

| 预付款项 | 预提费用 |
| --- | --- |
| 预付费用<br>预付款项是预付费用的常用表达。 | 应计费用<br>预提费用是应计费用的常用表达。 |
| 递延费用<br>预付款项也被称为递延费用。虽然企业已支付了现金，但相关的商品或服务被延后到未来的期间。 | GRNYIs<br>在一些企业中，特别是那些涉及实体商品的企业，如零售商和制造商，预提费用通常被称为"GRNYIs"（goods received not yet invoiced）。这是"货物已收到尚未开票"的缩写。<br>有时这个缩写可以进一步简化为"GRNI"。 |

## 想一想

1. 为什么会计和审计人员要花大量的时间在预提费用上？

2. 企业在估计预提费用时应该保持谨慎吗？谨慎性不足或过于谨慎会有什么影响？

3. 为什么递延收益在被确认为负债的情况下仍然是正数？

4. 为什么尽管应计收入被确认为资产却仍有风险？

如果你想了解作者对这些问题的看法，请访问 financebook.co.uk。

## 看报表

预付款项和预提费用可以在资产负债表的附注中找到。

- 预付款项和预提费用（如适用）可在应付账款/应收账款附注中找到。如果金额不大，则可能被列入"其他应付款/应收款"。
- 应计收入和递延收益可在应付账款/应收账款附注中找到。如果金额不大，则可能被列入"其他应收款/应付款"。

### 摘自格雷格斯公司 2020 年年度报告和账目

摘自附注 16 贸易和其他应收款。可以看到，格雷格斯公司在 2021 年 1 月 2 日有 600 万英镑的预付账款。

**16. 贸易和其他应收款**

|  | 集团和母公司 | |
| --- | --- | --- |
|  | 2020 年<br>（百万英镑） | 2019 年<br>（百万英镑） |
| 贸易应收款 | 22.0 | 15.8 |
| 其他应收款 | 11.4 | 6.0 |
| 预付账款 | 6.0 | 5.3 |
|  | 39.4 | 27.1 |

贸易和其他应付款附注显示，2021 年 1 月 2 日，格雷格斯公司有 1 510 万英镑的预提费用。

格雷格斯公司在同一时点还有以下形式的递延收益：

- 客户预付款 250 万英镑；
- 递延政府补助金 50 万英镑。

**18. 贸易和其他应付款**

|  | 集团 2020 年（百万英镑） | 集团 2019 年（百万英镑） | 母公司 2020 年（百万英镑） | 母公司 2019 年（百万英镑） |
| --- | --- | --- | --- | --- |
| 贸易应付款 | 48.8 | 66.7 | 48.8 | 66.7 |
| 欠子公司的款项 | – | – | 7.7 | 7.7 |
| 其他税费和社会保障 | 6.8 | 8.9 | 6.8 | 8.9 |
| 其他应付款 | 17.4 | 31.9 | 17.4 | 31.9 |
| 预提费用 | 15.1 | 32.0 | 15.1 | 32.0 |
| 客户预付款 | 2.5 | 2.3 | 2.5 | 2.3 |
| 递延政府补助金 | 0.5 | 0.5 | 0.5 | 0.5 |
|  | 91.1 | 142.3 | 98.8 | 150.0 |

2019 年，预提费用和其他应付款包括 2 700 万英镑的绩效薪酬预提费用。2020 年没有类似的预提费用。

（附录第 412、414 页）

**实务关注点**

接近年末时收到的货物或服务所产生的负债/费用需要入账，由于收到的时点在年末，企业往往需要确认预提费用。要求供应商及时开具发票或进行估价有助于企业确认预提费用。

对在财务年度初收到的供应商发票进行分析，有助于确定上一财年收到的确认为预提费用的货物或服务。

预付款项和预提费用的同比变化趋势偏离预期。

# 14
# 预计负债和或有事项

> 没有什么比过度谨慎更不谨慎的了。
>
> ——查尔斯·凯莱布·科尔顿
> 英国牧师、作家

**一分钟小结**

准备金和或有负债是由过去的活动产生的公司可能需要在未来偿付的负债。

为了真实和审慎地反映财务业绩,公司可能需要确认预计负债,即使这些负债的范围和时间无法精确确定。

## 敲黑板

### 预计负债

预计负债(provision)是一项已知但不精确的负债,即我们知道它的存在,但我们不能确切地知道它将在何时偿付或将偿付多少金额。

当同时发生下列情况时，必须确认预计负债：

- 从过去的事项中产生了现时义务（即未来支付款项的义务）——更多细节请参见下文的"涨知识"专栏；
- 未来很可能会产生成本（或导致经济利益流出）；
- 债务的金额能够可靠计量。

## 或有负债

相反，当上述一项或多项存在不确定性时（因此使用"或有"一词），就会产生"或有"负债。不确定因素通常是：

- 义务发生的可能性（在"可能"发生而不是"很可能"发生的情况下）；
- 能否可靠计量。

或有负债只有在一个或多个不确定事项实际发生时，才会变成实际负债。明智的做法是，让股东意识到可能发生的债务，而不是置之不理。

在这种情况下，公司应披露或有负债的存在，与预计负债不同的是，该负债的财务影响不应在财务报表中确认。

## 为什么重要？

预计负债被确认为企业的一项成本，因为其同时减少利润和净资产，并对关键绩效指标产生不利影响（见第 23 章盈利能力指标和第 26 章长期偿债能力指标），例如：

- 净利率；
- 已动用资本回报率；
- 资产负债率。

计提预计负债是具有挑战性的，因为首先必须对其进行识别，其次需要职业判断来估计其价值。这体现了重要的一点，即财务报表中包含基于管理层判断的估计，因此应当对财务报表进行解读（见第 20 章外部财务审计）。

相比之下，其他负债通常更容易被识别和评估。例如，应付账款是确定的，因为其金额与供应商开票金额相关（见第 12 章应收账款和应付账款），预提费用则可以追溯到具体的交易（见第 13 章预付款项和预提费用）。

## 负债全貌

将预计负债和或有负债在负债项目中具体化有助于增进对它们的理解。

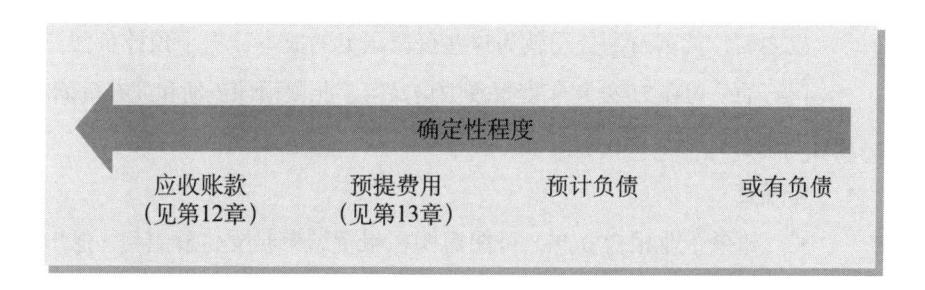

| ← 确定性程度 | | | |
|---|---|---|---|
| 应收账款（见第12章） | 预提费用（见第13章） | 预计负债 | 或有负债 |

## 何时重要？

在每个报告期结束时，公司应考虑是否需要计提预计负债，并应审查现有的预计负债，以确定是否需要增加、减少或转回。

| 时点 | 对费用的影响 | 对利润的影响 |
|---|---|---|
| 计提 | ▲ | ▼ |
| 增加 | ▲ | ▼ |
| 减少 | ▼ | ▲ |
| 转回 | ▼ | ▲ |

## 实务中

一些臭名昭著的与预计负债相关的案例：

- **现代汽车集团的发动机召回**。在截至 2020 年 12 月 31 日的财务年度中，现代汽车集团计提了 5 万亿韩元（约 30 亿英镑）的预计负债，以反映与召回 Theta II 和其他发动机相关的潜在保修索赔义务。
- **大众汽车公司的柴油排放丑闻**。2020 年，大众汽车公司披露累计罚款以及和解金共 310 亿欧元。① 自 2015 年丑闻爆发以来，大众汽车公司在预见到这些成本后，就立即计提了预计负债。
- **英国石油公司的"深水地平线"灾难**。2020 年，《新奥尔良倡导者》（New Orleans Advocate）报道称，到目前为止，英国石油公司及其合作伙伴已经在这场灾难上花费了 710 亿美元。② 2010 年墨西哥湾油井事故之后，英国石油公司就为这些可以预见的成本计提了预计负债。英国石油公司在 2020 年年度报表中仍保留了此项预计负债和或有负债。

预计负债的其他举例：
- **修缮费**
    - 如果企业租赁资产，可能需要在租赁结束时支付修缮费（退出成本）。通常，这涉及将资产恢复到其原始的预出租状态。
    - 会计准则允许公司在租赁开始时为租赁结束时可能产生的修缮费计提预计负债。
- **亏损合同**
    - 如果租赁房产的公司在租赁期限届满前搬迁，它仍将承担租赁责任。如果不能转租，这可能成为一项有偿义务。
    - 在这种情况下，公司可以对未来租金和退出费用计提预计负债。有关格雷格斯公司的亏损合同，参见下文的"看报表"专栏。
- **重组**
    - 如果在年底前，一家公司决定关闭部分业务、搬迁或从根本上重组其业务，可能需要计提预计负债。
    - 只有在正式计划已公开传达给股东时，公司才应计提重组预计负债。
- **法定义务**
    - 法定义务往往会产生预计负债。例如，如果公司在销售产品时签

---

① reuters.com/article/us-volkswagen-results-diesel-idUSKBN2141JB
② nola.com/news/business/article_ca773cc0-80f4-11ea-8fbe-ffa77e5297bd.html

订了保修服务条款。公司有提供保修服务的法定义务，故应在销售时对可能发生的保修费用计提预计负债。

- **推定义务**
  - 众所周知的既定退款政策（例如 Marks & Spencer 和 John Lewis 等零售商提供的退款政策）就是推定义务的一个例子。违反本政策，即使没有法定或合同义务，也可能会损害公司声誉并产生商业影响。因此，公司应为预计的退款计提预计负债。

## 涨知识

### 或有负债

或有负债的典型例子是：不是很可能发生的或无法可靠计量的预计负债。这些例子通常包括不太可能被执行的法律索赔和产品保修。在对或有负债进行下列判断时，存在一定程度的主观性：

- 或有负债不是很可能发生，作为或有事项进行披露；
- 或者，或有负债很可能发生，被确认为预计负债，对财务报表产生影响。

优步集团（Uber）旗下优步伦敦有限公司的 2019 年财务报表（于 2021 年 2 月提交）中有一个或有负债的例子。其财务报表附注解释说，优步集团"正在与英国税务海关总署（HMRC）进行交涉，后者正在寻求将优步集团归类为英国的运输服务提供商。如果被归类为运输服务提供商，公司的总订单收入以及向司机追溯和提前收取的服务费将被征收 20% 的增值税。优步集团认为，英国税务海关总署和监管机构在类似纠纷和审计中的立场是没有道理的，并正在积极为自己辩护"。

## 小课堂

### 单项义务

对于单项义务，以义务的全额计量预计负债。

例如，ABC 有限公司计算出，其因法律诉讼被罚款 2.5 万英镑的概率为 60%。然而，ABC 公司应该为 2.5 万英镑的罚款全额计提预计负债。

### 多项义务

如果企业有多项可能发生的义务，计量预计负债可以基于结果发生的概率。

例如，XYZ 有限公司对价值 1 000 万英镑的销售额提供退款保证。根据经验，有 5% 的客户会退款。XYZ 公司应该计提 50 万英镑（1 000 万英镑的 5%）的预计负债。

### 或有资产

与或有负债相对的是或有资产。

或有资产是指过去的交易或者事项形成的潜在资产，其存在须通过未来不确定事项的发生或不发生予以证实，且这些事件不完全在公司的控制范围内。

与或有负债一样，或有资产不应在财务报表中确认。如果或有资产很可能带来经济利益流入，则应在财务报表附注中披露。而只有在经济利益流入可以可靠计量且很可能发生的情况下，或有资产才应在财务报表中确认。

或有资产应当不断被评估，以判断它们是否变得更加确定，以及它们的财务影响是否能够可靠地计量。

或有资产典型的例子是保险和法律赔偿金。

值得注意的是，在会计中有一个"不扣除"的原则。例如，在保险索赔中，公司要求确认可能支付的费用，而之后可能收回的资金仅作为或有资产披露。

## 坏账准备

公司计提坏账准备是很常见的（见第 12 章应收账款和应付账款）。

但是，坏账准备的会计处理不同于本章概述的其他预计负债。坏账准备需要从应收账款总额中扣除，因此会导致资产价值的减少。

## 想一想

1. 为什么会计和审计人员要花大量时间在预计负债上？
2. 企业在评估预计负债时为什么要谨慎？
3. 思考为识别和评估预计负债的价值而需要建立的制度和程序。以某一组织为例，思考其现有系统是否完备。你是否会向其推荐额外的程序？
4. 如果上市公司宣布计提一项重大的预计负债，你认为会对其股价产生什么影响？

如果你想了解作者对这些问题的看法，请访问 financebook.co.uk。

## 看报表

### 会计政策

公司对预计负债的处理方法可以在其会计政策附注中找到。

### 预计负债附注

预计负债附注应提供每项预计负债（或多个类别的预计负债）的详细信息。应清楚地说明在本年内预计负债是如何变化的，即是否有增加、减少或转回的情况。

## 或有负债

或有负债不应在财务报表中确认,但可以在附注中披露。对于每项或有负债,除非极不可能(即概率小到可以忽略不计)发生,公司应在可行的情况下提供一份简要说明。

- 对财务影响的估计;
- 存在的不确定性;
- 任何补偿的可能性。

## 摘自格雷格斯公司 2020 年年度报告和账目

格雷格斯公司的预计负债政策如下:

---

(q) 预计负债

如果由于过去的事件,本集团目前负有可以可靠估计的法定或推定义务,并且很可能造成经济利益流出,则确认预计负债。预计负债是通过以税前利率对预期未来现金流进行贴现来确定的,该税前利率反映了当前市场对货币时间价值和负债特定风险的评估。

(i) 重组

当本集团已批准详细正式的重组计划,且重组已开始或已公开宣布时,确认重组预计负债。但不包括未来经营成本。

(ii) 亏损合同

当本集团认为履行合同义务的必要成本超过了合同项下预期获得的经济利益时,确认亏损合同的预计负债。此时,在确认预计负债之前,集团会确认相关资产的任何减值损失。

(iii) 修缮费

本集团根据在各自租赁期结束时将本集团租赁建筑物恢复到其公允状态所需的未来修缮费,在适当情况下,为建筑物修缮计提了预计负债,前提是可以作出可靠的估计。

---

格雷格斯公司的预计负债附注如下所示:

## 22. 预计负债

**集团和母公司**

| | 2020年修缮（百万英镑） | 2020年国民保险（百万英镑） | 2020年裁员（百万英镑） | 2020年其他（百万英镑） | 2020年总计（百万英镑） | 2019年修缮（百万英镑） | 2019年国民保险（百万英镑） | 2019年裁员（百万英镑） | 2019年其他（百万英镑） | 2019年总计（百万英镑） |
|---|---|---|---|---|---|---|---|---|---|---|
| 年初余额 | 2.3 | 2.3 | 1.1 | 1.7 | 7.4 | 2.8 | 0.8 | 3.5 | 2.3 | 9.4 |
| 本年度追加的准备金： | | | | | | | | | | |
| 　常规 | 1.2 | — | 10.6 | 2.1 | 13.9 | 1.1 | 2.1 | 0.8 | — | 4.0 |
| 　特殊 | — | — | 0.2 | — | 0.2 | — | — | 0.7 | — | 0.7 |
| 年使用量： | | | | | | | | | | |
| 　常规 | (0.1) | (0.2) | (9.4) | (0.4) | (10.1) | (0.4) | (0.6) | (0.5) | (0.1) | (1.6) |
| 　特殊 | — | — | (0.8) | — | (0.8) | — | — | (3.4) | — | (3.4) |
| 本年度转回的准备金： | | | | | | | | | | |
| 　常规 | (0.7) | (0.6) | (0.7) | (1.1) | (3.1) | (1.0) | — | — | (0.5) | (1.5) |
| 　特殊 | — | — | (0.1) | — | (0.1) | (0.2) | — | — | — | (0.2) |
| 年末余额 | 2.7 | 1.5 | 0.9 | 2.3 | 7.4 | 2.3 | 2.3 | 1.1 | 1.7 | 7.4 |

续表

| | 集团和母公司 | | | | | | | | | | | |
|---|---|---|---|---|---|---|---|---|---|---|---|---|
| | 2020年修缮（百万英镑） | 2020年国民保险（百万英镑） | 2020年裁员（百万英镑） | 2020年其他（百万英镑） | 2020年总计（百万英镑） | 2019年修缮（百万英镑） | 2019年国民保险（百万英镑） | 2019年裁员（百万英镑） | 2019年其他（百万英镑） | 2019年总计（百万英镑） | | |
| 计入流动负债 | 1.4 | 1.4 | 0.7 | 0.9 | 4.4 | 1.5 | 1.7 | 1.1 | 1.5 | 5.8 | | |
| 计入非流动负债 | 1.3 | 0.1 | 0.2 | 1.4 | 3.0 | 0.8 | 0.6 | — | 0.2 | 1.6 | | |
| | 2.7 | 1.5 | 0.9 | 2.3 | 7.4 | 2.3 | 2.3 | 1.1 | 1.7 | 7.4 | | |
| 年末预计负债与常规或特殊活动相关，如下所示： | | | | | | | | | | | | |
| 常规 | 2.5 | 1.5 | 0.8 | 2.1 | 6.9 | 2.1 | 2.3 | 0.3 | 1.5 | 6.2 | | |
| 特殊 | 0.2 | — | 0.1 | 0.2 | 0.5 | 0.2 | — | 0.8 | 0.2 | 1.2 | | |
| | 2.7 | 1.5 | 0.9 | 2.3 | 7.4 | 2.3 | 2.3 | 1.1 | 1.7 | 7.4 | | |

集团租赁的建筑物，在认为可以作出可靠估计的情况下，应按未来预计修缮费，将其恢复到租赁期满时的合理状态计提预计负债。

对未来股票期权行权产生的国民保险费计提预计负债。

其他预计负债主要是与租约期末到期的停业店铺有关的亏损合同。

预计所有预计负债的大部分将在四年内结转，因此，折现的影响不会太大。

（附录第387、426页）

格雷格斯公司在其 2020 年年报中没有披露或有负债。

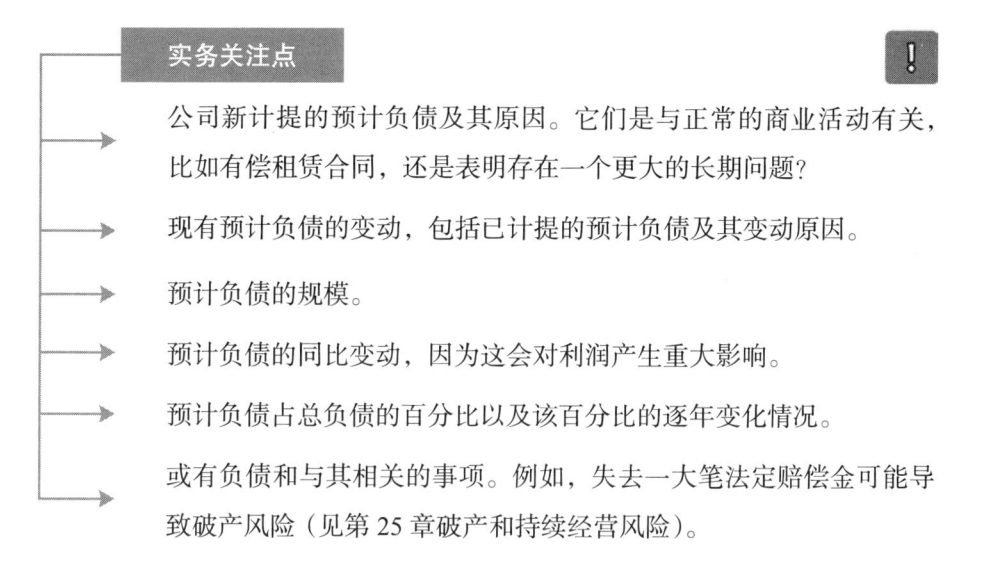

> **实务关注点**
>
> - 公司新计提的预计负债及其原因。它们是与正常的商业活动有关，比如有偿租赁合同，还是表明存在一个更大的长期问题？
> - 现有预计负债的变动，包括已计提的预计负债及其变动原因。
> - 预计负债的规模。
> - 预计负债的同比变动，因为这会对利润产生重大影响。
> - 预计负债占总负债的百分比以及该百分比的逐年变化情况。
> - 或有负债和与其相关的事项。例如，失去一大笔法定赔偿金可能导致破产风险（见第 25 章破产和持续经营风险）。

# 15 资本和储备

> 我喜欢创造力。我喜欢创造适合公司的资本结构的能力,不管这家公司在什么领域。
>
> ——亨利·克拉维斯
> 美国企业家、KKR 集团联合创始人

**一分钟小结**

资本和储备在资产负债表中披露,它们代表着企业所有者的投资。资本和储备加在一起被称为企业所有者的"权益"。

资本(股本)是发行股票的名义(票面)价值。储备可分为两类:

1. 留存收益(revenue reserves)——反映留存利润,即未作为股息分配给股东的利润。

2. 资本公积(capital reserves)——反映非经营活动产生的留存。资本公积是依据监管或会计要求产生的,例如股本溢价和重估增值。

在法律上,区分资本公积和留存收益很重要。股本加上资本公积就是公司持有的所谓的"债权人缓冲"。

> **一分钟小结（续）**
>
> 债权人缓冲是企业内部留存的资本。除非得到法院的特别许可，否则不能减少或分配这些资本。如果企业无力偿还债务，贷款人和债权人会因此得到保护。

# 敲黑板

## （股本）资本

普通股，也被称为股权，代表公司的所有权。普通股股东是企业的所有者（见第 29 章股权融资），因为在企业中只有他们拥有投票权。

当公司发行普通股作为对价时，收到的金额被确认为资本。如果这些股票的发行价格高于其票面（名义）价值，则会产生资本公积（见下文）。股本溢价计入资本公积，必须与股本一起保留在企业中，作为债权人缓冲的一部分。

股东向企业投资的资本永远不能归还给股东（除非得到法院批准进行破产清算）。这听起来可能令人惊讶，尤其是考虑到我们许多人都习惯于买卖上市公司的股票（以收回投入的资金）。

然而，区分公司收到的钱和公司股东支付或收到的钱是很重要的。

虽然股东可以出售他们持有的公司股份（上市公司通过证券交易所出售或非上市公司私下出售），但这反映的是股票的二次出售，对公司财务不会产生影响。从公司的角度来看，股东实际上是在向新股东转售所持股份。因此，股东的变更对企业最初筹集的资金没有影响。打个比方，如果你把你的企业的 20% 的股份卖给了一个朋友，而这个朋友（例如，为了获取高额利润）又把股份卖给了一个商业伙伴，那么结果就是一个不同的投资者持有你的企业的 20% 的股份。你没有筹集到额外的钱，因为这是股份的二次出售（即在你的朋友和商业伙伴之间出售）。

## 储备

值得注意的是，留存收益和资本公积都归属于普通股股东。但是，这种区分很重要，因为只有留存收益是可分配的，即可以以股息的形式支付给股东。

公司的利润表数据是其主要留存收益，由公司的盈利（经营）活动产生。利润可以合法地从储备中以股息的形式分配给股东。未分配的利润会进一步形成（收入）储备，可用于未来的分配。留存收益可以使用其他术语描述，例如"累计利润"、"留存利润"和"收入留存"。

与留存收益相比，资本公积是不可分配的。一旦形成，它们必须被保留下来以保护债权人。资本公积是通过发行股票等非经营性活动或变更会计计量方法产生的。下表所列的是常见的资本公积项目：

| 资本公积 | 发生原因 |
| --- | --- |
| 股本溢价 | 新股以高于票面价值的价格发行给股东。股本溢价反映的是发行价格超过股票票面价值的部分（即溢价）（另见下文）。 |
| 重估增值 | 公司采用重估政策，固定资产发生增值，即高于其购买成本。重估增值记录固定资产价值的变化（见第17章重估）。 |

## 为什么重要？

公司的资本公积为贷款人提供了财务担保（见第4章资产负债表）。债权人和资金提供者可能会把债权人缓冲视为贷款担保的证据。

## 何时重要？

董事必须确保他们有足够的留存收益来支付拟定的股息。如果支付股息会导致公司净资产低于资本公积（加上股本）余额，则法律禁止董事支付股息。这些规定被称为资本保全规则（capital maintenance rules），旨在防止董事和股东从公司抽取过多现金，从而保护债权人。

## 示例

| A 公司第一年 | | |
|---|---|---|
| | 英镑 | |
| **净资产** | <u>900</u> | （包括 1 000 英镑的资产和 100 英镑的负债） |
| **所有者权益** | | |
| 股本 | 300 | |
| 股本溢价 | <u>600</u> | （资本公积） |
| | <u>900</u> | |

A 公司的净资产为 900 英镑，资本为 900 英镑（包括股本和资本公积——股本溢价），没有留存收益。资本保全规则禁止 A 公司支付股息，因为它没有可用的留存收益。900 英镑的债权人缓冲不能用来支付股息，因为它是由股本和资本公积组成的。该公司的资产超过负债，为债权人和贷款人提供担保。

尽管有法律保护，但债权人和贷款人需要意识到的是，资本保全规则并不能保证债权人和贷款人的钱可以偿还。如果公司未来出现亏损，尽管资本公积没有被分配，但公司的总资本仍将被耗尽。

| A 公司第二年 | | |
|---|---|---|
| **A 公司亏损 950 英镑，净资产减少了 950 英镑。** | | |
| | 英镑 | |
| **净负债** | <u>(50)</u> | |
| **所有者权益** | | |
| 股本 | 300 | |
| 股本溢价 | 600 | （收入留存） |
| 留存收益 | <u>(950)</u> | （收入留存） |
| | <u>(50)</u> | |

公司现在的净负债为 50 英镑（第一年 900 英镑的净资产减去第二年 950 英镑的亏损）。债权人缓冲因亏损而非利润分配被耗尽。因此，贷款人将无法全额

收回资金，因为公司现在是净负债状态，没有足够的资产来偿付负债。

当公司面临"破产"的风险时，还有进一步的规则来保护债权人（见第25章破产和持续经营风险）。

## 实务中

一家公司将一年内的所有利润作为股息支付给股东是极不寻常的。公司通常至少会留出一部分利润来维持或增加公司的现金持有量。这样做有以下好处：

1. 为债权人提供额外的安全保障。公司留存利润有助于保护资本公积不被消耗（见上面的例子）。

2. 提供了内部资金来源，即企业仍然有营运资金。没有作为股息支付的现金可作为企业持有的盈余资金。

3. 为公司未来支付股息提供了更大的确定性。一些上市公司走得更远，它们有所谓的"增长式"股息支付政策，在这些政策中，董事提出了逐年提升每股股息的雄心壮志（见第27章投资者比率）。如果某一年的收益出现下降的情况，拥有累积利润留存可以防止股息减少或"增长式"股息政策被放弃。实际上，累积利润留存提供了一种应对"雨天"（即公司利润较低的年份）的保险。

4. 为将来的特定需要提供资金。例如，可以设立一般修理储备金，预留资金用于未来的修理开支。

## 涨知识

### 股本

虽然一家公司可以发行不同种类的股票，但只有普通股股东拥有公司的所有权。

- 普通股代表企业的所有权。普通股对投资者来说也是风险最高的，因为普通股没有股息的保证，也没有资本回报的承诺。如果公司破产（见第 25 章破产和持续经营风险），普通股股东是最后一个得到清偿的。相反，承担这种风险的回报是，如果公司经营成功，所有利润都归属于普通股股东，因此他们享有最高的财务回报（见第 29 章股权融资）。

- 优先股是另一种类型的股票，只赋予其股东某些权利，例如在股息支付方面的优先权。优先股是在不稀释普通股股东表决权的情况下筹集资金的一种方式。为了弥补表决权的缺失，优先股股东通常会比普通股股东在某些方面有优先权，如收取固定股息和优先受偿（见第 25 章破产和持续经营风险）。优先股股东通常每年获得固定股息，但公司不盈利时，当年就不向其支付股息。然而，优先股股东的风险比普通股股东要低，因为如果企业破产清算，他们在任何支付顺序上都优先于普通股股东（见第 25 章破产和持续经营风险）。

- 累积优先股的权利与优先股类似，还附加了一项权利，即如果企业当年没有支付股息，则应支付的股息将累积到下一年度。当公司取得足够利润支付股息时，在向普通股股东支付股息之前，必须先向累积优先股股东支付累计股息。

- 可赎回股票是一种特殊类型的股票，赋予公司在未来某一天回购股票的权利。日期可能是固定的，也可能是变动的，通常由企业决定。尽管一家公司在已经发行（不可赎回）普通股的情况下，只能通过发行可赎回股票来筹集新资金，但可赎回股票在本质上可以是权益（普通股）也可以是非权益（优先股）。

## 小课堂

### 资本公积

资本公积可以通过多种方式产生：

**1. 股东的贡献**

当公司股票的发行价格高于票面价值时,就会产生股本溢价。例如,一家公司以每股 3 英镑的价格发行 100 股面值为 1 英镑的股票,将产生如下的股本和股本溢价:

| | |
|---|---|
| 股本 | 100 英镑(100×1 英镑面值) |
| 股本溢价 | 200 英镑(100×2 英镑每股溢价) |
| 总计 | 300 英镑 |

**2. 法规要求**

法规可能会要求公司建立资本储备。例如,公司在回购或注销一定比例的股份时,必须设立资本赎回储备。资本赎回储备由公司回购和注销的股份的票面价值组成。设立资本赎回储备是为了确保企业的资本公积保持在回购发生之前的水平,从而保持对债权人的保护水平。

**3. 会计准则要求**

大多数其他的资本公积项目是根据会计准则要求产生的,以反映权益的变化而不是损益的变化。公司资产负债表中典型的资本公积项目包括:

(1)重估增值(见第 17 章重估)。固定资产的价值可以重估为其公允价值,由此产生重估增值,从而产生资本公积。重估产生的资本公积不能分配,尽管每年可将其中的一部分转入损益并作为股息分配。可转入损益的部分为据资产重估价值计算的折旧与基于资产原始成本计算的折旧之差。当出售重估资产时,重估产生的资本公积(与出售资产有关)的所有余额可以结转至留存收益并作为股息分配。

(2)外币折算。将以外国公司的记账本位币(外国公司使用的主要货币)记录的资产、负债、收入和费用转换为编制财务报告使用的货币所产生的外币差异导致了资本公积的产生。这种资本公积仅在集团会计核算中产生。只有在最终处置海外子公司时,累积的外币折算差异才可确认为出售损益的一部分。

## 想一想

1. 思考一下为什么一家公司可以合法地分配超过当年利润的股息。
2. （从公司现有股东的角度考虑）发行优先股相较于发行普通股有什么好处？
3. 你能从一家公司的资本公积中推断出什么信息？
4. 一位股东之前购买了公司的普通股进行投资，他现在希望收回投资，并已联系该公司要求全额退款。请解释：
    （1）为什么股东不能通过公司赎回他的股份？
    （2）股东怎样才能收回他的钱？
    （3）为什么股东不能保证完全收回其最初投入的资金？
5. 解释资本保全规则背后的意义和目的。为什么债权人和贷款人不能依靠这一规则作为担保？
6. 企业应该以增加资本公积和留存收益为目标吗？为什么？

如果你想了解作者对这些问题的看法，请访问 financebook.co.uk。

## 看报表

资本和储备应在资产负债表中明确列报。

"所有者权益变动表"将提供各年度资本和储备的变动细节。

### 摘自格雷格斯公司2020年年度报告

（附录第366页）

## 资产负债表

2021 年 1 月 2 日（2019 年：2019 年 12 月 28 日）

| | 附注 | 集团 2020 年（百万英镑） | 集团 2019 年重述（百万英镑） | 母公司 2020 年（百万英镑） | 母公司 2019 年重述（百万英镑） |
|---|---|---|---|---|---|
| 净资产 | | 321.6 | 341.1 | 320.0 | 339.4 |
| 所有者权益 | | | | | |
| 资本和储备 | | | | | |
| 股本 | 23 | 2.0 | 2.0 | 2.0 | 2.0 |
| 股本溢价 | | 15.7 | 13.5 | 15.7 | 13.5 |
| 资本偿还准备金 | 23 | 0.4 | 0.4 | 0.4 | 0.4 |
| 留存收益 | | 303.5 | 325.2 | 301.9 | 323.5 |
| 归属于母公司股东的所有者权益总额 | | 321.6 | 341.1 | 320.0 | 339.4 |

### 实务关注点

- 储备类别的数量、类型及其用途。
- 可分配储备和不可分配储备的相对规模。
- 是否存在股本溢价，即公司发行股票的价格超过了股票面值（这表明该公司的真实价值较高）。
- 是否存在优先股。
- 储备的同比变动。

# 16
# 集团会计

> 关于我们正在寻求合并以实现2018年财务目标的建议，完全是一派胡言。
> 
> ——塞尔吉奥·马尔乔内
> 菲亚特-克莱斯勒汽车公司前任CEO

### 一分钟小结

合并财务报表披露整个集团公司的财务业绩。集团由母公司和至少一个子公司组成，子公司是由另一家公司（即母公司）控制的公司。

公司法（和会计准则）要求母公司将其自身的财务业绩与其子公司的财务业绩合并，以合并财务报表进行报告，就好像集团是一个单独的实体一样。

合并经营成果的过程称为集团会计核算。将集团中每个公司利润表中的每个收入和费用项目相加（合并），形成合并利润表。同样，将每个公司资产负债表中的所有资产和负债相加，形成合并资产负债表。这些报表（连同其他要求的披露）在一套单一的财务报表中列报时，称为合并财务报表。

某一公司只有在被母公司"控制"时才能纳入合并范围。当母公司拥有子公司大部分的股份时，通常会形成控制权，尽管最终决定控制权归属的是对子公司的决策影响力。

## 敲黑板

### 为什么重要?

公司每年都必须编制财务报表，以报告其经营成果（利润表）和财务状况（资产负债表）。财务报表应反映企业当年基于"公平"交易（即独立交易或不受任何其他方影响的情况下）的业绩表现。

集团内的公司是关联方，因为它们受同一母公司的控制。与不属于同一集团的公司相比，关联方通常以更优惠的条件进行交易。如果集团内一家公司与另一家公司进行非公平交易（例如，相较于其他途径以较低的成本获得物资），则其报告的业绩将因关联方关系而受到影响。这可能会给外界留下一个关于企业真实业绩（即公平交易情况下）或其他方面的误导性印象。

因此，合并财务报表以及合并财务报表中母公司的个别财务报表应披露或调整集团内关联交易的影响。

在合并财务报表中，集团公司之间的任何交易的财务影响均被消除，仅报告集团与"外部"发生的交易和相关业绩。

在个别财务报表中，集团中的每家公司应披露与集团内其他公司进行的任何交易的财务影响，这确保财务报表使用者可以了解每家公司与外部"公平"交易的业绩表现。

### 示例

母公司 A 在本年度收购了子公司 B 100% 的股权。

A 公司是一家成熟且具有盈利能力的公司，而 B 公司则是一家连续多年报告亏损的公司。收购后，A 公司能够控制 B 公司的经营活动（凭借 100% 持股），并可以直接影响 B 公司的业绩表现，例如，通过安排两家公司进行没有合理商业理由的交易。

在本年度，B 公司被指使以非公允的高价向 A 公司出售货物。由于集团内部这种有利的贸易关系，B 公司扭亏为盈并且净资产也实现增长。

如果单独来看，B 公司的报表与上年相比将显示出重大转变，其将从亏损公司转变为盈利公司。如果没有披露集团公司之间的交易，贷款人（银行）或债权人可能会被误导，并根据其最新报告的业绩对 B 公司形成过度积极的印象。

为了确保透明度，会计准则要求 B 公司披露集团交易对报告业绩的财务影响。同时，B 公司还必须披露母公司的身份。通过审查包含子公司业绩的合并财务报表，可以更全面地了解公司。此外，合并财务报表还将单独披露母公司 A 的信息。

## 何时重要？

供应商和贷款人通常在向公司提供信贷之前审查其财务报表，作为尽职调查的一部分。如果不了解母公司对其的影响，只是孤立地了解该公司，可能会对其业绩产生误导性的看法。

了解关联方交易可能导致债权人 / 银行在向依赖集团内部交易取得成功的子公司提供信贷 / 资金之前，向其母公司寻求额外担保。

## 实务中

公司是独立的法人实体。因此，公司没有法律义务清偿集团中其他公司的债务，除非存在法律上可强制执行的担保。对于借给子公司的资金，除了向其母公司寻求法律担保，贷款人还可以要求对集团资产进行法定抵押登记，作为向子公司贷款的进一步担保（见第 30 章债务融资）。

## 涨知识

## 所有权与控制权

51%（或更多）的所有权代表多数所有权，这可能意味着取得了控制权，但并不一定总会导致控制权的形成。同样，49%（或更少）的持股比例并不意味着不存在控制关系。判断是否存在控制权的关键是一方是否有决定另一方经营管理的权力。

## 示例

A 公司拥有 B 公司 60% 的股份，其余的 40% 由 C 公司持有。然而，根据双方之间的法律协议，A 公司在董事会中仅能任命五名董事中的两名，而 C 公司可任命其余三名董事。尽管持有大多数股份，但 A 公司的董事在董事会中没有多数投票权。相反，是 C 公司在控制着董事会决策，因此也控制着公司。

## 重大影响（联营关系）

拥有一家企业 20%~50% 的股份，不太可能控制该企业。然而，这可能会对企业产生重大影响。这使持有少数股权的公司对决策具有一定的影响力，但无法控制这些决策。这种投资被称为联营关系。由于没有控制能力，无须对联营企业进行合并，即不按照核算子公司的方式将财务成果逐项相加。相反，只有利润（或亏损）的相关份额和拥有的净资产的相关份额被纳入投资公司的合并财务报表。这种会计形式称为权益法核算。权益法核算仅适用于母公司拥有子公司并编制合并财务报表的情况。

## 小课堂

## 合并会计核算

合并涉及的会计核算可能相当复杂。然而，每次合并的基本步骤都涉及一套标准的调整，如下所述。

为了编制合并资产负债表，要将母公司和每个子公司的资产和负债逐项相加，并对商誉（见下文1）和非控股（少数股东）权益（见下文2）进行调整，再将集团内部余额抵销。

为了编制合并利润表，要将母公司和每个子公司的收入和费用逐项相加。然后，用集团收入减去少数股东损益（见下文3），再抵销集团内部交易。

**1. 商誉的识别**

将"投资成本"（列报在母公司资产负债表的固定资产项目下）与"资本和储备"，即收购时子公司的所有者权益（经公允价值调整后，如资产重估）进行比较：

（a）如果投资成本与子公司的所有者权益相等，则没有商誉；

（b）如果公司支付的金额高于（或低于）子公司（被收购时）的所有者权益，则将差额确认为正（或负）商誉。

外购商誉是一项无形资产，列报在合并资产负债表的固定资产项目中（见第10章商誉和其他无形资产）。

**2. 非控股权益**

如果对子公司的持股比例低于100%，则存在非控股权益。非控股权益也称为少数股东权益，是指第三方股东的财务利益。

在所有权低于100%的情况下，虽然资产和负债可能完全由母公司控制，但母公司并不拥有这些资产和负债的100%。少数股东权益反映了第三方仍然拥有的净资产，这在合并资产负债表中反映为企业的长期负债。例如，由母公司持股60%的子公司，其少数股东权益为子公司资产负债表净资产的40%。

**3. 少数股东损益**

如果母公司对子公司的持股比例低于100%，则其不享有份额的年度利润属于少数股东。

少数股东损益从集团收入中扣除，以使子公司其余的收入份额仅属于母公司。例如，对于母公司持股60%的子公司，其少数股东损益按子公司利润的40%计算。

## 其他注意事项

需要考虑不同的会计政策或财务年度并进行相应的调整。例如，财务年度与其母公司不同的子公司可能需要准备额外的财务信息以涵盖相应的期间。

## 集团会计——豁免情况

在某些情况下，尽管拥有子公司，但企业仍可免于编制合并财务报表：

1. 小规模集团。如果集团的合并收入、总资产和员工数低于某个阈值，则该集团规模较小（见第 21 章公开信息）。

2. 母公司本身是大集团的一部分。在这种情况下，其财务成果将被合并进（较大的）集团。

## 想一想

1. 请解释关联方披露的重要性。

2. 供应商正在考虑向新的公司客户提供信贷。客户的利润表显示其为盈利公司，且该公司是一个较大集团的一部分。请解释为什么关联方披露可以帮助供应商深入了解客户的业绩表现。

3. 当一家公司以超过其资产负债表净值的价格收购另一家公司时，会产生一种被称为商誉的会计差异：

（1）如何在合并财务报表中体现这种差异？

（2）为什么这种差异只在合并财务报表中确认？

如果你想了解作者对这些问题的看法，请访问 financebook.co.uk。

## 看报表

在子公司财务报表附注中应披露母公司的存在。

如果本年度发生了关联方交易并且是非公允的，应在附注中进行披露，以量化和解释这些交易的影响。

集团会计政策将披露集团内部交易的会计处理方式。

## 摘自格雷格斯公司 2020 年年度报告

（附录第 381 页）

> （c）合并基础
>
> 合并报表包括格雷格斯公司及其子公司截至 2021 年 1 月 2 日的 53 周的业绩。比较期为截至 2019 年 12 月 28 日的 52 周。
>
> （i）子公司
>
> 子公司是由本公司控制的实体。当公司因参与其实体而面临或有权获得可变回报时，公司控制该实体，并有能力通过对该实体的权力影响这些回报。子公司的报表自控制权开始之日起至控制权终止之日纳入合并范围。
>
> （ii）联营公司
>
> 联营公司是指本集团对其财务和经营政策具有重大影响但不具有控制权的实体。如果本集团持有另一实体 20%~50% 的投票权，则认为存在重大影响，除非能够明确证明事实并非如此。年末，本集团有一家联营公司因重要性未纳入合并范围（见附注 13）。
>
> （iii）合并抵销交易
>
> 集团内余额以及集团内交易产生的任何未实现损益或收入和支出，在编制合并报表时予以抵销。

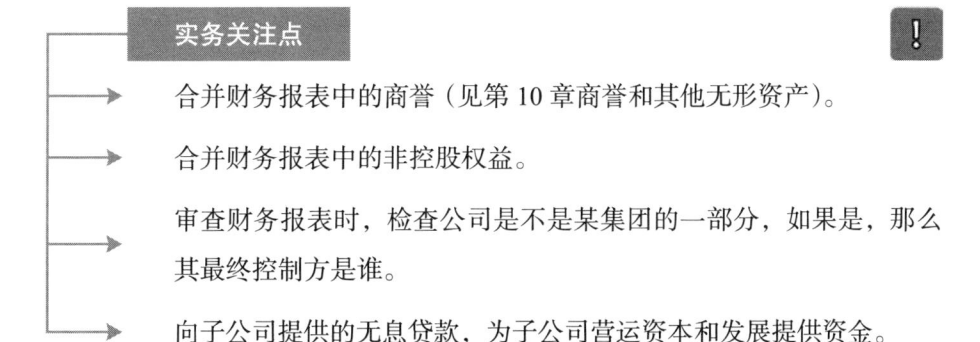

### 实务关注点

- 合并财务报表中的商誉（见第 10 章商誉和其他无形资产）。

- 合并财务报表中的非控股权益。

- 审查财务报表时，检查公司是不是某集团的一部分，如果是，那么其最终控制方是谁。

- 向子公司提供的无息贷款，为子公司营运资本和发展提供资金。

> **实务关注点（续）**
>
> 影响财务业绩的重大集团内部交易，例如以非市场价格购买/出售存货。这会严重扭曲公司的基本（真实）业绩表现和资产状况。
>
> 被收购后公司财务业绩的显著改善/恶化。该公司可能会进入新市场或从集团公司那里获得更好/更差的商业条款。

# 17
# 重 估

> 我认为他根据她迷人的眼睛的反应程度重新评估了房子里的一切。
>
> ——F. 斯科特·菲茨杰拉德
> 《了不起的盖茨比》

### 一分钟小结

资产负债表通常按购买（历史）成本记录固定资产。根据会计规则，企业可以按市场价值记录固定资产。企业也可以选择要重估的固定资产类型或类别（例如土地和建筑物、厂房和设备）。然而，一旦公司决定对一类或多类资产进行重新估价，其计量金额必须保持为最新估价。

重估会使以初始购买成本计量的固定资产价值增加（或减少），即企业以更高（或更低）的金额计量固定资产，并将利得（或损失）计入重估储备。

土地和建筑物是最有可能被重新估价的固定资产类别。

## 敲黑板

公司可以选择是否重估其固定资产以及重估哪类资产。这是一种会计政策选择（见第 19 章会计和财务报告准则）。

如果企业选择重估政策，就必须定期进行重估，以使资产的账面价值与其在资产负债表日的公允价值不存在重大差异。评估应由独立专家进行，如合格的鉴定人员。

重估资产的折旧方法与按历史成本计量的固定资产相同（见第 9 章有形固定资产和折旧）。

### 示例 1——建筑物重估（不考虑折旧）

ABC 有限公司最初以 100 000 英镑的价格购买了一栋建筑物。该公司已采取重估政策对建筑物进行重新估价。年末，该建筑物的市场价值为 250 000 英镑。

增值的"利得"等于估价与初始成本之间的差额，即 150 000 英镑（250 000−100 000）。

这将在财务报表中进行如下反映：

| | |
|---|---|
| 固定资产（建筑物） | 250 000 英镑（100 000 英镑 + 150 000 英镑） |
| 重估储备 | 150 000 英镑 |

请注意，150 000 英镑的重估利得记录在重估储备中，而不是利润表中。重估储备属于资本公积，因此不可分配（见第 15 章资本和储备）。

## 为什么以及何时重要？

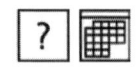

公司可能选择重估政策来改善其资产负债表净资产状况。资产价值，尤其是土地和建筑物，通常会随着时间的推移而上升，这可以为企业带来商业

利益：

- 正在考虑与另一家公司进行收购谈判的企业，重估后，资产负债表的净资产状况会更好，这可能会使其谈判地位更有利。
- 重估显示了可借入证券的价值。原本"隐藏"的价值在资产负债表上变为可见的，提供了可获得额外资产的证据。
- 对于已经负债累累的公司，重估可能会产生额外的资产，以满足现有合同条款或获得更多贷款（见第30章债务融资）。

如果重估是一个行业的常规做法，公司可能会倾向于或觉得有义务采取重估政策，以使同行业的业绩更具可比性。然而，重估是一种政策选择，这种选择会使公司间的比较更加困难。但是，财务报表必须包含足够的信息，以便对业绩进行比较（见第19章会计和财务报告准则）。具体而言，采用重估政策的公司必须在其财务报表中披露历史成本信息。这使得采用重估政策的公司和采用历史成本的公司之间可以在同类基础上进行比较。

**利得与利润**

利得与利润不同。利润来自交易或经营活动。重估是由会计计量政策变更而非交易活动产生的利得。因此，持有的固定资产价值的增加（或减少）记录在重估储备中，这属于资本公积，不可进行分配（见第15章资本和储备）。

为了清楚地理解利得和利润之间的区别，请思考一下你居住的房产。如果房产在购买后的一段时间内价值增加，则这是所有者的资本利得。然而，该利得不能被视为利润，因为它是未实现利得或"账面"利得。除非财产出售，否则所有者无法（以现金的形式）获得收益（尽管财产所有者可以利用价值增加作为进一步借款的担保）。（未实现）利得只有在固定资产出售时才能转化为利润。此时，利得已实现。就房产所有者而言，他们能够在出售后将（账面）利得转换为现金。就企业而言，当出售重估资产时，利得通过出售变现，并且盈余可用于分配，即可作为股息支付（见第15章资本和储备）。

## 重估贬值（不考虑折旧）

资产价值既然可以上升，那么也可以下降。估值的下跌将冲销之前（增值）的重估金额。

### 示例 2a

使用示例 1 中的信息：

三年后，该房产的重估导致其价值下跌至 200 000 英镑。

该资产的价值与上次估值相比下降了 50 000 英镑，即从 250 000 万英镑下降到 200 000 英镑。

最新的估值如下表所示：

| | | |
|---|---|---|
| 固定资产（建筑物） | 200 000 英镑 | （与上次估值相比下降了 50 000 英镑） |
| 重估储备 | 100 000 英镑 | （150 000 英镑 – 50 000 英镑） |

请注意，尽管估值下降，但资产的估值仍高于其初始成本，因此与该资产相关的（未实现）利得仍然有 10 万英镑（反映在重估储备中）。

### 示例 2b——损失

如果重估的价值低于最初的购买成本，差额为损失，必须"费用化"，即作为费用计入利润表。

在示例 2a 的基础上，几年后资产的估值（下跌）为 60 000 英镑。

最新的估值 60 000 英镑低于初始成本（100 000 英镑）。

| | |
|---|---|
| 固定资产（建筑物） | 60 000 英镑（与上次估值相比下降了 140 000 英镑） |
| 重估储备 | 0（100 000 英镑 – 100 000 英镑） |
| 损失 | 40 000 英镑 |

该资产的价值较上次估值下降了 140 000 英镑，新的价值为 60 000 英镑。重估储备余额归零（100 000 英镑 –100 000 英镑），剩下的 40 000 英镑的差额

（140 000 英镑 –100 000 英镑）计入公司当年的损益。即使资产没有出售，损失也必须确认，以反映会计的"谨慎性"（见第 6 章收入确认）。

## 实务中

尽管存在潜在的好处，但选择重估政策的公司相对较少。公司可能更喜欢历史成本会计，因为重估政策的实施可能会产生相当大的成本（例如，聘用独立估价师的专门费用），并需要大量的管理工作来保持资产价值的更新。

重估也会对关键的盈利能力比率（见第 23 章盈利能力指标）产生不利影响，如已动用资本回报率（ROCE），因为升值会导致资产价值增加。

## 示例 3（不考虑折旧）

与示例 1 情况相同，并假设公司利润为 10 000 英镑。

已动用资本回报率（ROCE）的计算如下：

$$ROCE = \frac{利润}{已动用资本}$$

重估前　　　$ROCE = \frac{10\ 000\ 英镑}{100\ 000\ 英镑} = 10\%$

重估后　　　$ROCE = \frac{10\ 000\ 英镑}{250\ 000\ 英镑} = 4\%$

更高的资产价值还会增加折旧费用，减少利润（参见下文的"小课堂"专栏中的示例 4）和降低已动用资本回报率。

## 涨知识

### 主观和操纵

选择重估政策的企业不必重估所有的固定资产。

重估必须按"资产类别"进行，尽管企业对于"类别"的定义可能有多种解释。"土地和建筑物"通常被认为是一类资产，"厂房和设备"则是另一类资产。然而，一家公司可能会辩称，"办公楼"和"生产大楼"代表的是不同类别的资产，尽管它们都属于土地和建筑物。

这种主观性使企业能够"挑选"最有可能从价值上涨中受益的资产类别。

## 估值方法

在进行重估时，必须尽可能地使用市场价值。然而，对于某些资产，如特殊机械，用以确定其价值的"市场"可能不存在。在市场不存在的情况下，使用折余重置成本（depreciated replacement cost）作为替代。本质上，这种方法是在试图估算重置相同资产的当前成本，即根据资产当前的使用年限和状况调整后的重置成本。

## 小课堂

## 折旧

（另见第 9 章有形固定资产和折旧。）

重估资产必须采用与以历史成本计量的固定资产相同的方法进行折旧。

重估的金额也需要进行折旧。

## 示例 4

A 公司和 B 公司各自拥有一项五年前购买的相同资产。A 公司以历史成本记录资产，B 公司采用重估政策。

资产成本 =100 000 英镑；

最新估价（仅 B 公司使用）=200 000 英镑；

资产年折旧率为 4%。

两家公司的年折旧额如下所示。

**折旧**

|  | A 公司 | B 公司 |
|---|---|---|
| 年折旧额 | 4 000 英镑 | 8 000 英镑 |
| 折旧费 | （100 000 英镑 ×4%） | （200 000 英镑 ×4%） |

最近的资产负债表日（即经过五年后）的账面净值如下：

|  | A 公司 | B 公司 |
|---|---|---|
| 五年后 | 80 000 英镑（100 000 英镑 – 20 000 英镑） | 160 000 英镑（200 000 英镑 – 40 000 英镑） |
| 计算基础 | 购买成本减去五年折旧 | 估价减去五年折旧 |

B 公司的折旧额更高，因为它重新评估了资产。更高的年折旧额将减少 B 公司的利润（以及可分配利润）。

B 公司报告的利润会更低，这将进一步对已动用资本回报率产生负面影响（见上文）。然而，更高的折旧费导致利润减少的一个好处是，它限制了可以作为股息支付的金额。这意味着公司保留了更多的资金用于资产更新。相比之下，基于历史成本的折旧可能会使公司支付更高（过多）的股息，从而使其现金储备不足，无法为未来以更高价格购买更新资产提供资金。

采用重估政策的公司董事可能需要维持股息派发，因为股东期望提供持续或累进的股息政策（见第 27 章投资者比率）。会计准则允许选择重估资产的公司对其储备进行调整，以便逆转更高折旧费对利润的影响。根据规定企业可以将等于超额折旧的金额从重估储备转入可分配利润。在上述示例中，B 公司每年可将 4 000 英镑从重估储备转入可分配利润。该调整的效果是，B 公司可合法支付的股息与 A 公司一致。

## 想一想

1. 解释重估利得和利润之间的差异。为什么区分二者很重要？
2. 思考为什么只有少数公司采用重估其固定资产的政策。
3. 为什么一家公司会选择只重估某些类别的固定资产？
4. 资产负债表是净资产报表，而不是资产估值报表。思考为什么这一说法是正确的，特别是对一家多年来可能购买了大量土地和房产的公司而言。

如果你想了解作者对这些问题的看法，请访问 financebook.co.uk。

## 看报表

会计政策附注包含其采用的重估基础（如果采用重估政策）。

财务报表附注中应包含足够的信息，以确定重估的财务影响。这将使财务报表使用者能够将其业绩与使用历史成本计量的公司进行比较。

资产负债表（或支持性附注）应包括以下详细信息：

- 持有的重估资产（包含在固定资产中）；
- 重估储备（包含在资本公积中）。

"所有者权益变动表"（与资产负债表交叉引用）中解释了每年的重估变动。

格雷格斯公司以历史成本为基础编制报表，因此不包括固定资产重估信息。

### 摘自格雷格斯公司 2020 年年度报告

（附录第 375 页）

(b) 编制基础

报表以英镑列报，四舍五入至最接近的 10 万英镑，并根据历史成本编制，但养老金固定收益计划资产/负债除外，该资产/负债被确认为计划资产的公允价值减去计划负债的现值。

### 实务关注点

- 任何重估的规模，以评估其对关键财务比率的可能影响。

- 对资产类别的定义。与同一行业的其他公司是否不同？这可能会影响财务比率的比较。思考每个企业选择重估的资产类别。

- 选择性重估资产的证据。公司可以有选择地重估特定类型的资产，即最有可能增值的资产类型。这可能会扭曲其财务业绩和资产状况。

- 重估的结果都是增值吗？是否有重估下跌的情况？

- 公司最后一次重估资产是什么时候？如果已经有好几年了，其是否披露了资产价值没有变化的原因？

- 从历史成本到重估的会计政策变更情况，以及合理的理由（如果有的话）。这可能预示着即将开展的公司活动（潜在的收购或合并），或需要显示更好的资本基础，以获得更多的债务融资。

- 重估导致财务报表存在的重大错报风险。查阅审计报告，确定外部审计师审查的关键领域是否包括重估。

# 18
# 减 值

> 今天，我们宣布对手机业务进行根本性重组。因此，公司将承担约76亿美元的减值费用，该费用与收购诺基亚公司设备和服务业务相关的资产有关。
>
> ——萨提亚·纳德拉
> 微软CEO

## 一分钟小结

减值是指资产创收潜力的永久损失。

当固定资产的"可收回金额"（recoverable amount）低于其在资产负债表中的"账面价值"时，固定资产被视为发生减值。

每年对使用寿命有限的（有形和无形）固定资产进行评估，以获取其是否发生减值的证据。当存在减值迹象时，必须进行减值测试。

减值导致的会计损失反映在利润表中。

商誉的处理有所不同，因为它的寿命是无限的。无论其是否存在减值迹象，都必须对商誉进行年度减值测试（见第10章商誉和其他无形资产）。

确定资产是否发生减值并非易事。

## 敲黑板

减值在概念上不同于重估下跌。减值不是一种会计政策选择，而重估是一种会计政策选择（见第 17 章重估）。所有公司，无论是以历史成本还是以市场价值计量资产，都必须在资产发生减值时减少这些资产的账面价值。

然而，判断资产是否减值并非易事，一些外部和内部迹象可用于识别资产是否可能减值。

### 减值的外部和内部迹象

- 市场价值下降；
- 技术、经济或法律的不利变化；
- 市场利率增加；
- 资产过时或损坏；
- 资产的经济效益低于预期；
- 资产闲置。

### 示例

1. 伦敦等主要城市规划了超低排放区（Ultra Low Emission Zones，ULEZ），此类限制可能会禁止不符合欧六标准的车辆进入 ULEZ 或征收罚款。这可能会影响不合规车辆的创收潜力。

2. 波音 737 Max 事故。所有波音 737 Max 飞机在 2018—2019 年调查事故原因期间停飞。购买这些飞机的航空公司无法运营，直接影响了其收入的产生。

3. 由于新冠疫情，许多企业被禁止开工，其不动产、厂房和设备的经济效益受到不利影响（见下文格雷格斯公司 2020 年财务报表摘要）。

4. 超级巨无霸空客 A380。这架飞机的超大容量是为一种旅行系统专门设计的，通过该系统，乘客在前往目的地之前将在中心枢纽之间飞行（即"中心辐射"系统）。然而，新型飞机在效率和航程方面的技术进步意味着乘客可以越来越多地使用"点对点系统"，而不是通过两次或三次飞行将他们带到目的地。

5. 协和式超音速飞机。21世纪初发生致命坠机事故后，这种飞机被淘汰了。该资产之所以"减值"，并不是因为它已经达到了预计使用寿命，而是安全问题导致其声誉受损。

## 为什么重要？

减值导致资产的账面价值减记至其（更低的）可收回金额。价值减少是一种会计损失，必须确认在减值年度的利润表中。这是会计概念"谨慎性"的应用（见第6章收入确认）。

## 何时重要？

每年都必须考虑固定资产减值的风险。董事必须在每个会计期末通过减值迹象（见上文）来判断企业持有的资产是否发生减值。虽然减值迹象的存在并不能证明资产已发生减值，但它表明资产可能发生减值。对于寿命有限的固定资产，这种可能性足以引起详细的考虑和计算，以确定资产的可收回金额。

## 减值计算

减值的金额等于资产的账面价值超过其可收回金额的部分。

可收回金额代表一项资产对于企业的价值。可收回金额为资产的销售价格（即公允价值）减去处置费用后的净额与资产预计未来现金流量的现值（称为"使用价值"，VIU）两者之间的较高者，如下所示。

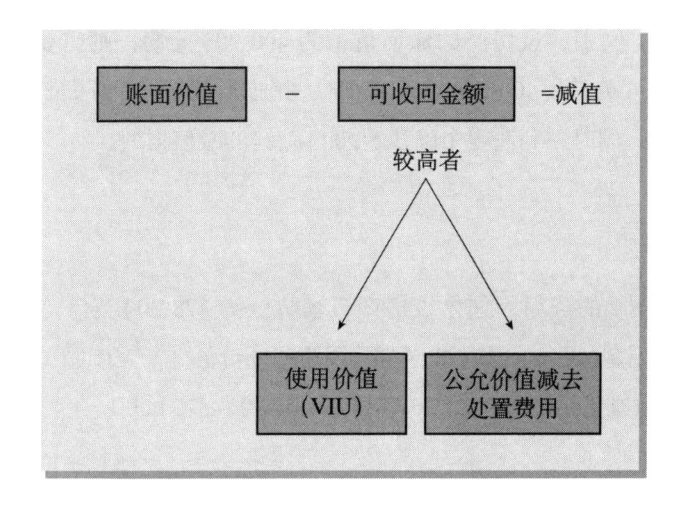

```
账面价值  －  可收回金额  ＝减值
                      ↑
                     较高者
                   ↙      ↘
           使用价值    公允价值减去
            (VIU)      处置费用
```

## 示例 1

公司唯一的资产是厂房和设备,其在资产负债表中的账面价值为 100 000 英镑,可收回金额为 93 000 英镑。

资产必须减记至 93 000 英镑(较低者)的可收回金额。

| | |
|---|---|
| **资产负债表** | |
| 厂房和设备 | 93 000 英镑(之前为 100 000 英镑) |
| **利润表** | |
| 减值损失 | 7 000 英镑(100 000 英镑 – 93 000 英镑) |

## 示例 2

某位房东拥有一项目前价值 300 000 英镑(市值)的房产。预计继续使用该房产的未来租金收入(VIU)为 350 000 英镑。

因此,该房产的可收回金额为 350 000 英镑(即公允价值和 VIU 的较高者)。

假设在本例中，该房产的账面价值为 400 000 英镑，则需要计提的减值准备为 50 000 英镑（400 000–350 000）。由此，该资产的账面价值减记至 350 000 英镑，同时在利润表中确认 50 000 英镑的减值损失。

## 示例 3

沿用示例 2 的资料，如果该房产市场价值为 375 000 英镑（而非 300 000 英镑），可收回金额将为 375 000 英镑（因为市场价值高于 VIU）。

这将导致减值损失减少 25 000 英镑（400 000–375 000）。

## 外购商誉

与有形固定资产不同，外购商誉必须每年进行减值测试，因为它的使用寿命不确定，不需要进行摊销（见第 10 章商誉和其他无形资产）。

由于商誉仅在一家企业被另一家企业收购时产生，因此商誉减值测试涉及每年将被收购企业的实际现金流与收购时用于支持商誉账面价值的预测现金流进行比较。

收购后第一年的减值测试导致微软公司将收购诺基亚公司产生的商誉减记了 76 亿美元（见第 10 章商誉和其他无形资产）。

截至 2021 年 1 月，保险公司和邮轮运营商 Saga 公布了 6 100 万英镑的税前亏损。这在很大程度上是由于其旅行业务因新冠疫情的影响而发生了 6 000 万英镑的商誉减值。

## 涨知识

如果被收购企业发生重大减值，则该企业的基础资产也可能发生减值。应当首先冲减商誉，再将剩余的减值按比例分配给其余资产。

## 示例 4

D 有限公司于去年年初以 250 000 英镑收购 ABC 公司，收购时 ABC 公司资产的公允价值为 200 000 英镑，由此确认了 50 000 英镑（250 000–200 000）的外购商誉。

根据最近的减值测试，ABC 公司的 VIU 估计为 180 000 英镑。

减值损失为 70 000 英镑（250 000–180 000），应当首先冲减商誉，然后冲减 ABC 公司的资产，如下所示：

- 商誉 0（50 000–50 000）
- 其他资产 180 000 英镑（200 000–20 000）

由于减值会导致资产的账面价值降低，而折旧（或摊销）基于资产负债表中的账面价值计算，因此折旧额（摊销额）在资产发生减值后会减少。

## 实务中

减值测试将单个资产的账面价值与该资产的可收回金额进行比较。因此，VIU 预测应基于每项资产产生的现金流。实际上，很难将未来收益或现金流分配给单一资产。即使是一家小型企业，如汽车修理厂，其资产可能只包括一处不动产、厂房和设备，很难确定每项资产产生的现金流。

因此，资产的 VIU 通常以资产组为单位进行考虑，因为资产组代表了产生现金流的最小资产组合。

任何减值均按比例分配给资产组中的资产。

## 示例 5

ABC 公司是一家汽车修理厂，资产总额为 200 000 英镑（包括 180 000 英镑的建筑物、20 000 英镑的厂房和设备），使用价值（可收回金额）估计为 180 000 英镑。

减值损失为 20 000 英镑（200 000–180 000）。

减值根据资产的初始账面价值按比例分配，如下所示：

| 资产 | 初始账面价值（英镑） | 减值损失（英镑） | 可收回金额（新账面价值）（英镑） |
|---|---|---|---|
| 建筑物（90%） | 180 000 | 18 000 | 162 000 |
| 厂房和设备（10%） | 20 000 | 2 000 | 18 000 |
| 总计 | 200 000 | 20 000 | 180 000 |

## 小课堂

如果随后资产的价值恢复，则减值损失可以转回（尽管存在某些限制）。因此，对于寿命有限的资产，减值不一定是永久性的。

然而，就商誉而言，减值损失一旦确认就无法转回。

## 想一想

1. 从会计谨慎性原则的角度解释减值测试的目的。

2. 减值是通过比较资产的账面价值与其可收回金额来计算的，可收回金额等于使用价值（VIU）与可变现净值的较高者。思考一下为什么这个计算方法公允地反映了减值损失的金额。

3. 某个你熟悉的组织的资产使用是否因新冠疫情而发生变化？思考其资产是否发生减值，并确定减值对该组织财务报表的影响。

如果你想了解作者对这些问题的看法，请访问 financebook.co.uk。

## 看报表

参见财务报表编制基础附注（在会计政策之后）。

## 摘自格雷格斯公司 2020 年年度报告

（附录第 378 页）

**资产减值损失**

如果有事件或情况变化表明账面价值可能无法收回，则对不动产、厂房和设备以及使用权资产进行减值测试。例如，如果店铺的销售额下降，店铺的设备和使用权资产可能会发生减值。当进行减值测试时，可收回金额是根据使用价值计算的或根据公允价值减去处置成本估计的。使用价值和公允价值减去处置成本的计算都要求管理层估计资产产生的未来现金流和适当的贴现率。根据对可收回金额的最新预期，也要考虑往年作出的减值评估是否仍然适当。认定减值已减少的，计入减值转回。

新冠疫情意味着所有店铺都经历了销售中断或铺量减少的时期，销售恢复的速度本质上是不确定的。这被认为是减值迹象，因此公司对其管理店铺中的所有资产都进行了减值测试。

由于疫情的影响，在停业期结束后，有 38 家商店决定不再重新开业。这些店铺的所有设备和使用权资产已经完全减值（不需要进行重要性的评估），损失为 530 万英镑（其中 250 万英镑与固定装置及配件有关，280 万英镑与使用权资产有关）。此外，计提 250 万英镑的预计负债用于与这些停业店铺直接相关的高额费用和破旧设施，预计将在这些店铺租约的剩余期限内发生。在评估店铺减值前，审查了有关店铺租赁期限的假设，并在必要时重新计量了租赁负债。

对于其余店铺，采用下列假设进行减值测试：

- 店铺被分类到不同的服务区（如城市中心、交通枢纽），并对每个服务区的同类销售额恢复率进行了假设。
- 据推测，到 2021 年底，同店销售额将从 2020 年 12 月的水平增长到比新冠疫情前低 6% 的水平（所有店铺的平均水平），然后在 2022 年 12 月继续增长到停业前的水平，并在此基础上每年进一步增长 1%，直到 2027 年。如果店铺完成网上订单，这些订单的收入将包括在店铺的预计现金流中。

- 同店销售额恢复（like-for-like sales recovery）假设在整个 2021 年第一季度实行临时国家封锁限制（即学校和非必要零售店关闭），并在 2021 年 11 月和 2022 年 2 月进一步实施临时封锁。在这些时期，假设格雷格斯公司的销售水平与其最近在这些条件下的经验一致。

### 实务关注点

→ 就其本质而言，预计现金流量和贴现率都存在不确定性。预测值无法核实，因此可能受到管理层的操纵。所使用的贴现率的微小变化可以显著影响 VIU 计算，从而影响减值。

→ 预计现金流量及其编制假设。

→ 年度及累计减值金额。

→ 年度报告中说明的减值原因。

→ 商誉是否发生减值（表明收购的成败）。

第 4 部分

# 财务和监管环境

# 19

# 会计和财务报告准则

> 没有会计问题,没有交易问题,没有储备问题,也没有之前未知的问题。
>
> ——肯尼斯·莱
> 安然公司前董事长

**一分钟小结**

会计准则,又称财务报告准则,是规定如何在财务报表中计量和列报交易的准则和指南。"准则"规定了预期或首选的计量和列报方式。

要解读或比较公司的业绩表现,就需要了解其在编制财务报表时使用的会计处理方法。财务报表中包含会计政策附注,披露了公司在编制财务报表时所采用的会计准则。

在不了解公司所采用的会计政策的情况下比较两家公司的业绩,可能会对二者的相对业绩得出不正确的结论。例如,重估固定资产的公司报告的资产负债率将低于按历史成本计量固定资产的公司,即使两家公司在其他所有方面都是相同的。

目前,在世界范围内没有一套统一的标准,这使得国际公司之间很难进行比较。在全球范围内统一会计准则的尝试还在继续,但目前这一目标仍然难以实现。

## 敲黑板

从董事职责的角度可以很好地理解为什么公司要遵守会计准则。在英国，董事对确保财务报表的"真实和公允"负有总体责任（见第20章外部财务审计）。虽然这一术语从未在法律中得到定义，但几乎可以肯定的是，如果董事未能遵守会计准则，又没有做出充分解释，就会引发人们对董事所编制的财务报表是否真实和公允的担忧。如果董事不遵守会计准则，他们必须解释不遵守的原因。不遵守准则可能导致审计师出具非无保留意见的审计报告（见第20章外部财务审计）。

## 为什么重要？

投资者和金融家希望对一家公司的财务状况做出专业的评估。财务信息（关于资产、利润、股息、现金流等）帮助投资者和贷款人做出是否投资/贷款以及投资/贷款多少的决定。会计准则为如何计量交易设定了"基本规则"。

准则有助于确保公司以一种能够公允代表其业绩和财务实力的方式提供可比信息。这些准则实际上限制了企业运用会计技巧的自由度和灵活性，否则，这些技巧可能使企业隐瞒交易，或者在计量和列报交易的方式上具有自主性。

公司可能涉及复杂的交易，而限定这些交易的准则还不存在，这意味着监管机构不太可能完全消除会计操纵（或欺诈）的风险。例如，在安然公司（一家已倒闭的美国能源公司）的案例中，21世纪初美国会计准则框架中的漏洞使该公司能够通过其建立的复杂交易网络，隐匿公司债务和借款的规模。该公司的债务规模没有进行披露，最终导致了当时最大的企业破产事件之一。

## 何时重要？

在监管机构寻求提高财务报告质量的过程中，英国和国际标准已经发展了几十年。

在英国，非上市公司（未在证券交易所上市的公司）可以采用本土的英国财务报告标准（称为"FRS"），也可以采用国际财务报告准则（称为"IAS"和"IFRS"）。上市公司由于其规模和覆盖范围，在编制合并财务报表时必须采用国际财务报告准则（见第 16 章集团会计）。由于世界上越来越多的国家已经强制使用国际财务报告准则，因此在国际上比较不同公司的业绩变得更加容易。

有趣的是，尽管统一的全球标准具有可比性的优点，但只有少数英国非上市公司选择使用国际财务报告准则。这是因为人们认为，改变准则给会计、审计人员和财务报表使用者带来的成本可能是令人望而却步的。

尽管如此，自 2009 年以来，所有新的或修订的 FRS（英国财务报告准则）都在向 IFRS（国际财务报告准则）趋同。这意味着，随着时间的推移，英国和国际会计准则之间的差异将不断缩小。

## "标准"与选择

也许令人惊讶的是，许多准则仍然允许企业对如何计量交易进行一定程度的选择，尽管这可能与创建"标准"的概念本身相矛盾。这么做的理由是，公司应保有在对财务报表使用者有同样意义的会计处理方法之间进行选择的权利，前提是要适当披露所采用的会计处理的影响。

例如，IAS 16 允许选择以历史成本或市场价值计量土地和建筑物。从拥有相同固定资产但采用不同会计处理方法的两家公司的资产负债表中，可以看到其资产的金额并不相同，即一家公司采用历史成本，另一家公司使用市场价值。选择一种政策而非另一种政策的动机通常是商业性的，例如，某公司主要通过债务来融资，将土地和建筑物按市场价值计入资产负债表中可以增加权益，从而展现出较高的债务担保水平。

在允许选择的情况下，准则要求进行充分的披露，以便能进行直接比较。在上述例子中，采用重估政策的公司需要披露以市场价值计量带来的财务影响（见第 17 章重估）。

公司必须说明其是否遵循了所有适用的会计准则。如果一家公司未遵循一项或多项准则，则需要解释原因。如果审计师不认同董事的解释和披露，其可能出具非无保留意见的审计报告（见第 20 章外部财务审计）。

## 涨知识

自 21 世纪初以来，包括英国在内的 140 多个国家签署了使用国际会计准则（通常称为 IFRS 或 IAS）的协议。目前大约有 40 条国际准则。IFRS 由国际会计准则理事会（IASB）制定和发布，IAS 则是由其前身机构发布的，但其中一些准则仍然是适用的。

世界上许多国家采用国际财务报告准则，这增强了公司业绩的可比性和可理解性。然而，也存在例外情况，美国公司没有采用国际财务报告准则，许多公司使用被称为美国公认会计原则（US GAAP）的本土标准。因此，解读财务业绩并将美国和国际公司进行比较仍然是一项挑战。例如，埃克森美孚公司（一家美国公司）采用美国公认会计原则，而壳牌公司（一家英荷公司）采用国际财务报告准则。尽管两家公司都从事石油行业，但对这两家公司进行有效的业绩比较需要进行大量的调整，这反过来可能会阻碍投资。

之所以要统一全球标准，是因为统一的会计准则可以提高公司业绩的可比性，从而促进国际投资的流动。

自 2002 年以来，IASB 和美国的 FASB（财务会计准则委员会）一直致力于推动国际财务报告准则和美国公认会计原则的"趋同"，尽管这一进程自 2012 年以来明显有些停滞。

## 小课堂

### IFRS 与 US GAAP

IFRS 和 US GAAP 的基本概念框架不同：IFRS 是原则导向，而 US GAAP 是规则导向。

在基于原则的框架中，如果适当的话，允许对类似事务进行不同的处理。

基于原则的处理方法需要披露，以使财务报表使用者能够理解使用标准处理方法之外的方法产生的影响。

基于规则的方法遵循全面的准则条款。因此，必须不断增加额外的准则，以应对新的或即将出现的会计问题，或允许会计准则的例外情况。

## 会计准则的变化

新的或修订的会计准则会影响关键的财务比率或绩效衡量指标。例如，IFRS 16 租赁会计准则（2016 年 1 月发布，自 2019 年起适用）的引入对公司报告的资产负债率（见第 26 章长期偿债能力指标）和 ROCE（见第 23 章盈利能力指标）产生了重大（不利）影响。

## 想一想

1. 与英国采用的"原则"导向的方法相比，美国式的"规则"导向会计准则有什么优势？

2. 以一个你曾经工作或学习过的组织为例，将该组织的财务报表与同其最相似的竞争对手的财务报表进行比较：

（1）比较两家公司采用的会计政策，思考二者是否相同；

（2）说明选择某一会计政策的理由；

（3）比较两家公司（参见额外披露信息，以协调不同会计政策）。

3. 查看在同一行业（如石油和天然气行业，见下文）经营的国际公司的财务报表，你就会明白为什么在采用 US GAAP 和 IFRS 的公司之间比较业绩会更加困难。

（1）英国石油公司和壳牌公司（两家公司都采用 IFRS）；

（2）壳牌公司和埃克森美孚公司（埃克森美孚公司采用 US GAAP）。

4. 新的会计准则需要应对新的或即将出现的商业交易或事项。例如，对于加密货币（如比特币）的会计处理没有具体的准则，这可能导致参与此类交易的公司的会计处理不一致。你能举出其他可能也需要会计准则规范的新兴交易的例子吗？

如果你想了解作者对这些问题的看法，请访问 financebook.co.uk。

## 看报表

关注会计政策附注，其通常在主要报表（利润表、资产负债表和现金流量表）之后报告。会计政策附注将说明企业所采用的会计准则。

财务报表附注会提供企业所采用的会计处理方法的具体细节。

### 摘自格雷格斯公司 2020 年年度报告

（附录第 375 页）

> （a）合规声明
>
> 母公司报表和集团报表均由董事会按照国际会计准则以及《2006 年公司法》的要求编制和批准。集团报表根据欧盟第 1606/2002 号条例采用的国际财务报告准则（"欧盟采用的 IFRS"）编制。在将母公司报表与集团报表一并公布时，公司根据《2006 年公司法》第 408 条的豁免规定，不公布作为这些报表组成部分的单独利润表和相关附注。

> **实务关注点**
>
> 所采用的会计准则，例如 US GAAP、IFRS、UK GAAP 或其他国家的 GAAP。所采用的会计准则将直接影响公司报告的利润。
>
> 同一行业的公司采用的不同会计政策，例如固定资产以历史成本还是重估价值计量。财务报表应进行充分的信息披露，以便在采用不同会计政策的公司之间进行业绩比较。
>
> 会计政策的变更及其对管理者的绩效考核目标的影响，例如，如果购买固定资产的"借款"成本被资本化而不是费用化，这种处理将提升企业的盈利能力和 ROCE（见第 23 章盈利能力指标）。

# 20
# 外部财务审计

> 他们在审计我们,如果有什么问题,我想有人会告诉我的。
>
> ——开尔文·桑普森
> 休斯敦美洲狮队主教练

### 一分钟小结

外部审计(external audit)是由审计师每年对公司财务报表进行的独立检查。审计师是由股东委托的专业人员,其就财务报表是否真实和公允地反映提供独立意见。

审计使股东相信资产负债表和利润表中报告的数字是正确的。审计师必须独立于那些负责编制财务报表的人(董事),并且确保企业的业绩表现不会为其带来既得利益,例如通过持股的方式。

如果审计师认为财务报表是真实且公允的,则出具无保留意见的审计报告。

非无保留意见的审计报告将突出财务报表中数字或披露的问题。

## 敲黑板

所有英国公司，除了已停止经营的公司（见第 21 章公开信息），都必须编制财务报表。然而，并非所有的公司都需要审计。政府为减轻企业管理负担，对"小"公司不要求审计（见第 21 章公开信息）。

根据小企业联合会的数据，2020 年年初，英国有 594 万家小企业（员工数小于 50 人）。这涵盖了 99.3% 的私营企业。然而，这些小公司中仍有许多可能被要求每年进行审计，尽管法律并无要求。例如作为银行提供贷款规定的一部分，可能要求公司聘请审计师，尽管存在法律上的豁免。一项政府委托进行的研究还显示，仍有许多小企业不知道它们有豁免的权利。

## 为什么以及何时重要？

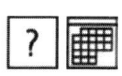

虽然审计不能保证数字是正确的，但它通过对数字和披露提供独立的保证，使财务报表具有可信度。

审计报告为公司股东这个整体而不是个别股东出具。被称为"利益相关者"的其他利益相关方（贷款人、债权人等）应注意这一范围限制。

对法定审计的误解仍然很普遍，这些误解被统称为"期望差距"。这就是读者所认为的审计目的和职责与实际情况之间的差异。下面将介绍一些常见的误解。

### 舞弊

舞弊（fraud）是为了获得个人利益而进行的故意欺骗。

如果公司董事（或其他员工）通过隐瞒或操纵交易等方式进行舞弊，那么他们很有可能成功，因为审计人员可能无法发现精心掩盖的舞弊行为。董事对如实报告公司业绩负有首要责任，同时也有责任预防和发现舞弊和错报。投资者常常错误地认为，审计人员有发现舞弊的责任。

然而，如果审计师主动与公司董事合谋欺骗投资者，他们会因此承担法律责任。如果原本有望发现重大舞弊行为，但却没有正确开展审计工作，他们也可能因违反合同而被起诉。如果审计师在进行审计时没有保持应有的关注，他们也可能承担疏忽责任。作为受监管的专业人员，如果他们未能表现出专业胜任能力和应有的关注，也会面临专业机构（如 ICAEW、ACCA）的纪律处分。

谁是最终责任人或者在多大程度上负责是一个持续存在的问题，每次重大公司舞弊被发现时这个问题都会重新出现。例如，2020 年，德国支付处理和金融服务提供商 Wirecard 在审计师拒绝签署该公司 2019 年财务报表的审计报告后申请破产。审计师（多年来一直担任该公司的审计师）指控 Wirecard 进行了精心策划和复杂巧妙的舞弊。然而，投资者将责任归咎于审计师未能发现早年本应发现的错报。德国财政部长也对审计师和监管机构未能揭露舞弊行为表示担忧。

这个案例只是众多质疑审计的作用和有效性的公司造假案之一。为了应对质疑，2021 年英国政府就旨在实现英国审计和公司治理制度现代化的大规模改革展开了商讨。商务大臣阐述了商讨的目的，声称"对英国审计制度的重大改革旨在保障英国就业，避免公司倒闭，并提高英国作为世界领先投资地的声誉"。

## 错报

错报（与舞弊相反）是非故意错误导致的结果。例如，簿记员可能无意中将收据分配给错误的客户账户。

## 合理保证（不是绝对保证）

由于通常情况下，一家企业进行的交易数量很多以及董事操纵交易的范围很广，因此法定审计只能对财务报表不包含错报提供"合理保证"，并不能绝对保证不存在欺诈或错报。

这在一定程度上是因为审计人员在形成意见时通常只是对交易进行抽样

检查，这意味着错报未被发现的风险始终存在。例如，思考巴克莱银行一天内（更别提一年了！）的交易量（贷款、存款、现金提取、分支机构间的往来和全球范围的活动），就应该很清楚为什么不可能检查巴克莱银行每一个分支机构发生的每一笔交易的真实性。

虽然现在使用编程工具和数据分析使审计公司能够对整个数据总体进行审计测试，但由于管理层欺骗的固有威胁，舞弊风险仍然存在。

## 持续经营

编制财务报表假设公司将一直持续经营下去，这被称为持续经营假设。持续经营假设的期间是指自财务报表批准之日起至少 12 个月。董事会需要考虑在这一期间公司是否能够继续经营。反过来，审计师需要考虑董事会的评估是否适当（见第 25 章破产和持续经营风险）。然而，由于未来永远无法确定，因此不应将此评估视为对公司未来财务保持健康的保证。突发或不可预见的外部事件的影响是无法预料的，如新冠疫情。正如所显示的那样，许多企业，包括著名的商业街，都被迫在短时间内停止交易，尽管董事和审计师在几个月前还认为该企业处于持续经营状态。

## 关注过去（对未来关注有限）

审计主要侧重于检查与过去活动有关的交易，而对未来的关注有限（即持续经营审计）。财务报表具有历史性，即报告已发生的情况，而不是预测可能发生的情况。关注历史业绩使审计师能够获得可靠以及可核实的证据来验证过去的交易。审计无法对未来业绩提供保证，因为没有可靠的证据可以证实尚未发生的未来状况。

然而，审计师将根据当时可用的信息，判断董事会使用作为财务报表编制基础的持续经营假设是否适当。公司董事有责任确保公司的战略是合适的，并且有足够的资金持续经营下去（见第 25 章破产和持续经营风险）。

## 实务中

尽管审计存在局限性，但银行、贷款人、债权人、股东和投资者仍然重视经过独立审计后的财务报表。

例如，银行通常要求将经审计的公司财务报表作为申请贷款的先决条件，并要求企业在贷贷协议期间进行年度审计。当一个企业寻求获得新的贷款资金时，经过审计的财务报表可以向贷款人提供比未经审计的报表更高水平的保证。

同样，投资者在不同的潜在投资对象之间进行选择时，财务报表经过审计的公司可能被评估为更可靠的投资机会。

审计师对财务报表进行独立审计也会给董事会带来一些安慰，尤其是在他们没有参与详细编制的情况下。报表通常由公司财务部门编制，因此，由公正的审计师对报表进行审计可能会凸显本来无法发现的错报或系统缺陷。

有意向公共单位提供服务的公司可能会经历一个严格的招标过程，其中包括要求其提供经审计的财务报表。

## 涨知识

### 真实和公允

尽管真实和公允是法律术语，但对其并没有正式的定义。真实和公允被解读为财务报表不存在重大错报，并如实反映了报告主体的历史经营成果和财务状况。

尽管需要考虑财务报表是否符合会计准则和公司法的规定，但财务报表是否真实和公允最终还是由审计师进行专业判断。

### 重要性

重要性是审计的核心概念，它有助于审计师识别和测试重大交易或账户余额，而不是所有余额。它还用于确定审计过程中发现的任何差异是否需要纠正或调整。

在审计工作开始时就需要设置重要性水平。重要性水平的金额通常与被审计单位的利润和资产相关。例如，设置税前利润的 5% 为利润的重要性水平，设置总资产的 1% 为资产负债表的重要性水平。

大于重要性水平的交易或账户余额将被归类为重要项目，由审计师进行审查。此外，如果审计师发现的错报金额大于重要性水平，他们将要求董事会更正错报。如果公司拒绝调整，将对审计意见产生影响（见下文）。

## 内部审计

大型公司通常设有自己的内部审计部门。内部审计在性质、目的和范围上都与外部审计不同。

内部审计的范围和目的由公司决定，内部审计工作由该公司员工执行。内部审计的重点通常包括测试（并提出改进建议）公司的内部控制制度、舞弊发现制度以及追求工作效率的改进。

虽然没有对外部审计利用内审的工作进行要求，但外部审计可以寻求依靠内审的工作，尽管利用的部分仅限于不需要职业判断的领域，即外部审计师认为风险较低的领域。

## 小课堂

### 审计更正

当审计师不认同财务报表的某些方面时，就会对审计报告进行更正。更正取决于不确定性或错报的性质以及事项的重要性。更正的性质导致了不同的审计意见：保留意见、否定意见、无法表示意见，这些意见将在下文进一步描述。

## 保留意见

保留意见的出具通常说明财务报表存在或可能存在重大错报，但这些错报限于财务报表中的一个或几个具体要素（例如数字或披露）。

在下列情况下，审计师将出具保留意见的审计报告：

1. 错报：财务报表中包含了不符合公认会计惯例的事项，尽管财务报表的其他部分是公允的。例如，如果报表中没有披露与汽车有关的折旧费用，利润表就会高估利润。

2. 不确定性：审计师无法就财务报表中的某一特定事项获得充分适当的证据，尽管这种范围上的限制不适用于审计的其余部分。例如，如果审计师无法获得足够的证据来确认企业在年底所持有存货的实物数量，那么报表中存货的余额就存在不确定性（见第 11 章存货）。

审计师应在保留意见的审计报告中加入"形成保留意见的基础"，以解释导致保留意见的事项。

审计意见段落应包括"除……以外"，以强调财务报表每个特定部分的错报或不确定性。使用这些词语是为了表明，除审计报告中提及的具体事项外，财务报表进行了真实和公允的反映。

## 否定意见

否定意见代表错报重大且具有广泛性。当错报非常重大，导致财务报表整体不真实和不公允时，审计师出具否定意见的审计报告。例如，如果一家公司以持续经营为基础编制财务报表，但审计师认为持续经营假设不适用，其会在审计意见中声明财务报表"未能进行真实和公允反映"。

## 无法表示意见

无法表示意见代表不确定性重大且广泛。例如，如果财务信息已被销毁或无法检索，董事将无法向审计人员提供进行审计所需的信息和解释。在这种情况下，审计师无法完成审计工作，因此不会对财务报表发表意见。

如果管理层对审计范围施加了限制，并且审计师认为这种限制可能是普遍存在的，在适用法律或法规切实可行的情况下，审计师应放弃该审计业务。例如，董事拒绝提供进行审计工作所需的信息或解释时，就可能出现这种情况。

## 持续经营

（另见第 25 章破产和持续经营风险。）

公司财务报表必须包括一份声明，阐明董事对公司在可预见的未来（至少自财务报表批准之日起 12 个月）持续经营能力的判断。董事会需要说明继续以持续经营假设编制财务报表是否适当。

这项声明由审计师审阅，并在审计报告中引用。如果审计师同意董事的披露，则无须对审计报告进行修改。

然而，当董事对企业的持续经营能力存在怀疑时，他们需要在财务报表中解释存在的不确定性。例如，一家公司可能会遭受重大诉讼，这可能会影响其未来持续经营的能力。在这种情况下，董事将被要求进一步披露，包括诉讼的细节及其对企业持续经营的潜在不利影响。如果审计师认为这些披露是充分且适当的，则出具无保留意见的审计报告。但是，审计报告将包含一个额外的"强调事项"段落，以强调不确定性的存在。在审计报告中列入这一段是为了提醒报表使用者注意这一重大不确定性。

如果审计师不同意董事关于持续经营的披露，他们将出具否定意见的审计报告（见上文）。

## 想一想

1. 董事对公司财务报表的编制负有法律责任，但审计师经常因未能发现财务报表中的舞弊行为而受到投资者的指责。

（1）这是为什么？

（2）董事和审计师是否应该分担发现舞弊的责任？

（3）如果是这样，你认为他们是否应该平均分担这一责任？

2. 小公司不需要进行年度审计。思考审计可以带来的好处，以及是否所有的公司，无论大小，都应该接受审计。

3. 以某家公司为例思考以下场景。如果审计师与董事在一个重大事项上意见不一致，导致审计师出具非无保留意见的审计报告，作为股东，你对该公司管理层的信心或信任程度会有什么变化？

4. 在网上搜索过去 5 年内收到外部审计师非无保留意见的英国公司。

（1）你找到了多少家公司？

（2）你认为收到非无保留意见的公司是更多还是更少？

（3）你能从中得出什么结论？

如果你想了解作者对这些问题的看法，请访问 financebook.co.uk。

## 看报表

审计报告包含在年度报告中，它是面向公司全体股东的。

## 摘自格雷格斯公司 2020 年年度报告中的审计报告（第 104 页）

> **独立审计报告**
>
> 格雷格斯公司的全体股东：
>
> **1. 无保留意见**
>
> 我们审计了格雷格斯公司截至 2021 年 1 月 2 日的 53 周的财务报表，包括合并利润表、合并综合收益表、资产负债表、所有者权益变动表、现金流量表和包括会计政策在内的相关附注。

我们认为：
- 财务报表真实公允地反映了截至 2021 年 1 月 2 日的集团和母公司的财务状况，以及截至期末的集团经营成果；
- 合并财务报表按照《2006 年公司法》要求的国际会计准则的规定编制；
- 母公司个别财务报表按照《2006 年公司法》要求的国际会计准则的规定编制；
- 报表编制符合《2006 年公司法》的要求，合并报表在适用范围内按照 IAS 条例第 4 条编制。

**形成审计意见的基础**

我们按照国际审计准则的规定执行了审计工作。我们的责任在后文进行了阐述。我们相信，我们获取的审计证据是充分、适当的，为发表审计意见提供了基础。我们的审计意见与向审计委员会提交的报告一致。

1984 年我们首次被公司委任为审计师。截至 2021 年 1 月 2 日，不间断担任审计师总共超过 37 个会计年度。按照英国的职业道德要求，包括适用于上市公众利益实体的英国财务报告理事会道德守则，我们独立于格雷格斯公司，并履行了职业道德方面的其他责任。我们没有提供道德守则禁止的非审计业务。

| 总览 | | |
|---|---|---|
| 重要性水平：集团层面 | 5 000 000 英镑（2019 年：5 000 000 英镑） | |
| 覆盖范围 | 集团税前亏损（2019 年为利润）的 100%（2019 年：100%） | |
| 关键审计事项 | | 与 2019 年相比 |
| 经常性风险 | 固定收益养老金计划负债的估值 | ◀▶ |
| 事项 | 新：持续经营 | ▲ |
| | 新：公司管理的商店、工厂和设备以及使用权资产的可收回性 | ▲ |

**2. 关键审计事项：我们对重大错报风险的评估**

关键审计事项是那些在我们的职业判断中对财务报表审计最重要的事项，包括对重大错报（无论是否由于舞弊）风险的评估，以及以下方面影响最大的事项：总体审计策略；审计中资源的配置；审计团队的工作方向。在得出上述审计意见时，我们按照重要性的递减顺序总结了关键审计事项，以及我们处理这些事项的关键审计程序，以及（按照公众利益实体的要求）我们从这些程序中得出的结论。这些事项都得到了处理，我们对整个财务报表进行了审计，基于我们所采取的程序，形成结论并形成审计意见，因此我们不就这些事项提供单独的意见。

> **实务关注点**
>
> 非无保留审计意见及其原因。
>
> 注意，实务中非无保留审计意见是相当罕见的，因为在审计中发现的错报往往会通过董事会对财务报表进行必要的调整来更正。
>
> 当某一公司的审计报告类型是非无保留意见时，必须阅读其审计报告来了解原因，即非无保留意见的出具是由于存在重大错报，还是由于无法获取充分、适当的审计证据，例如没有证据证实交易或余额。
>
> 非无保留意见凸显了审计师对财务报表信息的担忧，因此，在面对股东和其他利益相关方的质疑时，董事会可能会被要求给予解释。在这种情况下，要注意董事会披露的信息。
>
> 非无保留意见是否会对股价产生负面影响？（来自世界各地的大量研究表明，当非无保留意见的审计报告发布时，几乎没有证据证明股价会受到影响。）

# 21
# 公开信息

> 非上市公司就要简便很多。作为一家私营公司，你不必向公众披露信息……
> ——马克·里奇
> 嘉能可公司创始人

### 一分钟小结

与个人独资企业和合伙企业不同，公司承担有限责任。这意味着所有者除了投入企业的资金，不会再有更多的亏损。

在有限责任带来好处的同时，公司必须披露有关其活动的信息，包括董事和股权的详细信息。这些信息都是公开的，可以在 Companies House 网站上免费查看。

公司必须每年在 Companies House 网站上提交一份确认声明，以确认其提交和公开的信息是正确且最新的。

公司还必须每年提交财务报表，不过只有规模较大的公司才需要进行广泛的财务披露。

董事会对在规定的提交截止日期前向 Companies House 网站提交信息负有法律责任。

## 敲黑板

所有公司都必须为股东和税务机构（英国：英国税务及海关总署）编制年度财务报表，也被称为"法定报表"。

财务信息披露的性质和程度取决于公司的规模（见下文"小课堂"专栏）。一般来说，公司规模越大，需要披露的信息就越多。

上市股份有限公司，如在证券交易所上市的公司以及大型私营公司，必须提交全部财务报表，包括：

- 利润表（损益表）；
- 资产负债表（财务状况表）；
- 附注（提供上述报表中披露数字的详细信息）。

此外，公司必须公布董事会报告，列出在该年度担任董事职务的所有人名。

规模较小的公司不需要公布利润表和董事会报告。小公司还可以通过提交简化报表，进一步减少披露。简化报表只能提供非常有限的与企业业绩相关的财务信息。

所有的报表，无论是大公司还是小公司的，完整的还是简化的，都必须符合相关的会计准则和公司法的要求（见第 19 章会计和财务报告准则和第 20 章外部财务审计）。

## 为什么以及何时重要？

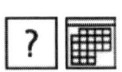

**财务报表**

编制财务报表是董事的一项法律责任。董事必须在法定期限内编制（或承担编制责任）和公布财务报表。上市公司和私营公司的截止日期有所不同：

- 上市公司：财务报表必须在公司年终（资产负债表日）后的 6 个月内公布。
- 私营公司：财务报表必须在资产负债表日后的 9 个月内公布。

（在特殊情况下可以延长时间，如新冠疫情。）

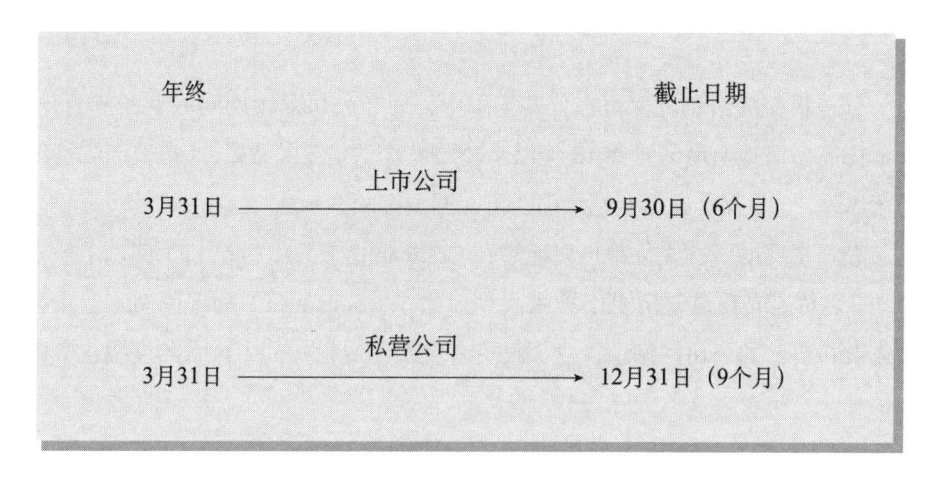

```
        年终                              截止日期

                        上市公司
        3月31日 ─────────────────→ 9月30日（6个月）


                        私营公司
        3月31日 ─────────────────→ 12月31日（9个月）
```

Companies House 网站将对逾期披露财务报表的公司处以罚款，并可能采取措施要求未披露财务报表的公司退市。

**董事信息**

公司必须向 Companies House 网站提供董事的详细资料，例如每位董事的住宅地址。只有当住宅地址为公司的注册地址或董事的工作地址时，这些信息才会公开。

Companies House 网站对如何使用公开信息没有任何限制。因此，将家庭地址注册为办公地址的董事可能会收到陌生邮件（或债权人的拜访）。抵押贷款或担保协议可能会阻止或限制将家庭地址用于商业目的，贷款人或保险公司可能会定期审查可获得的公开信息，以确认没有发生违约。

**确认声明**

公司每年都需要提交确认声明，包括终止经营的公司。董事在确认声明中确认提供给 Companies House 网站以及公开披露的与公司相关的信息是正确且最新的。披露的信息包括注册地址、主要经营活动、股本、股东名单和持股比例。

虽然在截止日期后提交确认声明不会被罚款，但是，如果公司未能提供规定的信息，Companies House 网站可能会对公司董事会采取法律措施，最终将公司除名。

## 涨知识

公司提交的信息将保留在公共记录中，即在公司存续期间一直保持公开。为了提高公司透明度，自 2010 年以来公司破产的信息（见第 25 章破产和持续经营风险）也被保存在公共记录中，可在网上查阅。

公司提交的所有文件都可以通过在 Companies House（gov.uk）网站上搜索公司（名称）或在提交历史中搜索找到。除了 Companies House 网站，上市公司还会在自己的公司网站上设立"投资者关系"专栏，其中包含年度报告等财务信息。

## 董事薪酬

董事的薪酬（工资、奖金、长期激励、养老金、津贴）是大家关注和感兴趣的领域，上市公司尤其如此。

披露情况取决于公司的规模和性质：

- 小型非上市公司无须披露董事薪酬，除非薪酬不符合"正常市场情况"（虽然法律中没有定义这一术语，但可以参照外部招聘董事担任类似职位所需支付的薪酬）。

- 对于规模较大的非上市公司，如果支付给董事的所有薪酬总额超过 20 万英镑，就需要进行有限披露。在这种情况下，只需要披露向薪酬最高的董事支付款项的细则（注意：薪酬最高的董事的身份不必披露）。

- 根据证券交易所上市规则的规定，上市公司必须分别披露向每名董事支付的薪酬。披露的数字必须反映支付给每位董事的薪酬总额，无论这些薪酬以何种方式"支付"（即无论是工资、奖金、长期激励还是退休金）。

## 小课堂

### 规模与披露要求

2020 年 12 月 Companies House 网站注册指南的规模条件及其披露要求如下：

| 公司类型及标准 | 终止经营的公司：会计期间无重大会计交易 | 非常小的（微型）公司——由规模标准定义： <br>• 营业收入不超过 632 000 英镑 <br>• 资产总额不超过 316 000 英镑 <br>• 每月平均员工不超过 10 人 | 小公司——由（更高的）规模标准定义： <br>• 营业收入不超过 10 200 000 英镑 <br>• 资产总额不超过 5 100 000 英镑 <br>• 每月平均员工不超过 50 人 | 上市公司和其他大型公司： <br>• 不符合小微公司，或中*小型公司标准的 |
|---|---|---|---|---|
| 披露要求 | • 无须披露董事会报告 <br>• 无须披露利润表 <br>• 资产负债表 <br>• 资产负债表附注 | • 无须披露董事会报告 <br>• 无须披露利润表 <br>• 包含基本信息的资产负债表摘要 <br>• 财务报告准则第 105 号（FRS 105）要求披露的附注 | • 无须披露董事会报告 <br>• 可选择不披露利润表，但必须在显著位置披露该选择 <br>• 经全体股东同意，可编制并提交简化资产负债表（"简化"是指允许将某些信息合并到资产负债表中，从而减少公开披露） <br>• 财务报告准则第 102 号（FRS 102）要求披露的附注 | 需要进行完整的披露： <br>• 董事会报告 <br>• 利润表 <br>• 资产负债表 <br>• 报表的所有附注 <br>• 审计报告 |
| 审计要求 | 除非持有公司已发行股本面值至少 10% 或持有公司任何类别股份 10% 的股东要求进行审计，否则不需要进行审计 | | | 要求进行审计（见第 20 章外部财务审计） |
| 递交给股东的报表 | 必须包括董事会报告 | • 无须包括董事会报告 <br>• 利润表 <br>• 资产负债表 <br>• 财务报告准则第 105 号（FRS 105）要求披露的附注 | 无须包括董事会报告 <br>• 利润表 <br>• 资产负债表 <br>• 财务报告准则第 102 号（FRS 102）要求披露的附注 | 所有的报表： <br>• 董事会报告 <br>• 利润表 <br>• 资产负债表 <br>• IFRS/FRS 要求披露的附注 <br>• 审计报告 |

| 递交给英国税务及海关总署（HMRC）的报表 | 不需要递交纳税申报表，所以不需要递交报表（HMRC每5年核实一次终止经营状态） | 和递交给股东的版本一致 |
|---|---|---|

\* 中型公司（定义为营业收入不超过 43 200 000 英镑，资产总额不超过 21 600 000 英镑，每月平均员工不超过 250 人的公司）的披露要求与大公司类似（尽管要求更少）。

## 在 Companies House 网站可获得的公开信息

可获得的信息包括：

- 董事详情（见下文）及董事变更（任命及辞职）；
- 公司秘书详情（如有）；
- 注册地址；
- 公司状况；
- 公司类型；
- 公司性质；
- 文件提交历史记录；
- 重大持股（所持股份超过 25%）人员详情；
- 股本（公司已发行股份的数量）；
- 股东名称及持股情况。

## 董事——公开的个人资料

- 全名；
- 出生年月；
- 国籍；
- 职业；

- 常住国家；
- 通信地址（住宅或其他）。

## 想一想

1. 私营公司和上市公司公布财务报表的时限是否合理？是否应缩短或延长？

2. 利用 Companies House 网站公开的信息来评估一家小公司的经营成果和财务状况是否容易？

3. 思考小规模公司豁免部分披露要求是否合适，以及对公司监管的潜在影响（另见问题 4）。

4. 根据公司规模的不同，不同的披露要求会有什么影响？请从投资者、员工和贷款人的角度思考。

5. 思考所有公司的财务报表提供一致和可比的财务信息带来的好处。

如果你想了解作者对这些问题的看法，请访问 financebook.co.uk。

## 看报表

| 信息 | 如何获得 | 格雷格斯公司 |
| --- | --- | --- |
| 财务报表批准日 | 资产负债表中包含董事会签署和批准的日期 | 2021 年 3 月 16 日 |
| 年度报告公布日 | 格雷格斯公司官网（投资者） | 2021 年 4 月 13 日 |
| 确认声明提交日 | Companies House 网站中可以找到确认声明及其提交日期 | 2021 年 4 月 19 日 |

> **实务关注点**

- 公司年龄。
- 经营历史。
- 经常（超过一年一次）提交确认声明。
- 频繁更换董事。
- 股权的变化。
- 变更公司财年。
- 频繁更换地址。
- 资本结构的变化。
- 公司章程的变化。
- 财务报表披露日期（例如，对于上市公司而言，延迟披露可能表明其存在重大或不寻常问题的影响）。

# 22
# 公司治理及举报

> 真正的公司治理机制是股东的积极参与。
>
> ——路易斯·郭士纳
> IBM 公司前 CEO 兼董事长

### 一分钟小结

公司治理（corporate governance）是指"管理"公司（即指导和控制）的制度。"良好"的公司治理可以防止董事做出有利于自己而损害股东利益的决定。

英国的公司治理准则已经发展了三十多年。英国公司治理准则是由一系列原则和配套条款组成的，旨在指导董事采取最佳做法，以确保企业的长期可持续发展。该准则适用于所有在英国证券交易所上市的公司。董事必须每年报告其是如何应用和遵守准则规定的。

英国公司治理准则的制定者认识到让员工指出公司运营问题的重要性和必要性。举报是指员工报告公司的不当行为（如舞弊、违法或不道德行为）。揭发不当行为的告密者（在某些情况下）受到《1998年公益披露法》的保护。

公司治理准则在不断发展和演变，因为新的公司失败案例为如何更好地管理和控制企业以保障股东和利益相关者的利益提供了更多的启发和教训。

# 敲黑板

## 公司治理

当公司所有权和控制权分离时，公司治理成为一个关键问题。

在上市公司中，总是由被委托的董事而不是拥有公司的股东来管理公司。这就形成了一种代理关系，在这种关系中，通常不参与公司日常运营的股东必须依靠董事（"代理人"）利用他们的专业知识来为股东的利益经营公司。这种代理关系产生了一种自利风险，即董事可能会做出符合他们自己利益而不是股东利益的决定。

## 英国公司治理准则

英国公司治理准则阐述了英国处理这种委托代理风险的方法。它适用于优质上市公司（在英国证券交易所最引人注目的上市公司）。公司治理准则自首次颁布以来，30多年间经过了多次更新。如今英国公司治理准则的形成，尤其受到一些知名企业破产的影响，包括20世纪90年代初的麦克斯韦通信公司（Maxwell Communications）和勃利·派克公司（Polly Peck）、21世纪末金融危机期间的北岩（Northern Rock）和苏格兰皇家银行，以及最近的英国时尚和家居用品零售商BHS公司。

## 原则和条款

英国公司治理准则中的原则和条款，旨在使董事的利益与股东及其他利益相关者（员工、顾客、供应商、退休人员等）的利益保持一致。

| 原则 | 条款 |
| --- | --- |
| 上市公司必须每年向股东报告它们是如何应用原则的。 | 上市公司应遵守英国公司治理准则中的条款。但是，公司可以在董事认为有正当理由的情况下不遵循某一条款。如果不遵循条款，公司应解释不遵循的原因，以及采用的替代方法如何与原则相一致。这种方法被称为"遵循或解释"。 |

## 私营公司

2019 年之前，公司治理准则只针对上市公司，没有要求私营公司遵守。最近的情况表明，不仅上市公司破产会给利益相关者带来损失，大型私营企业破产也会。例如，2016 年 BHS 公司（一家大型私营公司）的倒闭，导致数千名员工失去了工作和养老金福利。

为了应对这种情况，2019 年 1 月专门针对大型私营公司推出了名为"The Wates Code"的新准则。在这份准则中，大型公司指的是雇佣大量员工（超过 2 000 名员工）或拥有巨额营业收入（超过 2 亿英镑）的公司。

将良好的公司治理准则推广至大型私营公司，能进一步降低公司倒闭的风险，同时增强股东及利益相关者对公司正常经营的信心。

## 举报

举报是指员工报告公司的不当行为（如舞弊、违法或不道德行为）。

当举报者的披露是为了公众利益时，举报者受到法律的保护。这一保护措施旨在鼓励员工在发现组织中的不当行为时大胆发声。

《1998 年公益披露法》保护员工在揭发不当行为时免受雇主的针对或伤害。英国公司治理准则要求董事会设定完备的举报程序。

## 为什么重要？

董事的合规声明旨在让投资者相信，他们正在应用最合适的原则，并以股东利益最大化以及更广泛的利益相关者的利益为经营目标。

## 实务中

遵守英国公司治理准则并非法律要求，但遵守英国证券交易所的上市要求是必须的。虽然公司董事应该应用这些准则或解释任何与准则不符的情况，但这样做并不能确保企业的成功。遵守准则并不能取代成熟的商业战略。同样，不遵守一项或多项规定并不意味着企业会产生问题或导致失败。

根据 Grant Thornton（一家审计和咨询公司）的数据，2020 年，英国最大的上市公司（英国富时 350 指数）中只有 59% 完全遵循了准则。此外，只有 32% 的公司向股东解释了它们是如何应用这些准则的。

## 涨知识

### 发展历程

英国公司治理准则代表了三十多年来公司治理发展和完善的历程。在此期间，设立了多个委员会，就公司（董事会）应如何管理、董事的薪酬、如何加强财务报告和审计，以及改善与股东的沟通提供指导。

**原则导向**

英国公司治理准则由一系列原则组成，原则导向认为每个企业都是独特的，"通用"的治理方法不太可能起作用。因此，治理准则要求企业遵守其中的"精神"，而不是准则的文字。虽然企业应该应用本准则中的原则，但允许不遵守详细规定的情况存在，前提是必须说明不遵守的理由。以原则为导向的方法具有灵活性，同时可以避免形成过多的规定。

**规则导向**

英国的公司治理方式不同于其他国家，尤其是美国。美国上市公司从来没有统一的公司治理准则。相反，美国上市公司需要遵守包括《证券法》和《萨班斯-奥克斯利法案》（Sarbanes-Oxley）在内的一系列联邦法规。与英国不同，遵守这些公司治理法规是一项法律要求。

有人质疑，遵守规则比遵守原则更明确。相反，由于无法选择最适合组织性质（例如，反映组织的规模或发展阶段）的规则，规则导向会导致灵活性的丧失。

## 公司董事

公司由在董事会会议上做决定的董事经营。所有董事会成员（执行董事和非执行董事）都应出席。所有董事必须对公司的决定和行动承担集体责任。

英国公司治理准则建议，董事会应由执行董事（executive directors）和非执行董事（non-executive directors）组成。

正如其名，执行董事负责公司的日常管理，而非执行董事则不负责公司的日常管理。此外，非执行董事应该是代表股东利益的独立外部人士，而且近期不应与公司有任何往来。如果非执行董事在公司有个人或商业利益，或者他们获得的报酬超过了商定的董事费，其独立性就会受到损害。非执行董事的作用是在董事会中充当股东的"眼睛和耳朵"。实际上，非执行董事有助于填补大公司中存在的所有权与控制权（代理）之间的空隙。

但是，当非执行董事持有公司股份时，依然视为其具有独立性。

### 委员会

英国公司治理准则建议董事会下设三个委员会作为补充。每个委员会都由董事会授权，专注于公司治理的某些具体方面。

三个委员会的主要宗旨概述如下：

| 委员会 | 主要宗旨 | 构成 |
| --- | --- | --- |
| 提名委员会 | 评估董事会成员技能、经验、独立性和知识的均衡性，并主导董事会的任命程序 | 主要为独立董事 |
| 审计委员会 | 确保公司财务报表的完整性 | 至少有三名独立董事，其中至少一名董事有相关财务经验 |
| 薪酬委员会 | 确定执行董事的薪酬 | 至少有三名独立董事 |

注意，董事会可以设立它认为必要的其他委员会。例如，许多公司现在都设立了一个风险委员会，以协助董事会监督公司风险管理的有效性。

## 举报

员工通常是第一个注意到公司违规行为的人，因为他们在公司工作（因此离公司最近）。举报，即报告公司不法行为，被认为是协助公司治理的重要机制。然而，员工并不是在所有情况下都受到保护。员工只有在为公众利益做出所谓的合格披露（qualifying disclosures）时才会受到保护。合格披露是指员工合理地认为下列一个或多个事项已经发生、正在发生或将来可能发生而作出的信息披露：

- 犯罪行为；
- 违反法律义务；
- 不公正行为；
- 对任何人的健康和安全构成威胁；
- 破坏环境；
- 企图故意隐瞒上述任何情况。

从程序上讲，员工应该先向管理层披露，但如果他们认为不能遵守公司的程序，则应向指定人士（prescribed person）披露。指定人士是指商业、能源与产业战略部（Business, Energy and Industrial Strategy，BEIS）公布的指定人士名单上的个人（或团体）。该名单包括国会议员、教育标准局（教育服务）、医疗质量委员会（卫生和社会护理服务）和信息专员（数据保护问题）。

## 《管理守则》

根据英国国家统计局（2018年统计公报或英国报价股票所有权情况），只有13.5%的富时指数股票由个人持有。机构投资者，包括资产所有者和资产管理公司，如养老基金、保险公司、银行和投资信托，代表英国储户和养老金领取者（被称为受益人）投资股票，这些投资者与其他股票持有者对于公司同等重要。它们作为重要股东可以通过行使投票权，确保良好的公司治理。机构投资者由于没有利用其影响力来保障受益者的利益，历来被批评为消极投资者。

《管理守则》(The Stewardship Code)于2010年制定（2020年发布了新版），

以鼓励资产所有者和管理者更积极地参与公司事务。《管理守则》包含一系列原则，重点关注对受益人、经济和社会的可持续价值，其中明确提及环境、社会和治理（ESG）因素。

新版守则的结构与英国公司治理准则相似，其中有进行编号的章节、原则和附有指南的报告模板。

新版守则为机构投资者如何代表英国储户和养老金领取者进行投资提供了指导，并要求其以积极的方式参与管理和投资决策，这与受益人的长期投资时间范围相一致。

## 小课堂

### 原则和条款节选

英国公司治理准则有 18 条原则和 41 个条款。下表是原则和条款的节选。

| 原则 | 条款 |
| --- | --- |
| 董事会应该确立公司的目标、价值观和战略，并与公司文化相一致。所有董事必须正直行事，以身作则，构建理想的公司文化。（原则 B） | 董事会应该评估和监督公司文化。如果董事会认为的公司政策及其实施与公司的目标、价值观和战略不一致，则应要求管理层采取纠正措施。（条款 2） |
| 董事会应该确保员工政策及其实施与公司的价值观一致，并支持公司的长期发展。员工应当有渠道向公司提出任何其关心的问题。（原则 E） | 公司应存在可以让员工私下提出问题的制度，如果他们愿意，还可以匿名提出。董事会应定期审查这一制度以及员工的报告。董事会应对员工提出的问题进行适当和独立的调查并采取后续行动。（条款 6） |
| 董事会中执行董事与非执行董事（特别是独立董事）的比例要适当，防止一个人或一个小团体主导董事会的决策。董事会的领导和公司业务执行的领导之间应该有明确的责任划分。（原则 G） | 除董事长外，至少半数董事会成员应为独立的非执行董事。（条款 11） |

续表

| 原则 | 条款 |
|---|---|
| 董事会及其委员会应该综合具备技能、经验和知识。应考虑董事会作为一个整体的服务年限和成员的定期更新。（原则 K） | 所有董事应每年改选一次。董事会应该在选举每位董事决议的附带文件中，列出他们对公司的长期可持续发展做出的贡献之所以重要的具体原因。（条款 18） |
| 审计委员会应制定正式且透明的政策和程序，以确保内部和外部审计的独立性和有效性，以及财务报表和陈述性报告的完整性。（原则 M） | 审计委员会的主要职责包括：<br>• 监督和审查公司内部审计职能的有效性，如果没有内部审计，考虑是否需要增设，并向董事会提出建议。<br>• 审查和监督外部审计的独立性和客观性。<br>（条款 25 节选） |
| 董事会应该对公司的现状和前景做出公允、可靠和可理解的评估。（原则 N） | 在考虑公司目前状况和主要风险的基础上，董事应在年度报告中解释他们是如何评估公司的前景的，对哪个时期进行了评估，以及为何选择这个时期。董事应说明其是否有合理的预期，认为公司可以持续经营下去、按期偿还债务，在必要时提醒报表使用者注意董事使用的假设。（条款 30）（见第 25 章破产和持续经营风险。） |
| 公司应当设立正式且透明的程序，以制定管理人员薪酬政策并确定董事和高管的薪酬。董事不应参与决定自己的薪酬。（原则 Q） | 薪酬计划和政策应具有变通性，避免程式化结果。薪酬政策应包含公司能够收回奖金或股权激励的规定，并规定适用情况。（条款 37） |

## 想一想

1. 解释为什么英国公司治理准则还在不断改进。

2. 假设你正在考虑购买一家上市公司的股票。该公司的公司治理报告披露，其没有遵守英国公司治理准则的若干条款。这是否会以及会如何影响你的投资决策？

3. 如果公司的员工认为管理层正在进行不正当活动，他们应该怎么做？

4. 对于公司治理来说，以原则为导向和以规则为导向两种方法的优缺点各是什么？

5. 关注有关企业经营失败的商业新闻（如 BHS 公司、Carillion 公司）。思考其失败的原因，特别是董事在其中扮演的角色，以及从中学到的改进公司治理的经验教训。

6. 养老金和投资研究顾问（Pensions & Investment Research Consultants，PIRC）等监督网站对公司遵守准则的情况发表了独立看法。PIRC 就股东大会如何投票提出建议，包括是否任命或连任董事。

如果你想了解作者对这些问题的看法，请访问 financebook.co.uk。

## 看报表

摘自 2020 年年度报告中的治理报告一节（第 59 页）。

> 敬请您阅读之后的内容，其中列出了我们全年中如何遵守《英国公司治理准则（2018）》，以及我们在第 51 页和第 67 页至第 70 页的声明，描述了董事如何根据《2006 年公司法》第 172 条履行对于主要利益相关者的职责。
>
> 伊恩·杜兰特（Ian Durant）<br>董事长<br>2021 年 3 月 16 日

## 摘自格雷格斯公司 2020 年年度报告和账目（第 77 页）

> **举报**
> 公司的举报政策通过内部网络和张贴在整个公司的海报向所有员工开放。这给员工提供在严格保密的情况下提出问题的途径。本年度没有重大的披露，但报告的四个问题均与店铺和生产场所的员工行为有关。所有事项都直接向审计委员会主席报告。已对所有问题进行了调查，并采取了适当行动解决这些问题。

**实务关注点**

- 董事会和委员会的组成。
- 不符合英国公司治理准则的地方，以及对不遵守准则的解释。
- 非执行董事的独立性。
- 与公司业绩不相符的执行董事薪酬。
- 年度报告中对于举报人政策的描述（是否充分）。

# 第 5 部分 评估财务状况

# 23
# 盈利能力指标

> 利润不应是企业的合理目标。企业的目标应当是提供人们需要的产品或服务,并将其做到极致,从而实现盈利。
>
> ——詹姆斯·劳斯
> 美国房地产开发商、社会活动家和慈善家

**一分钟小结**

利润通常被视为企业的主要财务目标。

然而,更重要的是,在考虑投入资本的情况下如何衡量所产生的利润。与利润相比,投资回报率更能衡量企业的财务成果。

为了实现长期生存,企业必须确保其投资回报大于融资成本。

## 敲黑板

### 为什么重要?

为了取得长期成功，企业应定期监控盈利能力绩效目标的完成情况。

由于创造利润需要投入资本，因此投资回报率应当作为企业的主要财务业绩指标。

下面定义了四个重要的基于利润的绩效衡量指标。

**1. 毛利率（gross profit margin，GPM）**

$$毛利率 = \frac{毛利}{收入} \times 100\%$$

毛利衡量的是价格与直接成本（或销售成本）之间的差额（见第3章利润表）。如果企业能够提高价格或降低直接成本，那么毛利就会增加。

毛利率不同于"绝对"毛利。虽然销售量增加会导致毛利的绝对数增加，但毛利率可能保持不变或下降，这取决于"销售成本"相较于销售额的增长速度。

**2. 营业利润率（operating profit margin，OPM）**

$$营业利润率 = \frac{营业利润}{收入} \times 100\%$$

营业利润率衡量的是价格和所有营业成本之间的差额，包括直接和间接成本（日常营运费用），它可以用来评估企业控制营业成本的能力。

如果企业的营业利润率比毛利率低很多，则表明企业有大额的固定营业成本，不可随意削减。

**3. 净利率（net profit margin，NPM）**

$$净利率 = \frac{净利润}{收入} \times 100\%$$

净利润是指税后利润，通常被称为"底线"（见第3章利润表）。

净利润衡量的是价格与所有成本（直接成本、间接成本、利息和税费）之间的差额，它可以用来评估企业控制所有成本的能力。

**4. 投资回报率（return on investment，ROI）**

$$投资回报率 = \frac{收益}{投资} \times 100\%$$

投资回报率衡量的是"收益"占所需"投资"的百分比。

| 收益 | 投资 |
| --- | --- |
| 与利润相关的定义，例如"营业利润""税后利润"。 | 从资产负债表中获得的相关投资额，例如"净资产"。 |

有关"收益"和"投资"定义的更多信息，请参见下文的"小课堂"专栏。

从投资的角度来看，投资回报率使外部利益相关者（如股东）能够评估企业，并将其与其他竞争投资机会相比较。对于大型公司和上市公司来说，这一比率可以很容易地根据公开信息计算出来，因此投资回报率是分析师和投资者常用的财务绩效衡量指标。

对于许多企业来说，内部使用的财务绩效指标与外部评估企业使用的指标保持一致是有意义的，因此投资回报率也是一种常用的内部绩效指标。

## 实务中

**投资回报率最大化**

实务中，企业会使用多种策略来使投资回报率最大化，例如：

- 提高价格；
- 降低直接成本；
- 控制营业成本；
- 降低财务成本；
- 增加经营活动数量但以不同比例增加营业成本；
- 最小化投资与最大化投资；
- 改变产品、服务或业务组合。

下面将更详细地讨论其中的两种策略。

**最小化投资与最大化投资**

企业可以采取短期或长期的方法来使投资回报率最大化。

在短期内，简单地减少投资，或让资产减值（见第 9 章有形固定资产和折旧），可以提高投资回报率。因此，这种方法有时会鼓励短期行为。短期决策可能会潜在地扭曲投资回报率，从而导致负面的长期后果。例如，陈旧的生产设备对生产效率和产品质量的影响，机器故障成本和维护成本的不断增加。

将投资回报率最大化的一个更有效的方法是关注长期回报。投入新的资本是提高企业整体长期盈利能力和投资回报率的方法。例如，企业可以投资新的零售网点，投资厂房和设备，或者进行研发。

**改变产品、服务或业务组合**

推出具有更高投资回报率的新产品、服务，甚至收购新的业务，可以提高企业整体投资回报率。

联合利华公司就是一个很好的例子，它不断地调整品牌组合。例如：

- 2017 年，联合利华出售了利润率相对较低的业务（黄油和人造黄油）；
- 2018 年，它收购了利润率相对较高的 Horlicks 品牌；
- 2019 年，它收购了英国领先的健康零食品牌 Graze；
- 2021 年，它出售了利润率相对较低的茶叶业务。

2021 年，英国《金融时报》援引联合利华首席执行官阿兰·乔普（Alan Jope）的话，"对于那些没有良好增长潜力的品牌来说，时不我待"[①]。

# 涨知识

**投资回报率的驱动因素**

作为单一比率，投资回报率只是一个目标。为了更有效地管理企业，可以

---

① ft.com/content/66cc51f4-1ec3-4299-a7a7-ba152917947b

将投资回报率进行分解。

为了分析投资回报率的驱动因素,我们可以将"收入"与"营业利润"和"投资"同时联系起来。有关计算投资回报率的其他方法,请参见"小课堂"专栏。

| 1. 营业利润率 | 2. 资产周转率 |
|---|---|
| 如前所述:<br>$$营业利润率 = \frac{营业利润}{收入} \times 100\%$$ | $$资产周转率(次数) = \frac{收入}{总资产}$$<br>资产周转率将收入与投入的资产联系起来,它衡量的是资产的利用率。尽管它与营业利润率相比更不常用,但它对投资回报率的贡献与营业利润率同样重要。 |

因此,得到等式:

$$营业利润率 \times 资产周转率 = 投资回报率$$

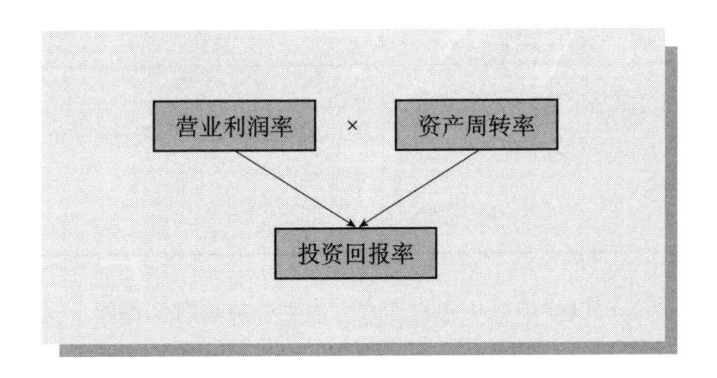

$$\frac{营业利润}{收入} \times \frac{收入}{总资产} = \frac{营业利润}{总资产}$$

## 示例

通过两个例子的对比,我们可以看到投资回报率驱动因素之间的相互关系以及不同的改进途径。

| A 公司 | B 公司 |
|---|---|
| 作为一家超市，A 公司的营业利润率低至 3%，资产周转率高达 5，这表明超市成功的关键是快速周转。尽管利润率很低，但超市仍然可以盈利，并且实现 15% 的投资回报率。 | B 公司为大型制造商，营业利润率高达 25%，但资产周转率只有 0.6。大型制造商需要在厂房和设备方面投入大量资本，因此其成功的关键是提高利润率。这使得 B 公司能够实现与 A 公司相等的 15% 的投资回报率。 |
| 营业利润率 × 资产周转率 = 投资回报率<br>3% × 5 = 15% | 营业利润率 × 资产周转率 = 投资回报率<br>25% × 0.6 = 15% |

A 公司和 B 公司的例子表明，企业有不同的方式来实现合理的投资回报率，同时也体现了理解投资回报率驱动因素的重要性。

## 小课堂

尽管投资回报率的概念被广泛使用，但对分子"收益"和分母"投资"的定义可以有很多种，因此投资回报率的计算方法也有很多种。

| "收益"的可能定义 | "投资"的可能定义 |
|---|---|
| 营业利润 | 总资产 |
| 息税前利润 | 已动用资本（总资产减去流动负债） |
| 息后税前利润 | 净资产 |
| 税后利润 | 所有者权益 |

上述定义都可以使用意味着有许多方法来计算投资回报率。常见的投资回报率公式有：

| 缩写 | 全称 | 具体内容 | 计算公式 |
|---|---|---|---|
| ROTA | 总资产回报率 | 用于计算收益占公司所有资产的比例。有助于比较资产密集型行业公司的资产使用效率，无论其融资和资本结构如何。 | 营业利润 / 息税前利润<br>总资产 |

续表

| 缩写 | 全称 | 具体内容 | 计算公式 |
|---|---|---|---|
| ROCE | 已动用资本回报率 | 用已动用资本衡量投资。已动用资本与营业利润更为相关。<br>有助于评估管理绩效,可能是最常用的投资回报率指标。 | $\dfrac{营业利润/息税前利润}{已动用资本}$ |
| ROE | 权益净利率 | 这一指标侧重于股权投资。以净利润,即企业股东可获得的利润,作为分子更为相关。<br>计算相对于股东投资金额的回报。有时称为ROIC（资本回报率）。<br>从股东的角度来看,可以用来比较具有类似资本结构的公司。<br>由于财务杠杆作用,ROE通常高于ROTA和ROCE（见第30章债务融资和第26章长期偿债能力指标）。<br>ROE表示考虑融资成本后的收益,即履行对债权人的承诺后的收益。 | $\dfrac{净利润}{所有者权益}$ |
| RONA | 净资产收益率 | 用净资产（总资产减去长期负债和流动负债）代替ROE中的所有者权益进行计算。<br>见第4章资产负债表。 | $\dfrac{净利润}{净资产}$ |

## 想一想

1. 最大化投资回报率的最有效的方法是什么？

2. 哪些方法可以在短期内最大化投资回报率，但长期来看却可能有害无益？

3. 以某家公司为例，思考衡量其投资回报率的最佳方法，即分子和分母各是什么？

4. 选择一家披露了投资回报率的上市公司，例如格雷格斯公司。思考其对利润指标的调整以及计算投资回报率的方法是否合理。

如果你想了解作者对这些问题的看法，请访问 financebook.co.uk。

## 看报表

使用利润表和资产负债表中的数据可以直接计算这些比率。

有些公司会在其年度报告中披露盈利能力比率作为业绩衡量指标。计算这些比率的方法也会被披露，因为不同的公司可能会使用调整后的数字。

### 摘自格雷格斯公司 2020 年年度报告和账目

格雷格斯公司计算已动用资本回报率的方法与其他业绩衡量指标一同披露在年度报告和账目之后，摘录如下。

已动用资本回报率——计算方法是用税前利润除以当年平均总资产减去流动负债。

|  | 2020 年<br>（百万英镑） | 2019 年<br>常规项目<br>（百万英镑） | 2019 年<br>包括非常规项目<br>（百万英镑） |
| --- | --- | --- | --- |
| 税前利润（亏损） | (13.7) | 114.2 | 108.3 |
| 已动用资本： |  |  |  |
| 期初 | 580.1 | 559.3 | 559.3 |
| 期末 | 589.8 | 580.1 | 580.1 |
| 平均 | 584.9 | 569.7 | 569.7 |
| 已动用资本回报率 | (2.3%) | 20.0% | 19.0% |

## 23 盈利能力指标 / 231

**实务关注点**

尽管投资回报率可以很好地衡量财务业绩，但不要将其作为单一的衡量标准。将投资回报率及其驱动因素一起考虑，即利润率和资产周转率。

分析利润率和资产周转率的驱动因素，以进一步分析财务业绩。

对于利润率，计算每个成本类别占收入的百分比，例如，人工成本占营业收入的百分比。

对于资产周转率，计算每个主要资产类别（固定资产、存货和应收账款）占营业收入的百分比。

将财务业绩比率与同行业的其他公司进行比较。

查看公司对于所使用的投资回报率的定义。查看"利润"指标所使用的数字以及"投资"的构成。

"投资"的价值取决于公司对其资产的估值、资产已使用年限及其折旧政策（见第 9 章有形固定资产和折旧以及第 17 章重估）。

# 24

# 营运资本和流动性管理

> 销量为虚,利润为实,现金为王。
>
> ——金融界流行语

> **一分钟小结**
>
> 企业的中长期目标是管理盈利能力,短期目标则是管理流动性。
>
> 流动性是指支付到期费用和债务的能力。企业必须通过管理其"营运资本"(working capital)持有足够的现金,从而确保充足的流动性。
>
> 营运资本是流动资产(存货、应收账款和现金)与流动负债(应付账款和短期借款)之间的差额。营运资本管理是指企业在需要时有可用现金并充分利用多余现金的能力。库存现金过少可能导致企业破产,而过多的现金被困在存货中则说明资金利用效率低下。
>
> 确保有足够的流动性来继续运营,对最赚钱的企业来说也可能是一项挑战。无力偿还债务是企业破产的常见原因之一。
>
> 有效的营运资本管理有助于企业将存货和应收账款及时转化为现金(流动性来源),以满足偿付流动负债的需要。

## 敲黑板

销售商品的企业通常必须先支付购买原材料的款项，然后才能从出售所生产的商品中获得收入和现金。因此，现金收支的时间安排对营运资本管理至关重要。

## 为什么重要？

有效的营运资本管理要求公司了解其营运资本周转天数（或变现天数）。该周期是指将流动资产转换为现金所需的天数。通过将其与应付账款的到期时间进行比较，公司能够确定是否需要营运资本。

企业将存货转换为现金所需的时间越长，存货占用现金或营运资本的时间就越长。营运资本周转天数多的企业可能没有足够的现金支付应付账款，因为它无法迅速通过销售产生现金。

因此，营运资本周转天数是确定企业是否存在现金流风险的关键。

在存货或给客户延长付款期方面投入大量资金的公司会增加现金流风险，进而增加破产风险（见第 25 章破产和持续经营风险）。

营运资本与现金紧密关联，因为它代表企业的净投资，通常需要通过融资来获取。

## 示例——ABC 有限公司

ABC 有限公司是一家品牌涂料经销商，仅面向贸易客户。该公司以 30 天的信用期限从专业制造商处购买涂料，并向贸易客户提供相同的信用期限（30 天），尽管经验表明客户通常在 35 天后付款。ABC 公司有多种涂料存货，在销售前平均持有 22 天。应付账款必须在 30 天后支付给供应商以维持供应链。

|  | 周转天数 | （英镑） |
| --- | --- | --- |
| 存货 | 22 | 42 000 |
| 应收账款 | 35 | 96 000 |
| 营运资本 | 57 | 138 000 |
| 应付账款 | (30) | (58 000) |
| 营运资本需求（天数） | 27 |  |

该公司购买存货后（30 天信用期限），平均需要 22 天出售存货，还需要 35 天才能收到客户的现金。然而，它必须在 30 天后偿还应付账款。在本例中，企业需要 58 000 英镑的短期融资（现金）来支付应付账款。这笔融资需要维持 27 天，直至收到客户的现金。

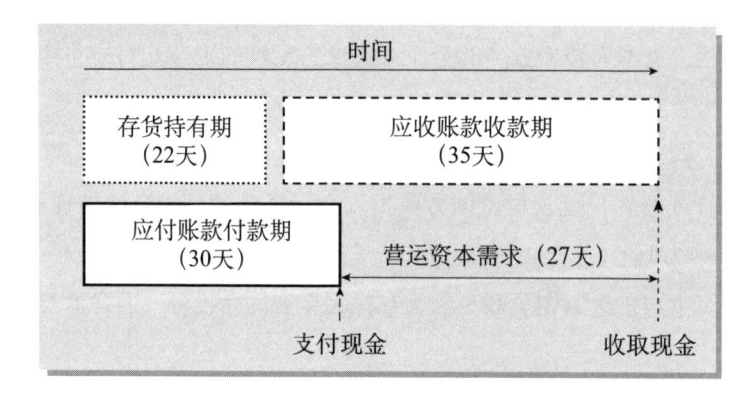

在这个例子中，除非 ABC 公司能够与供应商达成协议延迟付款，否则它将需要另一种资金来源，例如利用透支贷款。延迟付款虽然是一种选择，但供应商的回应可能是负面的，例如重新协商供应条款或取消供应合同。

不向供应商付款可能导致债权人采取法律行动追偿债务，进而可能导致破产（见第 25 章破产和持续经营风险）。

## 何时重要？

快速增长（有野心）的公司往往破产风险也很高，因为它们将销售产生的现金再投资于购买更多的存货，从而推动销售增长。董事可能没有意识到存货所占用的现金以及及时向债务人收取现金的重要性。其结果是，他们通过大量的资金使公司快速"发展"，这就是所谓的交易过度。

减少营运资金周转天数应是任何企业营运资本管理的优先事项，以避免现金短缺和破产的风险。

## 营运资本管理

管理／改善营运资本的方法包括：

- 优化存货持有。采用"Just in time"（JIT，即时制）方式订购和交付存货可以确保现金不会被存货占用（见第11章存货）。超市也运用JIT来优化库存空间以持有存货，避免发生缺货。
- 缩短应收账款收款期。强制执行信用条款可降低资金无法收回的风险。提前还款激励措施加上强有力的信贷控制可以缩短应收账款收款期。现金短缺的企业可能会选择将应收账款贴现，这是指将应收账款以折扣价向第三方出售以换取现金（见第12章应收账款和应付账款）。
- 与供应商协商。供应商以优惠的付款条件支持客户的发展可能对双方都有利。尽管能否成功通常取决于双方的相对规模和权力，但供应商的信贷条件可以协商（见下文"实务中"专栏）。
- 现金流预测。这有助于确定持有过多现金以及现金短缺的成本。在大型组织中，由财务职能部门负责这项活动（见第2章财务人员及系统）。

除了通过减少营运资本周转天数来释放现金，管理良好的企业还应该有其他短期融资来源（见第30章债务融资）。透支贷款是短期融资的一个常见来源，但需要权衡透支贷款的效益与贷款和维护的成本。

企业持有过多的营运资本也可能是管理效率低下的表现。例如，流动资产是流动负债的数倍，表明存货过多占用了现金，或者没有及时收回应收账款。这也可能表明该企业向其客户提供了过于宽松的信用条款。

## 实务中

一些企业推迟向债权人付款，以此作为满足营运资本需求的政策或策略。延迟付款的每一天实际上都是债权人为企业营运资本提供资金的一天。这种做法虽然不违法，但其道德性值得怀疑（尤其是对于那些最有可能受到大公司延迟付款影响的小供应商而言）。

大公司被鼓励公布其应付账款平均付款天数，一些公司利用这一点，通过展示其公平交易政策证明，将自己与竞争对手区分开来。政府建议大型企业签署"即时付款守则"，旨在制定支付条款的标准，并在支付行为中带来文化变革。

公司的商业模式影响其营运资本周转天数。例如，以现金为基础的零售商乐购公司的营运资本周转天数为负数。这是因为其赊购的存货通常很快就可以变现。同时，其供应商提供了宽松的信用条款。这实际上使乐购能够利用供应商来满足其营运资本需求。例如，2021年1月2日，乐购报告其营运资本为负48亿英镑。

营运资本不存在标准水平。每家企业都是独一无二的，都将面临自己的挑战或机遇，包括客户欠款坏账的风险。企业应致力于管理其营运资本，以确保其足够但又不超过营运需求。从这个意义上讲，"足够"意味着能够获得必要的营运资本，使企业能够满足已确定的短期营运资本需求以及应对坏账或客户退款。

## 涨知识

### 营运资本周转天数

营运资本周转天数是很好的绩效衡量指标。

继续以前文的 ABC 有限公司为例，对其存货、应收账款和应付账款的周转天数计算如下（假设销售收入为 100 万英镑，销售成本为 70 万英镑）：

$$存货周转天数 = \frac{存货}{销售成本} \times 365$$

$$应收账款周转天数 = \frac{应收账款}{销售收入} \times 365$$

$$应付账款周转天数 = \frac{应付账款}{销售成本} \times 365$$

ABC 有限公司：

$$\frac{42\,000}{700\,000} \times 365 \approx 22\text{ 天}$$

$$\frac{96\,000}{1\,000\,000} \times 365 \approx 35\text{ 天}$$

$$\frac{58\,000}{700\,000} \times 365 \approx 30\text{ 天}$$

通过计算这些比率可以得出营运资本周转天数（见上文），它们有助于确定相关资金缺口所需融资期限（见上文示例 ABC 公司）。

## 营运资本循环

投资者密切关注公司的营运资本循环，因为它表明了管理层在管理资产和产生现金流方面的有效性。他们还关注营运资本占销售收入的百分比，因为这可以作为与其他公司进行比较的基准。

$$营运资本与销售收入之比 = \frac{营运资本}{销售收入}$$

例如，A 公司和 B 公司都有 10 万英镑的营运资本。然而，A 公司利用其营运资本产生 100 万英镑的销售收入，而 B 公司使用相等的营运资本产生 200 万英镑的销售收入。很明显，B 公司效率更高，因为它使用相等的营运资金产生了更高的销售收入。实际上，B 公司是对同一笔资金进行了重复的利用。假设销售收入越高，利润越高，那么营运资本与销售收入之比越低的公司不仅效率越高，而且利润也越高。

投资者或收购方会评估是否需要注入额外的营运资本，以维持公司运营，或帮助公司扩张。例如，要扩大上述 ABC 公司的业务，需要现金来履行现有义务，如果要进一步发展业务，还需要额外的资金。有效的营运资本管理策略，可以减少营运资本周转天数，从而减少企业的现金需求。

一些投资者不会投资某些营运资本周转天数为正的公司，因为他们认为这些公司不具有可持续性，总是需要现金来维持和发展业务。

# 小课堂

## 流动比率

营运资本的充足性通常使用营运资本比率来衡量，称为流动比率（liquidity ratio）。

流动比率的计算公式如下：

$$流动比率 = \frac{流动资产}{流动负债}$$

当流动资产等于流动负债时，流动比率为 1。

流动比率小于 1 表示营运资本为负，因为流动负债多于流动资产。

流动比率大于 1 表示公司有足够的短期资产来支付其短期债务，但要注意前文关于时间安排的论述。其中，流动比率大于 2 通常被认为是健康的。

流动比率大于 2 也可能表明管理效率低下，即公司没有充分利用其可支配的多余营运资本。同样，流动比率高并不能保证企业能够在债务到期时偿还债务。如前所述，必须注意收款和付款的时间点，企业通常通过详细的现金流预测来确定是否需要短期融资来满足其营运资本需求。

再次使用 ABC 有限公司的例子。其流动比率计算如下：

$$流动比率 = \frac{流动资产}{流动负债} = \frac{138\,000\ 英镑}{58\,000\ 英镑} \approx 2.4$$

如前所述，流动比率大于 2 被认为是一个健康的流动性水平（见下文）。然而，尽管 ABC 公司的流动比率很高，但该公司仍有营运资本需求，因为它无法将流动资产快速变现以偿还短期债务（见上文）。绝不应孤立地使用单一指标（如流动比率）来解读公司业绩。在本例中，有必要再计算营运资本周转天数来评估企业的流动性水平。

## 速动比率

另一个衡量流动性的指标是速动比率（quick ratio）。该指标类似于流动比率，但扣除了存货。该比率突出了公司使用速动资产（即现金或类似现金的资产，如应收账款）支付负债的能力。存货被视为是"非速动性"的，因为它必须先通过出售（通常无法保证发生）才能变为应收账款，再转换为现金。

在 ABC 有限公司的例子中，其速动比率计算如下：

$$速动比率 = \frac{流动资产 - 存货}{流动负债} = \frac{96\,000\ 英镑}{58\,000\ 英镑} \approx 1.7$$

## 想一想

1. 思考为什么每家企业都应该关注其营运资本周转天数。

2. 如果一家增长型企业希望维持其营运资本周转天数（即存货、应收账款和应付账款周转天数不变），它是否需要为额外的营运资本融资？

3. 可以采取哪些策略来减少公司的营运资本周转天数？

4. 思考持有透支贷款的企业的优缺点。

5. 解释为什么一家流动比率高的企业仍然需要资金来满足其流动资金需求。

如果你想了解作者对这些问题的看法，请访问 financebook.co.uk。

## 看报表

资产负债表中的存货、应收账款和现金为流动资产。

应付账款通常与资产负债表的其他应付款项合并披露，并在附注中披露明细。

### 摘自格雷格斯公司 2020 年财务报表

（附录第 366 页）

**资产负债表**
2021 年 1 月 2 日（2019 年：12 月 28 日）

|  | 附注 | 集团 2020 年（百万英镑） | 集团 2019 年 重述（百万英镑） | 母公司 2020 年（百万英镑） | 母公司 2019 年 重述（百万英镑） |
| --- | --- | --- | --- | --- | --- |
| **流动资产** | | | | | |
| 存货 | 15 | 22.5 | 23.9 | 22.5 | 23.9 |
| 贸易和其他应收款 | 16 | 39.4 | 27.1 | 39.4 | 27.1 |
| 现金及现金等价物 | 17 | 36.8 | 91.3 | 36.8 | 91.3 |
| | | 98.7 | 142.3 | 98.7 | 142.3 |
| **负债** | | | | | |
| **流动负债** | | | | | |
| 贸易和其他应付款 | 18 | (91.1) | (142.3) | (98.8) | (150.0) |
| 流动应付税款 | 19 | — | (11.8) | — | (11.8) |
| 租赁负债 | 11 | (48.6) | (48.8) | (48.6) | (48.8) |
| 预计负债 | 22 | (4.4) | (5.8) | (4.4) | (5.8) |
| | | (144.1) | (208.7) | (151.8) | (216.4) |

### 实务关注点

公司存货持有量同比大幅增加，但销售收入没有增长。这可能表明其出售存货存在困难。

存货余额异常低的公司。这可能表明其供应存在问题，易失去销售机会。

不断增长的应收账款周转天数。逾期付款的客户占用了营运资金。这可能表明公司存在坏账风险。

不断增长的应付账款周转天数。这可能表明，公司越来越依赖供应商提供资金或存在偿还困难。如果应收账款周转天数和存货周转天数同时增加，这可能表明其难以将营运资本变现以偿还负债。

营运资本过多。

营运资本为负。

营运资本与销售收入比。随着销售收入的增长，该比率上升表明营运资本的管理效率降低。

# 25
# 破产和持续经营风险

> 审慎是无能追求的一位富有而丑陋的老处女。
>
> ——威廉·布莱克
> 诗人、画家、版画家

**一分钟小结**

　　破产是一个法律术语,用于描述公司无法偿还所欠债务的情况。这种情况可能导致破产程序,即对该实体采取法律行动,清算资产以偿还债务。

　　持续经营是一个会计概念,用来描述企业经营的连续状态。在编制财务报表时适用的持续经营假设是指,一家公司在可预见的未来持续经营,没有停止经营的意图或需要。

　　持续经营与破产相关联。一家破产的公司不能持续经营。

## 敲黑板

大多数企业在向供应商购买商品或服务时都会借贷，无论是通过向银行借款还是利用短期信贷。一家能够在债务到期时偿还债务的公司可以被称为持续经营企业。每家公司都应持续关注其现金状况，以确保能够在到期时履行其财务义务（见第 24 章营运资本和流动性管理）。然而，最近的证据表明，即使是成熟的公司也会发现，自己在需要时没有现成的现金。因此，企业可能面临破产风险。

## 为什么重要？

破产可能会影响广泛的利益相关者，包括股东、债权人、在职员工、退休人员、客户和政府。

当公司没有足够的资产来偿还债务时，债权人将遭受财务损失。股东的风险最大，因为他们是最后得到补偿的，他们将损失其向企业投资的资金（见第 29 章股权融资）。

员工可能会失去工作，也可能得不到遣散费，或者他们可能会因公司无力偿还养老金负债而面临养老金亏空。

客户也可能受到影响。例如，当 Debenhams 于 2020 年 12 月 1 日宣布其将关闭时，持有礼品卡的客户只有一个月的时间使用他们的卡，因为该公司在 2020 年 12 月 31 日后不再支持使用。

由于公司无力支付所欠法定税款，政府可能会蒙受损失。

## 何时重要？

当存在破产风险时，法律要求董事保护债权人的利益，这是为了防止已经很糟糕的财务状况变得更糟。董事有法律义务确保公司在资不抵债时不继续交易。

## 预警信号

公司董事负有"促进公司成功"的法律责任，并应确保他们能够获得信息以做出明智决策，这包括识别破产风险的预警信号。如果企业存在破产风险，他们必须采取行动。

预警指标可以为董事提供获得其他现金来源、改变战略或商业模式所需的时间。

> **破产的早期预警信号可能包括：**
> 1. 持续的损失正在发生。
> 2. 逾期税款（预扣所得税、国民保险费、公司税、增值税（见第8章企业税收））。
> 3. 现有或新债权人将公司置于"即收即付"条款下。
> 4. 频繁更换供应商（现有供应商不愿意继续供应）。
> 5. 债权人超过约定期限仍未付款（见第24章营运资本和流动性管理）。
> 6. 财务部门签发远期支票。
> 7. 营运资本周期延长或恶化（见第24章营运资本和流动性管理）。
> 8. 流动比率低（见第24章营运资本和流动性管理）。
> 9. 无法从现有贷款人处借入额外资金，例如：由于与现有贷款人关系恶化或其感知到更高的风险。
> 10. 无法获得其他资金来源。

由于组织混乱或财务信息质量低下等原因，不及时了解公司的业绩和财务状况，可能会加剧问题的严重性。董事应实施相关程序，以确保他们能够及时获取财务信息，从而了解公司的最新交易情况（见第31章管理报表）。详细的现金流量预测通常可以提供企业是否（以及何时）需要额外现金的最佳预警指标，还可以提醒企业调整或改变战略，以确保持续经营。

## 法律支持

在存在破产风险的情况下，需要聘请法律顾问，向董事们建议在特别规则生效后需要采取的行动以保护债权人。

### 评估持续经营和偿债能力

公司经审计的财务报表不能也不应被用来保证公司的偿债能力（见第 20 章外部财务审计）。财务报表提供了公司历史财务业绩和状况，说明了过去的情况，而不是将来的情况。财务报表提供有限的披露，对企业的未来前景几乎没有保证。

董事需要出具一份持续经营声明，说明他们对公司在"可预见的未来"（定义为财务报表批准之日后至少 12 个月）持续经营能力的判断。

虽然持续经营声明的目的是为未来的持续性提供一些保障，但由于未来的不确定性，持续经营声明不能保证长期性。例如，新冠疫情显示了一种突发情况的发展速度及其可能产生的破坏性影响。

每年只报告一次财务信息的法定要求导致股东和利益相关者（如供应商）只能获得有限的信息来评估企业未来的偿债能力。这种局限性由于公布财务信息所需的时间而变得更加复杂，因为在公司财年结束后的 9 个月内都可以公布（见第 21 章公开信息）。

值得注意的是，持续经营和偿债能力的披露程度也因公司类型而异。

公共有限公司被要求披露有关其长期生存能力的额外信息（见下文的生存能力声明），以及包括公司可用的资金来源的详细信息。相比之下，私人有限公司被要求提供的信息很少，这些信息有助于评估其偿债能力。

由于这些限制，债权人可能会求助于信用评级机构来决定是否提供信贷，或采用"货到付款"等替代交易条款来消除信用风险。

## 实务中

公司破产并不总是显而易见的，也不容易预测。人们期望董事不断警惕破产风险，但他们通常远离企业日常业务活动。在法律上，不知道这是不是借口。

业务变化的速度往往会让最勤奋的董事也感到意外。例如，颠覆性技术的出现及其在 Netflix 等公司的应用，为迪士尼和环球影城等历史悠久且固定成本占比较高的企业带来了重大的业务挑战（和新的机遇）。

新冠疫情等外部或环境冲击是无法预见的，但其对业务持续性的影响巨大而迅速。许多幸存下来的企业通过寻求额外和及时的财务支持或者快速调整其商业模式以维持生存。

## 涨知识

破产有两种类型：

1. 资产负债表破产（技术性破产）是指公司的总负债超过其总资产。净资产为正的公司可能在一年或几年内遭受损失。这些损失将逐年耗尽公司的资产基础，直到其发生技术性破产。在这种情况下，偿还任何一个债权人的借款都可能会影响其他债权人，因为公司剩余资产不足，无法偿还所有债权人。

2. 现金流破产（实际破产）是指公司没有足够的现金偿还到期债务的情况。在现金流破产中，公司可能有足够的资产，但问题是其流动资产（即现金）不足，无法满足还债要求。一家快速扩张的企业如果不能足够快地从客户那里收取现金，可能无法支付供应商的付款，即使它的交易是有利可图的。这被称为过度交易（见第24章营运资本和流动性管理）。

公司有可能在保持资产负债表偿债能力的同时出现现金流破产。

然而，在上述任何一种破产情况下，公司都可能会进入所谓的正式破产程序。

## 小课堂

**破产程序**

在英国，对于任何欠款超过750英镑且在到期付款日后三周内未付款的公司，债权人都可以发起"清算申请"（债权人向法院提交申请)，将公司置于

"正式破产程序"中，这可能最终导致该公司清算。

破产公司可以通过三种方式（之一）进行管理，这取决于其生存的可能性：

1. 公司自愿安排；

2. 申请管理令；

3. 清算。

**1. 公司自愿安排**

- 有保持公司运营的意图。
- 在指定破产执行人的监督下进行。
- 董事会继续经营并保留对业务的控制权。
- 债权人同意减少（或重新安排）债务支付，以换取公司承诺根据新的业务战略进行重组。

债权人接受公司自愿安排的逻辑是，通过保持业务经营，可能会有一些收回风险资金的希望。

**2. 申请管理令**

- 合格的破产从业人员（"管理人"）接管所有债权人的利益并试图提出拯救公司的方案。
- 董事会失去对业务的控制。
- 如果无法采取任何措施拯救公司，管理人将关闭公司并分配资产。

**3. 清算**

清算是指通过将公司所有剩余资产转换为现金来关闭公司（停止交易）的过程。

- 资产被拆分、变卖并分配给债权人。
- 如果没有拯救企业的现实前景，则采用此方法。

## 生存能力声明披露

生存能力声明是在 2008 年金融危机后推出的，目的是让投资者更好地了解企业的长期前景和偿债能力。英国公司治理准则要求董事在年报中加入生存能力声明，以加强公司和投资者对长期业务模式的关注。董事在向股东报告时，需要考虑适当的时间段（一年以上），以解释公司的前景以及他们认为公司将持续运营的原因（见第 22 章公司治理及举报）。

鉴于新冠疫情带来的不确定性加剧，应鼓励董事提供更全面的披露，通过明确解释公司的具体情况及其面临的不确定性程度，来支持其可行性评估。

生存能力声明应由审计师审查，并在审计报告中引用。

提供涵盖持续经营和生存能力的详细披露旨在为投资者和其他利益相关者提供对短期和长期业务前景的洞察。

## 想一想

1. 获取你感兴趣的上市公司的年度报告和财务报表。考虑以下问题：

（1）与持续经营相关的披露包括哪些？董事们用什么证据来保证公司在未来 12 个月内持续经营？根据董事会的披露，作为潜在投资者，你对公司未来的发展有多大信心？

（2）阅读生存能力声明。董事会如何评估公司的生存能力？在年度报告中，了解审计师如何保证公司的可行性评估是合理的。

（3）评估该公司的资产负债表偿债能力（总资产减去总负债）和现金流偿债能力（流动资产减去流动负债）。确认这些指标支持董事作出的持续经营和可行性评估。

2. 选择一家已破产的知名公司或搜索 the gazette.co.uk，然后在通知选项卡下选择"破产"。获取其最后一套财务报表（以及年度报告，如有）。检查其财务报表是否在持续经营的基础上发布，如果是，考虑事后是否有明显的预警信号。

如果你想了解作者对这些问题的看法，请访问 financebook.co.uk。

## 看报表

持续经营披露包含在财务报表中，通常在"编制基础"附注中（会计政策项下），并在年度报告和账目的治理部分进行解释。

在对持续经营进行评估时，董事应进行充分披露以支持该评估。

生存能力声明通常位于年度报告和账目的治理部分。

持续经营和生存能力声明及相关披露的有效性应由审计师审查，并在审计报告中引用（见第 20 章外部财务审计）。

## 摘自格雷格斯公司 2020 年财务报表

（附录第 377 页）

---

**重要会计政策**

（b）编制基础：续

**持续经营**

鉴于新冠疫情对本集团交易业绩的持续影响仍存在不确定性，董事会已考虑采用持续经营基础编制这些报表。在报告期结束时，集团的可用流动性资产包括现金及现金等价物，加上未动用的循环信用贷款（revolving credit facility，RCF）（2023 年 12 月到期），总额为 1.068 亿英镑。RCF 契约涉及 2021 财年的最高借款水平和最低流动性，之后它们涉及最高杠杆率和最低固定费用覆盖率。如何衡量这些契约和规定的比率载于附注 2。

2020 年，在额外信用贷款到位的同时，有必要保护集团的现金状况。股息和资本支出以及任何非必要支出都被暂时停止。公司获得了政府为保留工作岗位提供的支持，并从营业税减免中受益。

董事审查了现金流预测，其中包括自这些报表批准之日起 12 个月内的严重但合理的不利因素，以及该期间的履约情况。预测假设：

- 由于新冠疫情，需要在 2021 年 11 月和 2022 年 2 月进一步实施两个月的封锁，在此期间，公司像最近几次封锁期间一样进行交易（即店铺继续营业，但交易量下降）；

- 在封锁期之外，销售水平逐渐恢复，本集团根据2020年下半年的经验进行了建模；
- 不再接受政府支持（包括已经宣布继续提供支持的时期）。

在这种情况下，本集团能够在不需要动用其现有承诺的贷款安排的条件下运营，也不需要采取诸如减少资本支出和其他可自由支配支出等缓解措施。

董事考虑了一种更严重的情况，即除上述不利假设外，本集团还遭受了有损品牌声誉的食品恐慌，导致销售额大幅下降。在这种情况下，集团将在资本支出和其他可自由支配的支出方面采取缓解措施。这一预测情景显示可能需要动用RCF，但没有违反与之相关的契约。

在审查这些现金流量预测并考虑持续的不确定性和可采取的缓解措施后，董事会认为，在持续经营的基础上编制报表是适当的。经查询，董事会相信，本公司和本集团将有足够的资金继续偿还其债务，因为这些债务自财务报表批准之日起至少12个月内到期。因此，在编制年度报告和账目时继续采用持续经营的基础。

### 实务关注点

除上述预警信号外，在实际工作中还应注意经营现金流存在问题的迹象。例如，该公司：

是否无视供应商的电话？

是否必须同意分期还款计划，以偿还债务？

是否不支付员工工资？作为一名员工，你会是第一个知道的！

是否经常缺货？这可能表明供货存在问题（供应商不愿意提供信用条款）。

不维护固定资产或不投资新资产。

> **实务关注点（续）**
>
> 必须将资产交给法警以清偿债务。
>
> 按（持续经营之外的）"破产清算模式"编制的财务报表。固定资产必须重新归类为流动资产，并重新估价至较低的"贱卖"（强制出售）估值。可能需要确认额外的责任，例如违反客户或供应商合同，以及支付给清算人的费用。

# 26 长期偿债能力指标

> 我们的观点是,股权可能是有价值的,但这取决于负债在哪里。
>
> ——大卫·泰珀
> 美国投资者

**一分钟小结**

偿债能力对于企业的风险管理和长期经营至关重要。

偿债能力指企业偿还长期负债的能力。筹集和维持正确类型的具有成本效益的资金使企业获得偿债能力。

偿债能力能够用于评价企业的"财务实力",即企业遭受短期挫折并实现长期增长的能力。

偿债能力的关键指标是杠杆率和利息保障倍数。

## 敲黑板

### 为什么重要？

银行和其他债务提供者以定期支付利息和偿还未偿余额的形式向企业提出要求。

债务使一家企业面临一定的未来现金流出，但该企业不太可能以同样的确定性保证其未来现金流入。这种不平衡是存在金融风险的一个原因。一家公司的债务越多，其财务风险就越大。有关金融风险的更多详细信息，请参见下文的"涨知识"专栏。

确定最佳杠杆水平是风险与回报的权衡问题。债务融资可以提高回报，因为它通常比股权融资更具成本效益（见第 29 章股权融资和第 30 章债务融资）。更低的融资成本通常会带来更高的回报和更快的增长，最终会增加企业的价值。

### 杠杆率

杠杆率（或"负债权益比"）用于衡量企业的长期融资结构，目的是将企业的负债（债务）与其股东的资金（权益）进行比较。

有两种计算杠杆率的常用方法，简化如下：

$$\text{方法一：负债比权益} = \frac{\text{负债}}{\text{权益}}$$

$$\text{方法二：负债比负债与权益之和} = \frac{\text{负债}}{\text{负债} + \text{权益}}$$

这两种方法都可以按传统的比率或百分比计算。

例如，根据方法一，负债 1 亿英镑、股本 2 亿英镑的企业的杠杆率为 50%。根据方法二，同一企业的杠杆率约为 33%。

方法 2 对许多人来说更容易理解，因为它清楚地说明了企业的债务敞口与其总资金的关系。它的最大值为 100%，更易于解释。

杠杆率越高，企业风险就越大——从利息支付对收益的稀释和收益对利率变化的敏感性两方面来看。

## 实务中的杠杆率

管理层必须根据公司的特殊情况、当前的经济环境以及股东可接受的程度确定适当的杠杆比率。

根据经验，现金流量可预测性高的企业可以比处于波动性较大行业的企业获得更多的债务融资。此外，如果一家企业的固定经营成本占比很高，这将影响其承担债务的能力。参见第33章利润规划中的"经营风险"。

在实务中，成熟公司的杠杆水平（负债比负债与权益之和）将低于33%，尽管这因企业和行业而异。

## 利息保障倍数

利息保障倍数是衡量企业债务负担能力的指标。一家企业的利息保障倍数越高，其债务负担能力就越高，就有更多允许收益波动的余地。

利息保障倍数计算如下：

$$利息保障倍数 = \frac{息税前利润}{利息费用}$$

这一比率表明了一家企业理论上能够支付利息费用的"倍数"。

偿债能力是衡量债务提供者、股东以及企业自身风险的指标。

## 实务中的利息保障倍数

在实务中，一家企业至少应该能支付其利息费用两倍或更多倍，尽管这一基准会因企业类型和行业而异。

利息保障倍数受以下因素影响：

- 营业利润；
- 借款金额；

- 债务的利率。

## 杠杆率与利息保障倍数之间的关系

对于大多数企业而言，杠杆率和利息保障倍数之间存在反比关系，管理层努力在两者之间取得适当的平衡。

低利率使企业更容易获得合适的利息保障倍数，从而导致更高的杠杆率。

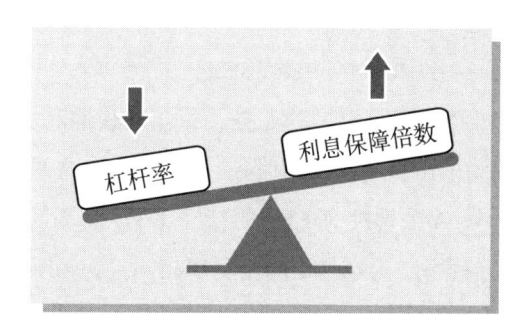

2008年金融危机的原因之一是全球经济处于前所未有的低利率时期。这鼓励了各类企业，尤其是银行，接受比正常水平更高的杠杆率，使得它们在金融系统开始崩溃时面临严重风险。

然而，利息保障倍数和杠杆率之间的关系并不总是线性的，一家高利润的公司可能拥有相对较高且合适的利息保障倍数，同时保持较高水平的杠杆率。

## 涨知识

### 杠杆和财务风险

杠杆和财务风险直接相关。

杠杆是指利用债务融资获得比单独使用股权融资更多的融资，因此能够进行比仅使用股权融资更大的投资。企业在假设投资回报大于借款成本的情况下，利用杠杆来增加投资的可能回报。

杠杆是财务风险或利润波动的一个原因。高杠杆率通常等于高利息成本。利息成本相对于息税前利润（PBIT）越高（利息保障倍数越小），金融风险越高。

对于高杠杆的企业，息税前利润的微小百分比变化将导致息后税前利润（PBT）较大的百分比变化。因此，这些企业在经济增长时期可能经营良好，但在经济下行时会面临困境。

## 示例

以下示例说明了实务中的财务风险和杠杆。

A公司和B公司经营同一类型的业务，每年的税前利润为10万英镑。两家公司都有50万英镑的融资（股权加债务）。事实上，这两家公司之间的唯一区别是它们的杠杆率。A公司拥有33%的杠杆比率（负债比债务与权益之和），B公司拥有67%的杠杆率。两家公司的年利率相同，为10%。

利息费用（无论业务量如何，均相同）计算如下：

- A公司：33% × 500 000 英镑 × 10% = 16 500 英镑
- B公司：67% × 500 000 英镑 × 10% = 33 500 英镑

下表考虑了其息税前利润（PBIT）下降20%对其息后税前利润（PBT）的影响。

|  | A公司（33%杠杆比率）现在 | PBIT下降20% | B公司（67%杠杆比率）现在 | PBIT下降20% |
| --- | --- | --- | --- | --- |
| PBIT | 100 000 | 80 000 | 100 000 | 80 000 |
| 利息费用 | (16 500) | (16 500) | (33 500) | (33 500) |
| PBT | 83 500 | 63 500 | 66 500 | 46 500 |
|  |  | PBT下降24% |  | PBT下降30% |

息税前利润的20%变化导致A公司息后税前利润变化24%，B公司息后税前利润变化30%。

由于B公司的固定利息成本较高，其净利润波动更大。然而，当利润增加时，它也可以获得更高比例的增长。

值得注意的是，如果利润增加，也会产生同样的放大效果。

为全面了解情况，考虑权益净利率（return on equity，ROE）是很有用的。有关进一步解释请参见第 23 章盈利能力指标。虽然 A 公司的"绝对"利润高于 B 公司，但它使用了双倍的股权金额来获得这些利润。

使用以下 ROE 的定义，我们可以比较两家公司的结果。注意，为了简单起见，本示例假设税率为 0，因此，PBT（息后税前利润）与 PAT（税后利润）相同。

$$\text{ROE} = \frac{\text{PAT}}{\text{权益}}$$

|  | A 公司 |  | B 公司 |  |
| --- | --- | --- | --- | --- |
|  | 现在 | PBIT 下降 20% | 现在 | PBIT 下降 20% |
| PAT | 83 500 | 63 500 | 66 500 | 46 500 |
| 股本 | 335 000 | 335 000 | 165 000 | 165 000 |
| ROE | 25% | 19% | 40% | 28% |

权益计算如下：

- A 公司：67% × 500 000 英镑 = 335 000 英镑
- B 公司：33% × 500 000 英镑 = 165 000 英镑

因此，杠杆使 B 公司始终比 A 公司获得更高的股本回报。

在业务增长时期，杠杆可以起到催化剂的作用，并进一步显著增加回报。然而，当业务衰退时，情况恰恰相反。回报的增加会伴随着风险的增加，尤其是对股东而言，这需要管理层仔细权衡。

## 小课堂

### 如何定义"债务"？

为了计算杠杆率，应首先定义"债务"。

实务中主要有三种定义：

1. 仅指长期贷款；
2. 长期贷款和短期贷款（包括所有的透支）；
3. 长期贷款加流动负债。

定义 1 和定义 2 包括有息债务，例如银行贷款。因此，这些定义通常被银行和其他金融机构使用，因为它们从自己的角度计算杠杆率。

然而，从企业的角度来看，欠供应商的金额可能与欠银行的债务具有相关性，因此企业可以使用定义 3 来计算杠杆率。这也取决于企业想采取长期还是中短期的杠杆率。

总体而言，只要有一个一致的基准即可，债务的定义主要是学术性的。与其他绩效指标一样，重要的是基准。

# 想一想

1. 偿债能力比流动性更重要，还是同样重要？
2. 企业应如何确定可接受的财务风险水平，从而确定其杠杆水平？
3. 一些学派认为，债务-股权平衡可以最大限度地降低资本的总成本，而其他学派则认为，提高杠杆率水平将始终降低资本的总成本。哪个更现实？为什么？
4. 选择一家有长期负债的公司，审查其披露的杠杆水平和衡量方法。它们都合理吗？
5. 选择一家公司，该公司披露了除杠杆率和利息保障倍数外的其他偿债能力指标。这些指标提供了哪些额外信息？

如果你想了解作者对这些问题的看法，请访问 financebook.co.uk。

## 看报表

- 杠杆率可以仅从资产负债表中得出。
- 利息保障倍数只能从利润表中得出。
- 查看有关上述两个指标的附注可能会有帮助。

**摘自格雷格斯公司 2020 年年度报告和账目**

格雷格斯公司是一家非典型公司，因为从历史上看，除对债权人的正常交易负债和商业租赁产生的负债外，公司没有其他负债。在格雷格斯公司 2019 年年度报告的附注中，公司指出，由于租赁负债承诺和营运资本要求的，格雷格斯公司董事会认为目前不适合承担结构性债务。

2020 年间，由于新冠疫情，格雷格斯公司寻求债务融资以支持其短期流动性需求。这些贷款在 2020 年底全部偿还。2020 年底，格雷格斯公司与一个商业银行财团建立了 1 亿英镑的循环信用贷款（可根据需要使用和偿还的灵活资金），以确保其 2021 年的财务状况良好。2020 年底，格雷格斯公司的净现金为正值，其资产负债表上有 3 680 万英镑现金，且未提取贷款。

2020 年底，格雷格斯公司在其资产负债表上披露了 2.917 亿英镑的租赁负债。

这些负债与店铺租赁承诺有关。国际会计准则（IFRS 16）要求对所有租赁进行资本化，并确认后续负债。

一些分析师在计算公司净债务和杠杆比率时，可能会将租赁负债作为金融负债的一部分。

（附录第 366 页）

（另见第 9 章有形固定资产和折旧。）

> **实务关注点**
>
> - 企业的固定经营成本水平（经营风险）。除非企业具有合理的利息保障倍数，否则不应将高经营风险（见第33章利润规划）与高财务风险（杠杆率）相结合。
>
> - 杠杆率和利息保障倍数的同比变化。
>
> - 资本结构变更或宣布的计划变更。
>
> - 负债的赎回日期（即必须偿还负债的日期）和偿还计划（现金或其他负债）。
>
> - 短期负债与长期负债的差额。
>
> - 平均实际利率（有时在报告附注中披露）。
>
> - 与同行业其他公司相比，杠杆率和利息保障倍数。

# 27
# 投资者比率

> 价格是你付出的代价,价值是你所得到的。
>
> ——沃伦·巴菲特
> 伯克希尔–哈撒韦公司董事长兼 CEO

### 一分钟小结

财经媒体每天都会报道上市公司的投资者比率,比率是使用公开的财务信息和股价数据计算得到的。

投资者比率可用于评估投资机会,因为其有助于理解数据。该比率可以总结大量信息,以反映一段时间内的趋势,也可用于公司之间比较和行业基准进行比较。

虽然投资者比率被认为是评估投资的一个重要工具,但投资者比率只是投资者决策工具之一。了解更广泛的政治、经济、社会和技术对企业的影响也很重要。例如,新冠疫情给许多企业带来了无法预测的不确定性。脱离这种情况而单独使用比率,对业绩的任何解释都将变得毫无意义。

投资者比率主要关注盈利能力(回报)和安全性(风险),它们能够帮助:

1. 投资者评估投资机会的价值和质量;
2. 董事跟踪公司战略对于那些对投资者最重要的关键指标的影响。

## 敲黑板

用于评估盈利能力和安全性的关键投资者比率包括：

1. 每股收益（EPS）；
2. 市盈率（P/E）；
3. 股息保障倍数；
4. 股息率；
5. 股东总回报（TSR）。

### 1. 每股收益（EPS）

计算公式为：

$$每股收益 = \frac{剔除优先股股息后的净利润}{平均发行股份数}$$

每股收益是企业发行的每股股票产生的利润。收益指的是剩余（净）利润，即支付所有费用和税款以及优先股股息后的利润（见第 29 章股权融资）。

EPS 通常指的是基本 EPS。

**EPS 指标的优点**

计算简单，但却是将公司利润分解为股东能够理解的有意义指标的有力方法。

每股收益提供了一种追踪公司利润增长情况的方法。假设发行的股票数量没有变化，每股收益的同比增长表明每股利润在增长，即公司为投资者创造了越来越多的回报。相反，每股收益的下降表明公司增速的下降。

尽管过去的业绩永远不能保证未来的业绩，但一家具有良好每股收益增长记录的公司可能对希望获得未来回报的投资者产生吸引力。

**EPS 指标的缺点**

每股收益的主要局限性在于，它不能（也不应该）用于比较公司之间的业绩。这是因为每股收益忽略了不同公司之间资本结构的差异，如下例所示。

**示例**

A公司和B公司的净利润相同，为10 000英镑。每家公司还发行了10 000股股票。然而：

- A公司以1英镑的面值发行股票（股本为10 000英镑）。
- B公司以10便士的面值发行股票（股本为1 000英镑）。

|  | A公司 | B公司 |
| --- | --- | --- |
| 净利润 | 10 000英镑 | 10 000英镑 |
| 股数 | 10 000 | 10 000 |
| = 每股收益 | 1英镑 | 1英镑 |

在上面的例子中，两家公司的每股收益均为1英镑。然而，可以看出，B公司仅使用1 000英镑的股本就实现了这一利润水平，而A公司则需要10 000英镑的股本。虽然每家公司的每股收益相同，但B公司股东投资的股本回报率（见第23章盈利能力指标）是A公司的10倍。换句话说，A公司股东投资1英镑获得1英镑，而B公司股东仅投资10便士就可获得相同的回报。在其他条件相同的情况下，B公司显然是一项更好的选择。

## 2. 市盈率（P/E）

计算公式为：

$$市盈率 = \frac{每股市场价格}{每股收益}$$

该比率被报告为数字形式，例如20。

市盈率是最广泛使用的投资者比率。它显示了购买股票的价格（成本）与产生的年回报的比较。市盈率为20的公司意味着，今天投资20英镑可产生1英镑的年回报（基于历史收益）。

市盈率是根据可从股票市场获得的当前价格数据，为上市公司每日实时计算和公布的。

收益数据基于年度历史收益报告。对于每六个月（英国）或每季度（美国）报告业绩的公司，历史收益通过对最近两个（半年）或四个（季度）报告期的总和进行年化计算得到。

基于历史收益数据计算的市盈率更准确地被称为历史市盈率（trailing P/E）。

### P/E 指标的优点

与每股收益不同，P/E 在同一行业的公司之间具有直接可比性。

市盈率通常用于确定一家公司相对于该行业的其他公司或更一般的行业是否具有价值。一家公司的市盈率可以用多种方式解释，以评估该公司的前景，并提供一个相对于可比公司而言该公司股价是昂贵还是便宜的指标。

| 高 P/E* | 低 P/E* |
| --- | --- |
| 潜在说明：<br>• 预计该公司的表现将超过该行业。<br>• 相对于该行业其他公司而言，该公司股票价格偏高。 | 潜在说明：<br>• 投资者担心该公司未来创造利润的能力。<br>• 这家公司被低估了。 |
| 投资者将不得不为今天的收益支付比同类投资机会更多的费用。 | 投资者可以以比同类投资更低的价格购买该股票。 |

\* 相对于其他公司或整个行业而言。

### P/E 指标的缺点

解读数字的真正含义是 P/E 的主要缺点。高或低 P/E 可能有多种解释（见上表）。此外，虽然市盈率是衡量相对价值的一个好方法，但它不能告诉股东股票的估值是否正确。任何股票的价格都由多种因素决定，包括投资者对风险和增长的集体感知。然而，这并不一定意味着集体看法是正确的。因此，单独使用市盈率（或任何单一指标）作为估值工具被认为是有风险的。

### 3. 股息保障倍数

计算公式为：

$$股息保障倍数 = \frac{净利润（扣除优先股股息后）}{支付的年度股息}$$

与每股收益一样，股息保障倍数为数字，例如 4，指收益超过所支付股息的倍数。

### 股息保障倍数的优点

股息保障倍数计算简单，易于理解。它表明了该公司的抗风险能力，即在收益波动的情况下能否继续支付股息。

**示例**

| 净利润（扣除优先股股息后） | 100 000 英镑 |
|---|---|
| 支付的年度股息 | 25 000 英镑 |
| = 股息保障倍数 | = 4 |

股息保障倍数为 4 表示公司可支付股息为实际支付股息的 4 倍。从另一个角度来看，这意味着在公司无法支付与本财年支付的股息水平类似的股息（来自年度利润）之前，未来利润可能下降 75%（即下降 75 000 英镑）。

具有高股息保障倍数（通常为 4 以上）的公司被认为更具弹性（风险较小），因为它们具有显著的利润弹性空间，即使在未来一年或几年利润出现暂时重大下滑，它们应该也能够维持股息支付水平。

年度股息保障倍数低于 1，表明公司在该年的利润不足以支付股息，因此不得不依赖早年的累积储备来支付股息。

**股息保障倍数的缺点**

与可以在公司之间进行比较的市盈率不同，股息保障倍数的比较只能在选择支付股息的公司之间进行。一些公司有不支付股息的既定政策。例如，Frasers Group 公司（前身为 Sports Direct 公司）在 2010 年至 2020 年的任何一年均未宣布发放股息。

值得注意的是，即使公司有利润支付股息，也没有法律要求董事必须支付股息。股息由董事自行决定支付，股东无权要求获得股息，也不能强迫董事支付股息（见第 29 章股权融资），即使他们预期股息稳定或稳步增长。

股息支付通常对单一年度的收益波动不敏感。即使一家公司某年的利润不足以支付当年的股息（当年的股息保障倍数小于 1），只要其有足够的前几年积累的收入储备（见第 15 章资本和储备），则不会妨碍其支付该股息。

虽然用过去的利润支付股息的策略不能无限期地使用，但这是董事通常采用的一种策略，以表明其对公司前景的信心，从而保持投资者对公司的支持。

在特殊情况下，董事可能无法支付股息。英格兰银行下属的审慎监管局（Prudential Regulation Authority，PRA）在 2020 年期间要求银行停止向养老基金和私人股东支付数十亿英镑的股息,以确保银行系统在新冠疫情带来的经济衰退面前保持稳定。汇丰银行、劳埃德银行、纳韦斯特银行、桑坦德银行和巴克莱银行等屈服于压力,停止派息。这些限制于 2021 年 7 月解除。

**4. 股息率**

计算公式为:

$$股息率 = \frac{每股年股息}{每股市场价格}$$

该比率以百分比形式报告,例如 10%。

公司通常每年宣告两次股息,作为中期和末期股息。因此,年度股息应包括中期和年度金额。

**股息率指标的优点**

该比率可以在不同投资之间进行比较,以确定支付最高股息回报的公司。

**股息率指标的缺点**

与市盈率(P/E)一样,股息率也有不同的解读。

高股息率可能意味着一个很好的投资机会,例如企业股价被低估。或者,股价可能反映了对企业(糟糕的)未来表现的预期,即股息派发无法持续。

相反,相对于行业的较低股息率可能表明公司股票定价过高。或者,它可能反映出公司决定将更高比例的收益再投资,以在长期内产生更高的回报。

由于股票价格可能会波动,股息率也可能出现重大波动。

不存在合适的股息率水平。高股息率不一定会转化为高股息支付。

寻求稳定股息的投资者可能会发现,股息保障倍数比股息率更具参考价值。

**5. 股东总回报率(TSR%)**

针对投资者比率的一个常见批评是,其依赖于从财务报表中提取的信息。举个例子,计算市盈率需要收益数据。这一数据只能从公开的财务报表中获得。由董事编制的财务报表通常包括会计判断,并可反映董事在会计准则允许选择的情况下采用的不同会计政策(见第 19 章会计和财务报告准则)。由于会计中存在判断和选择,有人认为比率容易被操纵,因此不能作为比较公司业绩的客观依据。

股东总回报率（TSR%）克服了这些缺陷，因为它仅基于市场信息。

TSR 报告为百分比（例如 20%），计算如下：

$$TSR = \frac{当日股价 + 股息 - 去年股价}{去年股价}$$

本质上，该比率使用市场信息（而非会计信息）来衡量管理层为投资者创造价值的程度。

该指标实际上衡量年度资本增长和收入回报。股价的同比增长（当日股价 – 去年股价）衡量股东在一年内累积的资本增长。每股股息衡量该投资在该年度为股东创造的现金收入。

本年度股东的"总"回报包括上一年以来收入与资本回报的总和。以投资资本回报率的百分比来衡量，可以比较公司之间的绩效。

TSR 可以说是一个更客观的业绩衡量标准，因为股价反映了市场对企业价值的看法，它不依赖于可能受到操纵的会计信息。

TSR 用于比较公司之间的绩效，也可用于根据基准投资机会评估投资回报。例如，英国的长期利率约为 3%。2020 年大部分时间，英国利率（英格兰银行基准利率）为 0.1%。例如，一家公司的 TSR 为 6%，可以根据这些（或其他）基准回报水平从风险和回报方面进行评估。

## 实务中

投资者比率可以为投资者提供关于投资的盈利能力和安全性的有价值信息。然而，比率是可以解释的，不应孤立地审查单个比率。

投资者比率可能会随时间发生重大波动，例如，由于股价波动。有人认为，使用公开的历史财务信息限制了比率的有用性，因为历史数据只提供了跟踪指标，而不是前瞻性指导。

## 涨知识

### 市盈增长比（PEG）

尽管市盈率是比较公司最常用的指标，但它是基于历史收益数据的指标，如上所述。在实务中，市盈增长比（PEG）被认为可以更全面地反映股票的估值和吸引力，避免单独使用市盈率的局限性。

PEG（或未来 PEG）衡量市盈率与公司预期增长之间的关系。

PEG 需要对未来收益增长进行估计，计算公式如下：

$$市盈增长比 = \frac{价格/收益}{每股收益的未来年增长率}$$

PEG = 1 被视为基准，即股票的价值是公平的。高市盈率的公司通常预计会有更高的增长率。

低于 1 的 PEG 通常被认为是有吸引力的，因为它表明该公司被低估，预计未来几年会有更高的增长。PEG 高于 1 表示公司估值过高。

通过比较公司之间的 PEG，可以进行投资排名。

### 示例

- A 公司的市盈率为 15，预计增长率为 7.5%，PEG 为 2。
- B 公司的市盈率为 15，预计增长率为 20%，PEG 为 0.75。

单独考虑，A 公司的市盈率高，PEG 高，价格昂贵。B 公司的市盈率与 A 公司相同，但 PEG 较低，因此可能是更好的投资机会。

PEG 的主要缺点是需要估计未来收益。这通常基于过去的收益，而过去的收益本身是对未来收益的不可靠预测。

#### 稀释每股收益

例如，公司可能通过可转换债券（见第 30 章债务融资）筹集资金，即未来可转换为股权的债务。如果这种股权转换发生，发行的股票数量将增加，这实际上会"稀释"每位股东的可得收益。

股票期权是公司给予员工的一种福利形式（以折扣或规定的固定价格购买公司股票），具有类似的稀释效应。

稀释每股收益通常与基本每股收益（如前所述）一起列报，以显示未来可能稀释的影响。

## 小课堂

价格/收益和股息保障倍数基于历史收益数据。然而，有人认为，投资者确实想知道未来的收益。这种对数据相关性而非可靠性的渴望导致了"远期"市盈率和股息保障倍数的发展。远期比率起源于美国，已经流行了几十年。

计算市盈率的远期比率使用预测数据而不是历史收益信息。预测收益通常由分析师估计，可能不如经审计的（历史）收益数据可靠。然而，先进的数据分析编程工具越来越多地被用于获得更准确、基于证据（即数据驱动）的预测。

远期股息收益率也可以计算，它基于估计的未来股息。如果公司公布了股息政策，则可以更准确地预测。

有人认为，基于远期比率（而非历史、经审计的信息）的决策可能会给本就困难的投资决策带来额外的复杂性，甚至更多的不确定性。

此外，广泛报道的学术研究表明，使用预测数据的风险在于，其往往过于乐观，因此是错误的！

## 想一想

1. 考虑一家市盈率高于行业平均水平的公司。你如何解释这个指标，即它是否使该公司成为一项良好的投资？

2. 解释 TSR 比率衡量的内容，以及为什么它可能被视为衡量公司间绩效的良好指标。

3. 使用比率得出公司业绩结论的局限性是什么？

4. 在考虑投资公司时，你认为相关的投资者比率有哪些？

5. 上市公司的董事为什么要关注投资者比率？

如果你想了解作者对这些问题的看法，请访问 financebook.co.uk。

## 看报表

非上市私营公司的股份没有股票的公开市场价值。与上市公司不同，私营公司不需要报告每股收益。

上市公司的每股收益将在利润表下方披露，每股收益的计算包括在附注中。

所有者权益变动表（附录第 368 页）详细说明了企业向股东发放的股息。每股股息的详细信息通常在财务报表附注中单独披露。

### 摘自格雷格斯公司 2020 年年度报告

（附录第 365、429 页）

**合并利润表**
截至 2021 年 1 月 2 日的 53 周（2019 年：截至 2019 年 12 月 28 日的 52 周）

|  | 附注 | 2020 年（百万英镑） | 2019 年（百万英镑） |
| --- | --- | --- | --- |
| 收入 | 1 | 811.3 | 1 167.9 |
| 销售成本 |  | (300.4) | (418.1) |

续表

| | 附注 | 2020 年<br>（百万英镑） | 2019 年<br>（百万英镑） |
|---|---|---|---|
| 不包括非常规事项的销售成本 | | (299.6) | (412.2) |
| 非常规事项 | 4 | (0.8) | (5.9) |
| 毛利 | | 510.9 | 755.7 |
| 销售费用 | | (465.8) | (572.8) |
| 管理费用 | | (52.1) | (62.2) |
| 营业利润/（亏损） | | (7.0) | 114.8 |
| 财务费用 | 6 | (6.7) | (6.5) |
| 税前利润/（亏损） | 3—6 | (13.7) | 108.3 |
| 所得税 | 8 | 0.7 | (21.3) |
| 本财年归属于母公司股东的利润/（亏损） | | (13.0) | 87.0 |
| 基本每股收益/（亏损） | 9 | (12.9 便士) | 86.2 便士 |
| 稀释每股收益/（亏损） | 9 | (12.9 便士) | 85.0 便士 |

### 23. 资本和储备

#### 股息

下表分析了股息支付的时间及相关年份：

| | 2020 年<br>（每股便士） | 2019 年<br>（每股便士） |
|---|---|---|
| 2018 年最终股息 | — | 25.0 |
| 2019 年中期股息 | — | 11.9 |
| 2019 年特别股息 | — | 35.0 |
| 2019 年最终股息 | — | — |
| | — | 71.9 |

作为应对新冠疫情的现金保全措施，取消了 2019 年已宣告的 33.0 便士的最终股息。尚未宣告 2020 年的股息。

| | 2020 年<br>（百万英镑） | 2019 年<br>（百万英镑） |
|---|---|---|
| 2018 年最终股息 | — | 25.3 |
| 2019 年中期股息 | — | 12.0 |
| 2019 年特别股息 | — | 35.3 |
| 2019 年最终股息 | — | — |
| | — | 72.6 |

> **实务关注点**

在比较比率时，考虑会计政策、融资结构（负债与权益）和不同财务年度的影响。没有两家企业是完全相同的。

市盈率等投资者比率利用实时（以及历史）信息，因此可能会受到极端波动的影响。随着时间的推移和相对于行业的变动趋势可以提供更多信息。

亏损公司的市盈率为负（或零），这使得解释更加困难。同样，趋势数据更有助于确定公司是否具有吸引力。

务必阅读年度报告中的"小字"。年度报告强调了可能严重危及未来业绩的关键风险（例如，产品质量问题、过度依赖客户或供应商、诉讼、公司治理问题等），但这些风险通常被忽略，投资者倾向于关注历史财务报表。

永远不要低估投资者如何看待管理团队的重要性。管理层的离职或新任命可能会对企业的比率产生巨大影响。

# 28 企业估值

> 经理和投资者都必须明白,会计数据是企业估值的开始,而不是结束。
>
> ——沃伦·巴菲特
> 伯克希尔-哈撒韦公司董事长兼 CEO

**一分钟小结**

判断一家企业是否成功的最终标准是其估值,它本质上是一个有购买意愿的买家为拥有部分或全部业务而愿意支付的价格。

上市公司通过股票市场实时获得其估值信息,这为买卖双方提供了一个互动平台。然而,对于未上市公司,买家和卖家的接触较少,因此估值更具挑战性。

估值方法有很多种,这些方法提供了一系列的价格,供买卖双方开始谈判时使用。在实务中,对企业进行估值是一门艺术,而不是一门科学,它受到多种因素的影响。

## 敲黑板

### 为什么重要？

上市公司的董事通常专注于将反映在股价上的商业价值最大化，同时响应投资者的股息预期（见第 29 章股权融资）。

对于未上市企业而言，企业的出售或上市是投资者的退出途径，而建立长期价值可能是其主要目标之一。即使对于那些没有明显出售或上市意图的公司，比如宜家，建立长期价值也与其长期生存息息相关。

### 何时重要？

上市公司的股价将是董事持续关注的焦点，也将影响业绩衡量（见第 29 章股权融资和第 27 章投资者比率）。

对于未上市公司，通常需要在以下情况下进行估值：

- 所有者希望通过上市出售或退出；
- 购买者希望购买该企业；
- 引入新股东，通常是为了进一步进行股权融资。

## 估值技术

有两种主要的企业估值方法：基于资产的和基于收入的。基于收入的估值有两种主要技术：倍数法和现金流折现法。

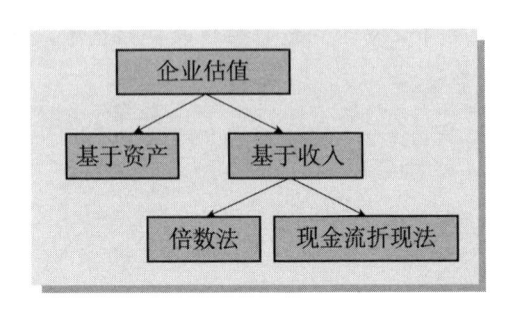

**1. 基于资产**

资产是大多数估值的起点，因为它给出了企业愿意接受的最低估值。基于资产的估值对资产充足的企业最适用，如房地产控股公司和一些制造业公司。

然而，基于资产的估值并不只是从最新的资产负债表中提取数字那么简单（见第 4 章资产负债表）。分析师需要对企业进行"审查"（见第 20 章外部财务审计），以确定其所有资产和负债，并进行正确评估。

**2. 基于收入**

基于收入的估值通常比基于资产的估值产生的价值更高，并显示收购方愿意支付的最高价格。如果公司有盈利的交易历史，并且很可能持续经营（见第 25 章破产和持续经营风险），基于收入的估值通常更可取。

（a）倍数法。基于收入的估值的一个简单方法是在收入或理想情况下的利润的基础上应用倍数。

- 收入倍数可用于尚未盈利的初创企业或利润不稳定的企业。
- 利润倍数优于收入倍数，因为它既考虑了成本，也考虑了收入。在一个行业中，利润和价值之间存在高度的相关性。

在任何一种情况下，使用的收入或利润数字都应是可持续的，不包含非常规（一次性）项目（见第 3 章利润表）。这通常被称为"未来可持续收益"。

倍数将因行业和经济周期而异。对于利润倍数，该行业的市盈率（见第 27 章投资者比率）是一个良好的起点。对于未上市公司而言，其行业的市盈率通常会被打折扣，以反映该公司的竞争力低于一般规模较大的上市公司。

BDO UK LLP 发布季度 PCPI（未上市公司价格指数，Private Company Price Index），分析通常用于未上市公司的倍数。从历史上看，企业规模越大，市盈率越高。

（b）现金流折现法。这种方法最复杂，涉及计算未来现金流的现值。

这涉及基于增长率、利润率、融资成本、税率和资本支出等各种假设预测未来现金流。

许多公司使用"自由现金流"的概念，即经营活动现金流减去资本支出

（见第 5 章现金流量表）。

使用适当的资本成本将未来自由现金流折现为现值（见第 35 章投资评估）。

估计未来现金流量、增长率和资本成本具有挑战性。假设的一个小变化就会对估值产生很大的影响。此外，过去的业绩并不总是未来业绩的可靠预测指标。

对于基于收入的估值，尽职调查（对目标企业的全面评估）将包括对收入和支出（见第 3 章利润表）、目标企业的成本结构（见第 33 章利润规划）以及估计和预测假设的可靠性的检查。尽职调查还可能包括对会计政策的审查（见第 19 章会计和财务报告准则）。

## 实务中

对于上市公司而言，保持股价稳定增长具有挑战性，这主要是由于董事会无法控制的外部因素，例如：

- 竞争对手的行为或反应；
- 分析师的意见；
- 媒体报道和谣言；
- 投机行为；
- 市场情绪与宏观经济；
- 股市泡沫和崩盘。

对于未上市企业来说，估值更多是一门艺术，而不是一门科学，因为价值是一个观点问题，最终要通过谈判来确定。

因此，最佳估值方法是：

- 使用各种估值技术，看看它们的结果是否接近。
- 研究最近出售的类似企业的估值。
- 研究目前出售的类似企业的"报价"。

各种估值技术的目的是提供一系列价值（而不是精确的数字），作为买卖双方谈判的基础。与大多数成功的谈判一样，估值技巧是找到共同点。

最终估值将取决于：

- 估值股权的百分比（收购方将为影响或控制战略决策的能力支付溢价）。
- 购买或出售的战略原因以及所有者出售的意愿。
- 管理层和员工的素质、经验和信誉，包括组织文化。
- 目标公司产品和服务的商业潜力。
- 目标市场的竞争力。
- 竞争性买方和卖方的数量及其谈判技巧。
- 交易将以现金（通常是对目标公司股东最具吸引力的对价形式）还是股票（目标公司股东以收购公司股票的形式获得对价）形式结算。
- 宏观经济和地缘政治因素。

## 涨知识

### 估值溢价

为了收购另一家企业，一些企业支付的价格高于传统估值方法获得的价值。

科技行业提供了一些有趣的溢价例子：

- 2020年2月，总部位于荷兰的Takeaway网站以78亿美元收购了Just Eat。2021年3月，合并后的集团Just Eat Takeaway网站以73亿美元收购了美国的Grubhub，创建了全球除中国以外最大的外卖公司。这一估值反映出在这个快速增长的市场内进行整合的愿望，以及来自Uber Eats和Amazon支持的Deliveroo等竞争对手的激烈竞争。
- 2014年2月，Facebook以193亿美元收购WhatsApp。当时WhatsApp的营业额约为5 000万美元，员工只有50多人。Facebook的估值参考因素显然不仅仅是传统的财务状况。潜在用户增长、用户黏性、竞争和战略因素对其估值的影响要大得多。
- 2006 年 11 月，Google 以 16.5 亿美元收购了 YouTube，这与 YouTube 当时的财务状况几乎没有关系。Google 看到了 YouTube 的未来潜力，YouTube 在当时是增长最快的网站之一，现在（在本书出版时）已成为世界上最受欢迎的网站之一。

在决定估值溢价时，收购方将考虑潜在的协同效益。协同作用的例子有：
- 营销——交叉销售和建立更大品牌的机会。
- 运营——规模经济、购买力和消除重复成本。
- 资金——获得更低成本的融资（见第 30 章债务融资）、更低的资本成本（见第 35 章投资评估）和税收优惠（见第 8 章企业税收）。
- 资产——获得独特资源，如专利。
- 管理——获得员工及其声誉、经验和共享学习成果。
- 风险分散——多元化进入新的市场和打造新产品/服务。
- 竞争性——阻止竞争对手达成目标。

然而，支付的溢价往往远远超过收购的协同效益。毕马威的研究表明，70%~80% 的并购未能创造股东价值。[①] 一些人认为，收购支付了过高的溢价，以满足投资者对增长势头的预期，而这不是单靠有机增长就能实现的。

正如沃伦·巴菲特曾经说过的那样，"以合适价格买入一家优秀的公司远胜于以优惠价格买入一家普通的公司"。

## 基于资产的估值

资产和负债应重新估值，以反映其当前价值。其他资产和负债也可作为估值过程的一部分。

---

[①] ' World class transactions: Insights into creating shareholder value through mergers and acquisitions', KPMG Transaction services.

| 资产负债表项目 | 估值 |
| --- | --- |
| 有形固定资产（见第 9 章有形固定资产和折旧） | <ul><li>如果按购买价格列报，则可能需要对财产进行重新估价。</li><li>其他有形资产应按重置成本而非扣除折旧后的账面价值列报。</li><li>投资应按市场价值列报。</li></ul> |
| 无形固定资产（见第 10 章商誉和其他无形资产） | <ul><li>具有市场价值的无形资产，如软件或专利，可能需要专业估价师。</li><li>购买的商誉（见第 10 章商誉和其他无形资产）应排除在基于资产的估值之外。</li><li>其他无形因素，如品牌实力和管理质量，将影响估值溢价（见上文），即收购方准备支付的高于基于资产的估值的金额。</li></ul> |
| 存货（见第 11 章存货） | <ul><li>应评估存货的年限和可销售性。</li></ul> |
| 应付账款（见第 12 章应收账款和应付账款） | <ul><li>应密切审查逾期债务人名单以及当前的坏账准备。</li></ul> |
| 现金 | <ul><li>以外币持有的现金的汇率应重新换算至交易日期。</li></ul> |
| 应收账款（见第 12 章应收账款和应付账款） | <ul><li>应检查任何集团公司或关联方的债权人（见第 16 章集团会计）的公允价值。应检查任何预提费用（见第 13 章预付款项和预提费用）的准确性。</li></ul> |
| 债务（见第 30 章债务融资） | <ul><li>应当检查债务契约和对出售某些资产的限制。</li><li>债务可能需要在收购时偿还，可能会有相关的惩罚条款，从而产生额外的负债。</li></ul> |
| 其他负债 | <ul><li>其他负债应准确量化，包括潜在收购导致的任何关闭/冗余成本（见第 14 章预计负债和或有事项）。</li><li>应重新评估或有负债，以确定是否需要预计负债（见第 14 章预计负债和或有负债）。</li><li>尽职调查应旨在发现任何隐藏的负债，如资金不足的养老金计划和资产负债表日后事项。</li></ul> |

## 小课堂

### 市净率

市净率是一个有用的业绩衡量指标，侧重于企业估值。

计算公式如下：

$$市净率 = \frac{公司价值}{资产净值（NAV）}$$

这一比率代表了市场（或收购方）对整体业务的看法——利润、资产负债表状况、管理和未来前景。对于上市公司而言，这个比率是很容易得到的。对于非上市企业，如本章所述，其价值的确定更具挑战性。

该比率将股东对公司的投资与公司价值进行比较。

- 一个成功的企业该比率应当大于1，最好是大于等于2。
- 该比率小于1意味着未来的利润可能不足以让股东完全收回他们目前在公司的投资。

然而，投资于长期项目的企业，例如房地产公司，其价值通常低于其资产净值。其中一个原因是这些公司拥有的资产（即财产）流动性低，这导致市场不确定其资产净值是否能够实现。

此外，该绩效指标假设公司的市场估值是准确的，但并不保证是准确的。小于1的估值可能意味着该公司相对于其资产净值（NAV）被低估了。

另请参见第23章盈利能力指标和第27章投资者比率。

### 想一想

1. 为什么一家企业即使不打算出售，也要考虑其估值？
2. 估价师在预测未来可持续收益时应考虑什么？

3. 在基于资产的估值中，哪个资产负债表项目对估值影响最大？在估值谈判中，是买方准备支付的金额还是卖方愿意出售的金额更重要？为什么？

4. 选择一个媒体报道的最近收购的例子，并考虑可能影响估值的因素。

如果你想了解作者对这些问题的看法，请访问 financebook.co.uk。

# 看报表

并购可以在资产负债表中找到，在商誉（见第 10 章商誉和其他无形资产）和投资（见第 16 章集团会计）项下。

上市公司的年报通常会在提及其他投资者比率的同时提及股价（见第 27 章投资者比率），而且通常是在董事薪酬报告内（见第 22 章公司治理及举报）。

## 摘自格雷格斯公司 2020 年年度报告和账目

在格雷格斯公司的 2020 年年度报告中，股东总回报的绩效图作为董事薪酬报告的一部分提供。股东总回报是一个投资者比率，衡量股息和资本增长的综合回报（见第 27 章投资者比率）。该图显示了格雷格斯公司相对于富时 250 指数和富时 350 指数的估值。

格雷格斯公司在 2020 年年底（最接近资产负债表日的日期）的资产净值（其股权价值）为 18 亿英镑。计算方法是将已发行和已全额支付的股票数量（101 426 038）乘以股价（2020 年 12 月 31 日为 1 790 便士），股票数量可在股本附注（附录第 428 页）中找到。

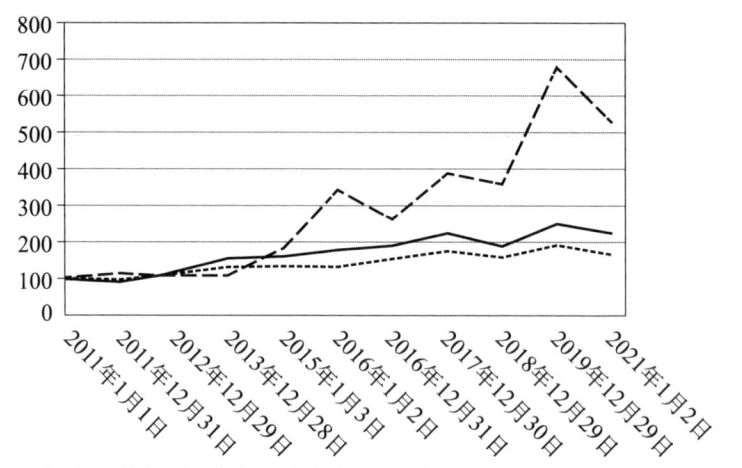

```
800
700
600
500
400
300
200
100
  0
```

2011年1月1日　2011年12月31日　2012年12月29日　2013年12月28日　2015年1月3日　2016年1月2日　2016年12月31日　2017年12月30日　2018年12月29日　2019年12月29日　2021年1月2日

---- 富时350指数（不包括投资信托）　—— 富时250指数（不包括投资信托）
– – 格雷格斯公司

（2020年年度报告和账目第99页）

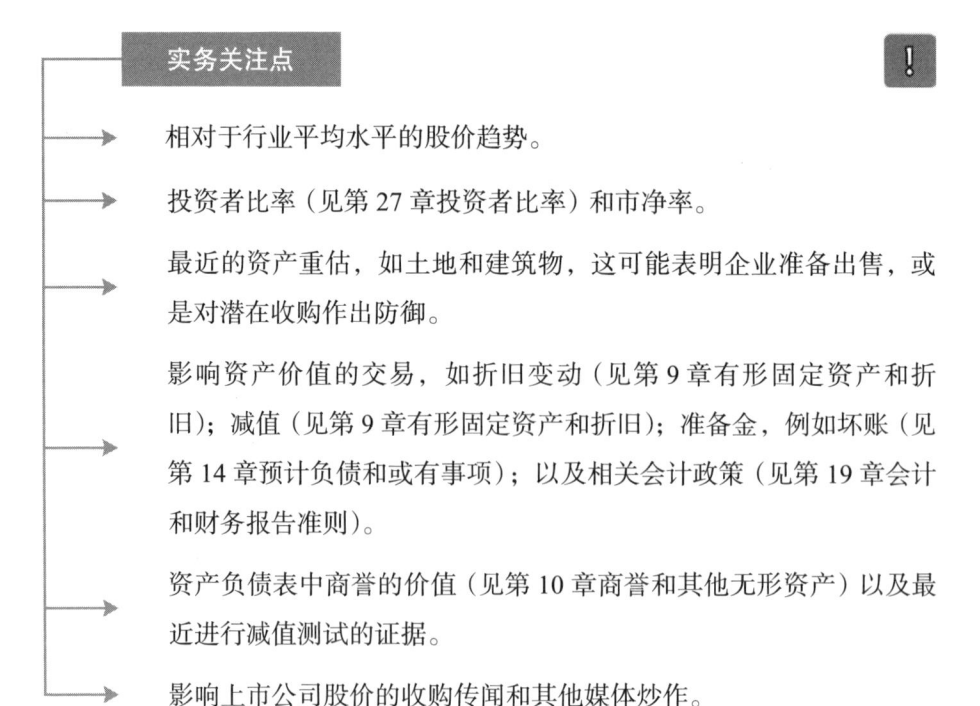

> **实务关注点**
>
> 相对于行业平均水平的股价趋势。
>
> 投资者比率（见第27章投资者比率）和市净率。
>
> 最近的资产重估，如土地和建筑物，这可能表明企业准备出售，或是对潜在收购作出防御。
>
> 影响资产价值的交易，如折旧变动（见第9章有形固定资产和折旧）；减值（见第9章有形固定资产和折旧）；准备金，例如坏账（见第14章预计负债和或有事项）；以及相关会计政策（见第19章会计和财务报告准则）。
>
> 资产负债表中商誉的价值（见第10章商誉和其他无形资产）以及最近进行减值测试的证据。
>
> 影响上市公司股价的收购传闻和其他媒体炒作。

# 第6部分

# 企业融资来源

# 29
# 股权融资

> 如果公司能够从市场上筹集资金,那么它们给未完成项目融资的问题将会解决。储蓄者和投资者的资金可以启动资本市场的投资周期。
>
> ——乌代·科塔克
> Kotak Mahindra 银行执行副主席兼常务董事

### 一分钟小结

股权融资是通过向投资者(股东)出售股票而筹集的资金("资本"),这些投资者成为公司的所有者并拥有投票权,作为他们投资的回报。

股权通常是一种成本更高的企业融资方式,因为股东需要高回报作为风险补偿。股东承受的风险最大,因为没有回报的保证,也没有为其投资的资本提供回报的保证。

对股票价值增长的预期和/或获得定期收入(股息)的前景,对股票投资者形成了吸引力。

股权融资还赋予股东影响公司战略的权利,因为其拥有投票权。然而,在实务中,大多数投资者很少行使该权利(见第22章公司治理及举报)。

## 敲黑板

股权融资对公司没有财务风险，因为没有支付收入或偿还资本的义务。

然而，要进行股权融资，现有股东必须通过向新投资者转让现有股份（或发行新股），至少放弃部分对公司的所有权。获得股权的投资者成为企业的部分所有者。

对于一些公司来说，股权融资可能是融资的唯一选择。例如，2008 年金融危机使公司，特别是小型公司，难以获得债务融资，因为银行不愿意放贷。

## 为什么重要？

对于大多数企业来说，如何融资可能是一个关键决定。对于这一被称为财务战略的决定不应掉以轻心，因为它会对公司的生存或繁荣前景产生重大影响。

在债务融资和股权融资之间做出选择并不总是简单的。

债务融资提供税收优惠，因为利息是企业的一项支出，所以可以免税。然而，债务必须得到偿还，因此增加了公司的财务风险（见第 30 章债务融资）。

## 何时重要？

大多数公司在商业生命周期的某个阶段即从"出生"到"衰退"的某个时期需要资金。根据企业所处周期的不同阶段需要资金，资金的可获得性可能有所不同。

## 成立和发展

在其早期阶段，企业难以获得债务融资，因为它不可能产生足够、可靠的现金流来偿还债务，它也不太可能有足够的资产向贷款人提供担保。

因此，股权融资可能是早期成长型公司的唯一融资来源。然而，作为所有者，企业家往往非常不愿意放弃控制权。尽管吸引力不大，但股权融资可能是为新企业筹集资金的唯一现实方式，尤其是在没有盈利、资产安全性也不高的情况下。

初创企业被认为风险特别高，因为它们没有成熟的市场，也不可能拥有有效管理业务增长的人员、系统和流程。早期股权投资者被称为"天使投资人"（参见下文"涨知识"专栏），他们可能会要求在企业中持有大量股权作为投资的回报，并要求获得董事会席位，以加强对其投资的监督。

对于投资者来说，股权融资是在获取未来不确定（但可能很可观）的利润和现金流的权利与今天投入的现金之间进行的一种权衡。

## 扩张和成熟

一旦建立，一个成功的企业可能通过保留利润来积累财务资源（见第15章资本和储备）。然而，为了进一步或更快地增长和扩张，公司需要的资金比其仅通过利润产生的资金更多。

在生命周期的这一阶段，企业拥有强大的资产基础，并有正现金流和利润，将更容易（通常以更低成本）吸引额外的股权融资，也可能使债务融资成为现实的选择。从贷款人角度，纯股权融资的公司被视为"更安全"的公司，因为它们没有预先存在的债务融资，即相对于通过债务融资的公司，它们没有（或仅存在较低的）利息承诺（见第26章长期偿债能力指标）。

在这一阶段，成熟的公司可能更愿意举债。债务是一种成本较低的融资形式，财务杠杆（也称为"举债经营"）可以被用作放大股东回报的策略（见第30章债务融资和第26章长期偿债能力指标）。

## 衰退（"破产"）

有债务融资的公司比只有股权融资的公司更容易破产，因为债务必须偿还。债务必须支付利息，到期时必须偿还债权人的投资资本。如果公司没有足够的现金来履行这些义务，它可能会被迫破产（见第25章破产和持续经营风险）。

## 实务中

股权成本取决于几个因素，包括风险和流动性。例如，上市公司可以比非上市公司以更低成本获得股权融资，因为它们的股票可以在证券交易所买卖。非上市公司股票交易的"市场"限制了其流动性，因此增加了投资者的风险。上市公司也被视为风险较低的投资，因为它们受到更严格的审查，包括被要求发布大量信息（见第 21 章公开信息）。

寻求股权融资的非上市公司面临的一项特殊挑战是如何确定其股票的公允价格。估值可能需要独立的专业意见，这是一项额外的成本，可能成为此类融资的障碍。由于企业现有价值的不确定性，新股东或现有股东可能不愿意进一步投资（见第 28 章企业估值）。

## 涨知识

### 私营公司——股权融资来源

对于非上市企业，最常见的股权融资来源是所有者 / 企业家（或其直系亲属和朋友）。

对于具有高增长潜力的企业，可能的替代股权融资来源包括天使投资人（或称"商业天使"）、股权众筹或风险投资等。

#### 天使投资人（商业天使）

天使投资人是富有的个人，他们将自己的资本投资于早期公司，以换取企业的股权。投资的条件通常是董事会席位，因为他们希望在企业中发挥积极作用。所有者也可能会投入新的资本，因为一些天使投资人认为这是确保企业成功的强大动力。

天使投资人的投资期限通常在 3~8 年之间。天使投资人希望投资的回报至少能翻倍，他们通常会向一家初创公司投资高达 5 万英镑。

天使投资人的一个好处是，他们往往可以提供免费咨询，因为他们通常是具有丰富经验或广泛商业联系的企业家或高管。

寻求融资的公司面临的挑战是找到一位"适合"公司及其雄心的天使投资人，这一过程会占用本可以用来发展业务的宝贵时间。

**股权众筹**

股权众筹是一个相对较新的概念（从2010年左右开始）。与其他类型的股权融资一样，众筹也涉及提供股份以换取资金。然而，一个关键区别在于，投资者是通过在线平台寻找的。这些平台使企业家能够通过视频宣传、资料、问答等方式展示他们的企业。

众筹平台使创业者能够以单一投资者的身份与多个投资者打交道。这避免了管理多个投资者所要付出的时间、成本和精力。

英国股权众筹平台受英国金融市场行为监管局（Financial Conduct Authority）监管。Crowdcube和Seedrs是股权众筹平台的典型代表，它们通常列出寻求融资10万~100万英镑以上的企业。

**风险投资**

风险投资（venture capital，VC）公司（简称风投公司）通常以合伙制形式成立，由合伙人担任公司经理。它们从机构投资者（保险公司、养老基金等）和富有的个人（包括他们自己的钱）那里筹集资金进行投资。它们通常被广泛宣传，因此是比天使投资人更明显的资金来源。它们通常会购买企业的少数股权，并希望获得董事会席位。风投公司通过以更高的价格出售给另一家公司或通过股票市场退出（通过"IPO"，见下文）来赚钱。风投公司向初创公司投资200万~5 000万英镑并不罕见。

**私募股权基金**

私募股权基金（private equity，PE）通常"收购"现有公司股东的股权，而不是为公司的扩张提供新的融资来源。

根据交易的性质，私募股权基金，如凯雷投资集团、KKR、黑石等，将寻求购买一家表现不佳的成熟企业100%的股份。

然而，私募股权基金不太可能完全通过新的股权融资为收购提供资金。

相反，它们主要使用债务融资来收购现有所有者的股权。这就是杠杆收购（leveraged buyout，LBO）。

私募股权基金的战略是比现任管理层更好地管理公司。现任管理团队通常由 PE 任命的行业专家取代。然后，通过处理非核心资产或减少劳动力，对业务进行精简，重点是提升公司成长能力和盈利能力。

私募股权资金引人注目的例子包括 2007 年 KKR 收购 Boots 公司，2011 年 LDC（Lloyds Development Capital）收购 Learndirect（英国最大的学徒和就业服务提供商）。最近的一个例子是 TDR capital（和亿万富翁伊萨兄弟）在 2020 年收购 ASDA。据报道，在对 ASDA 的杠杆收购中，只有 12% 的收购价款是通过新的股权融资支付的（相比之下，市场平均的比例是 50%）。

通过私募股权基金进行再融资通常会导致公司负债增加，支付利息的承诺增加，可用于投资业务增长的资金减少。一些人认为，PE 融资模式是许多高街品牌倒闭的原因，包括玩具反斗城（2018 年）和 Debenhams（2020 年）。

私募股权基金寻求通过首次公开发行（IPO）或销售交易（例如，向竞争对手）实现其投资。

私募股权基金由机构投资者和高净值个人投资者出资。所需的最低资本额可能因公司和基金而异。一些基金的最低准入门槛是 25 万英镑，另一些基金的门槛则高达数百万英镑。

## 上市公司——其他股权融资来源

### 首次公开发行

首次公开发行（initial public offering，IPO）是非上市公司首次向外部投资者出售股票。公司发行股票是为了在证券市场上市。上市公司有既定的股价，而非上市公司没有历史价格数据。因此，（对投资者而言）IPO 比（之后的）公开发行风险更大，因为很难确定其股票的准确价格。例如，2021 年 Delivero 首次公开发行的价格为 390 便士，但该公司股价在伦敦证券交易所正式上市的第一天就下跌了 30%。大约 70 000 名私人投资者因此蒙受了损失。

**特殊目的收购公司**

寻求通过 IPO 融资的非上市公司面临的一个重大挑战是，需要广泛披露公司的历史，包括经审计的财务报表。此外，股市波动的风险导致许多公司推迟了 IPO 计划，因为它们担心市场波动可能会影响公司进入公开市场。

特殊目的收购公司（special purpose acquisition companies，SPACs）避免了市场极端波动的风险，然而新冠疫情加剧了这种风险。

SPAC 本质上是空壳公司，旨在通过 IPO 筹集资金，以收购现有公司。它们通常由具有特定行业知识和专业知识的创始人建立。

创始人可能是机构投资者或知名企业高管，通常已经考虑了收购目标，但可以通过不确定目标来避免在 IPO 过程中进行大量披露。因此，它们可以为寻求上市的公司提供更快的 IPO 流程。

SPAC 的投资者，从私人资本到普通公众，可能并不知道他们将投资哪些公司，但创始人的成功投资记录会吸引他们。

一旦筹集到资金，SPAC 有两年时间来收购一家公司或将资金返还给投资者。

**额外股权融资**

对于已经上市的公司，筹集额外股权融资的最常见途径是：

- 配股

配股是向股东按其持股比例、以低于市价的某一特定价格配售一定数量的新发行股票的融资行为。股东通过行使权利，保持其在公司的股权比例。配股通常由承销商承销，这意味着任何不被股东持有的股票都由承销商（通常是投资银行）购买，并收取费用。然后，这些股票可以出售（"配售"）给机构投资者。

- 公开发行

上市公司更有可能通过公开发行筹集资金，因为它们的需求很大，而且股价很高。向新股东发行股票通常会稀释现有股东的利益（见下文"小课堂"专栏）。

在英国，公开发行受到监管，必须有招股说明书作为支持，招股说明书包含帮助投资者做出明智投资决策所需要的信息。招股说明书必须包括有关公司活动和财务业绩、董事和高管、资金使用方式以及投资风险的信息。

## "管理"股价

上市公司（与非上市公司相比）的一个关键优势是它们能够通过证券市场获得资金。然而，这给董事带来了额外的挑战，包括需要管理股价以满足预期，并实现外部绩效指标（见第 27 章投资者比率和第 28 章企业估值）。尽管公司盈利并拥有忠诚的客户，董事仍然可能会做出风险决策，例如通过收购来支撑股价，特别是在持续的增长变得难以实现的情况下（见第 22 章公司治理及举报）。

一些上市公司已回归私人（或私人股本）所有制，因为这将使它们远离公众的目光，并使它们能够以更长远的眼光看待业务。例如，迈克尔·戴尔（Michael Dell）在 2013 年将戴尔电脑私有化。亨氏（H. J. Heinz）是同年退市的另一家公司（尽管其在 2015 年与卡夫食品（Kraft Foods）合并后再次成为上市公司）。

## 小课堂

### 优先认购权

寻求向新股东融资的公司必须首先取消现有股东的优先认购权。优先认购权保护现有股东，使其在公司中的持股比例不会被稀释。如果股东同意放弃其权利，则意味着他们接受稀释，以换取新的资金（和股东）进入企业。

股东"稀释"的程度取决于发行新股的价格和数量。

### 示例

美国广播公司（ABC plc）以每股 10 英镑的价格发行了 1 000 万股股票，

比原始发行价高出 9 英镑（票面价值为 1 英镑）。

|  | 股权融资 | 价格 | 已发行股份 | 持有比例 % |
|---|---|---|---|---|
| 之前： |  |  |  |  |
| 原始股东 | 1 亿英镑 | 1 英镑 | 1 亿 | 100% |
| 新股发行 | 1 亿英镑 | 10 英镑 | 1 000 万 |  |
|  | 2 亿英镑 |  | 1.1 亿 |  |
| 之后： |  |  |  |  |
| 现有股东 |  |  | 1 亿 | 91% |
| 新股东 |  |  | 1 000 万 | 9% |
|  |  |  | 1.1 亿 |  |

新筹集的资金（1 亿英镑）相当于从原始股东处筹集的金额。然而，稀释程度较低，因为股票的发行价格明显高于面值（见第 15 章资本和储备）。

## 字母股票

字母股票（alphabet shares），顾名思义，是由不同字母表示的普通股，如 A、B、C 等。字母股票提供了一种创建普通股子类别的方法，这些子类股票具有不同的权利。

通过发行字母股票，公司能够增强或限制股东的投票权、股息权或资本权。例如，A 股享有的投票权可能是 B 股的两倍。因此，拥有相同数量股份的两名股东可能拥有不同的权利，以反映其所持股份的不同类别。

## 股利和股利政策

只有普通股赋予股东对公司的所有权。但股东没有自动获得股利的权利。董事通常会在年度报告中披露分红政策。例如，可能采取"渐进式"派息政策，即预期派息至少与每股收益的增长保持一致。

有股利支付政策的公司通常被投资者视为积极的，因为股利为投资者创造了收入。有一种观点认为，（支付股利的）公司的股价将（比不支付股利的类似公司）更高，因为它们对投资者更有吸引力，尽管这一观点多年来一直是学术界争论的主题（另见第 27 章投资者比率）。

## 想一想

1. 思考一家需要融资的企业，什么因素会影响其在债务和股权之间的决定？这个决定有多"明确"？

2. 浏览股权众筹平台（Crowdcube，Seedrs），了解这种股权融资的方法。

3. 非上市公司通常通过债务为公司再融资。债务增加对企业有什么影响？为什么企业所有者仍然会考虑债务融资这一选项？

4. 为什么上市公司会选择退市并回归私有制？

如果你想了解作者对这些问题的看法，请访问 financebook.co.uk。

## 看报表

公司的资金来源可以在资产负债表上看到：

- 股权融资包括股本和股本溢价（见第 15 章资本和储备）。
- 债务融资包括非流动负债中的长期负债。

**摘自格雷格斯公司 2020 年财务报表**

（附录第 366 页）

## 资产负债表

2021 年 1 月 2 日（2019 年：2019 年 12 月 28 日）

| | 附注 | 集团 2020 年（百万英镑） | 集团 2019 年 重述（百万英镑） | 母公司 2020 年（百万英镑） | 母公司 2019 年 重述（百万英镑） |
|---|---|---|---|---|---|
| 净资产 | | 321.6 | 341.1 | 320.0 | 339.4 |
| 所有者权益 | | | | | |
| 资本和储备 | | | | | |
| 股本 | 23 | 2.0 | 2.0 | 2.0 | 2.0 |
| 股本溢价 | | 15.7 | 13.5 | 15.7 | 13.5 |
| 资本偿还准备金 | 23 | 0.4 | 0.4 | 0.4 | 0.4 |
| 留存收益 | | 303.5 | 325.2 | 301.9 | 323.5 |
| 归属于母公司股东的所有者权益总额 | | 321.6 | 341.1 | 320.0 | 339.4 |

### 实务关注点

- 现有股本的金额。

- 资本储备的金额（见第 15 章资本和储备）。

- 资本公积中股本溢价的存在和金额。股本溢价表示公司发行了更多股份。

- 现有股东人数。

- 现有股东（所有者、投资者、机构）的类型及其出售意愿。

- 如果需要，现有股东愿意投资更多股权。

- 公司的生命周期 / 概况以及潜在未来股权投资者的数量。

**实务关注点（续）**

- 股息率（见第 27 章投资者比率）。
- 股息政策（对现有或未来股权投资者的吸引力）。
- 股价波动。
- 扩张计划和未来融资需求。

# 30

# 债务融资

> 借人小钱多了一位债权人，借人大钱却多了一位敌人。
>
> ——普布利利乌斯·赛勒斯
> 拉丁文格言作家

### 一分钟小结

公司通过两种方式筹集资金：债务或股权。债务融资是指必须连本带利偿还的借款。原借款金额（本金）的偿还日期通常在借款时确定。

借款人和贷款人将协商：

- 利率；
- 支付的频率和时间；
- 利息是否可以"累积"并与本金一起偿还。

债务融资通常以无担保贷款或有担保贷款的形式从银行获得。有担保贷款（债券）是一种协议，给予贷款人对借款人资产的担保。一旦双方达成书面协议，则在 Companies House 登记。

债务融资是一种比股权融资成本更低的融资形式。这是因为债务融资：

- 为债务持有人提供商定的回报水平，与没有回报保证的股权融资不同；

> **一分钟小结（续）**
>
> - 可以以公司资产为抵押，降低了贷款人的损失风险；
> - 在破产时清偿顺序靠前，为债权人提供了更大的保护（见第 25 章破产和持续经营风险）；
> - 为公司带来税收优惠，因为利息可以免税。
>
> 然而，由于必须偿还的利息支出承诺，高负债（杠杆）企业具有更高的财务违约风险（见第 26 章长期偿债能力指标）。

# 敲黑板

## 为什么重要？

对大多数企业来说，决定如何为公司融资是至关重要的，它会影响公司的生存和发展机会。

债务融资通常被视为比股权融资对企业所有者更有吸引力（见第 29 章股权融资），原因包括：

| 确定的回报 | 债务持有人以约定的频率获得约定（合同约定）的回报水平，而股东无法获得关于确定回报的保证。 |
|---|---|
| 无所有权 | 债务持有人没有自动参与企业经营的权利。与股权融资不同，借款的企业进入一种商业关系，当借款金额得到偿还时，这种关系就结束了。在股权融资中，控制权和所有权始终属于所有者。从现有的所有权和管理角度来看，这是非常有吸引力的，因为它避免了对企业经营的干预。 |
| 安全性和受偿顺序 | 债务融资通常比股权融资成本低，因为贷款可以以企业资产为抵押。在破产情况下，贷款人在还款顺序上排在股东之前。因此，他们更有可能收回部分或全部投资金额，因为公司被要求保持资本储备以保护债权人的利益（见第 15 章资本和储备）。 |

| 税收优惠 | 与股息不同，利息是一项可税前扣除的支出。在英国（2021年的公司税税率为19%），这意味着每支付100英镑的利息，公司的纳税义务就会减少19英镑。实际上，在企业每支付的100英镑利息中，财政部贡献了19英镑。 |
|---|---|

企业可以进行债务融资以降低其总资本成本（见第35章投资评估）。降低资本成本将提高项目的可行性，并有助于提高盈利能力。

然而，债务融资也有缺点。负债增加了财务风险（见第26章长期偿债能力指标），因为它要求公司支付利息和（偿还）借款本金。利息承诺意味着营业利润必须首先用于偿还债务，而不是再投资于业务增长。如果债务以公司资产为担保，任何未能支付利息（违约）的行为都可能导致公司被迫出售资产，这将降低企业经营能力，甚至威胁企业的生存（见第25章破产和持续经营风险）。

## 实务中

虽然债务融资比股权融资成本低，但在实务中这并不是每个企业的选择。

新公司或小公司往往无法获得债务融资，要么是因为企业没有足够的现金支付利息，要么是由于企业没有足够的资产作为担保。因此，股权融资通常是小企业唯一的融资选择（见第29章股权融资）。

具有正现金流的经常性收入的成熟公司更容易获得债务融资，许多公司选择债务而非股权的方式来为其增长融资，因为这降低了其整体资本成本（见第35章投资评估）。

公司的经营成本结构应该是其融资决策的一个考虑因素。例如，以高固定成本经营的公司应避免债务融资，因为即使收入下降幅度较小，也可能对营业利润产生重大不利影响，从而增加利息支付违约的风险（见第33章利润规划）。

实务中，大多数企业同时采用债务融资和股权融资。债务-股权组合使公司能够从债务的某些优点中获益，同时避免其缺点的影响，即在获得税收优惠的同时将财务承诺保持在可接受的水平内。

获得债务和股权的最佳组合是公司融资战略的一部分（见第26章长期偿

债能力指标）。从实务角度来看，获得债务的能力取决于公司的信用状况。贷款人在决定是否发放贷款和贷款的金额时，会考虑企业的信用评级、以往表现、证券的流动性、现金流预测、商业计划等。

21世纪的低利率使债务融资成为对企业更有吸引力的融资形式。然而，这并未转化为债务融资的增长。这在很大程度上是因为，公司仍然很难获得贷款，尤其是规模较小的公司。

## 涨知识

**借款成本**

收取的融资成本（利率）取决于公司的风险水平或信誉。风险越高，贷款人要求作为补偿的报酬就越高。当违约风险较高时，公司将面临较高的利率。

**契约**

债务融资总是有"附加条件"。公司通常需要遵守契约。这些是必须达到（或不能违反）的财务绩效限制或目标，并包括在贷款协议中，如抵押债券。通常情况下，为了防止公司承担额外的、过度的债务，会签订利息保障和杠杆率契约。契约为贷款人提供了一定程度的保证，保证借款人的持续偿债能力（见第26章长期偿债能力指标）。

契约还可能要求债权人提供经常和定期的财务信息。因此，在实务中，债务融资的提供者可能会比股东获得更多的财务信息。

**长期债务融资来源**

- 长期借款（long-term loans）：以有担保或无担保的方式从银行或其他

金融机构借款。贷款有固定的期限（例如十年），要求在期限结束时偿还本金。利息按月、按季或按年支付，直到本金还清为止。

- 债券（bonds）：规模较大的企业可以发行债券作为长期融资。债券是一种债务负债，通常要求公司定期（例如一年或六个月）向债券持有人支付利息，并在债券到期时偿还本金。债券的一个显著特点是，它可以由债券持有人买卖，像股票一样，其价格可能会因供需、信用评级、分析师的意见、经济状况等因素而波动。

- 抵押债券（debentures）：抵押债券通常是以借款人资产为担保的长期贷款。一旦双方达成书面协议，债券将在 Companies House 登记（见第 21 章公开信息）。

- 可转换债券（convertible bonds）：可转换债券是一种长期债务，赋予持有人将公司债券转换为股权（股票）的额外权利。如果公司业绩良好，贷款人有权按预定利率将债券转换为股票，并从公司的股价上涨中获益。如果债券持有人选择不转换，公司仍需支付债券利息，并在债券到期时偿还本金。

- 众贷或点对点借贷（crowdlending or peer-to-peer（P2P）lending）：众贷在有担保或无担保的基础上为中小企业提供长期贷款。众贷使用的在线平台类似于众筹（见第 29 章股权融资），两个术语经常互换使用。众贷平台就像一个市场，将借款人的资金需求与投资者的投资兴趣相匹配。由于所有的活动都在网上进行，贷款机构的运营成本较低，使得借款人能够以比其他方式更低的成本获得资金。

  Funding Circle 就是一个例子，它是英国第一个在线借贷平台，成立于 2010 年金融危机期间。虽然其平均贷款金额为 6 万英镑，但有担保贷款最多可达 100 万英镑，无担保贷款最多可达 50 万英镑（见下文）。

## 短期债务融资来源

- 基于资产的融资：当客户延迟支付到期款项时，企业，尤其是小企业可能会受到重大影响。为了满足短期融资需求，基于资产的融资计划可以帮助企业释放营运资本，专注于实现销售增长（见第 24 章营运资本和流动性管理）。

基于资产的融资的一个典型示例是发票融资（invoice finance，IF）。这涉及保理机构（称为"保理人"）根据公司分类账中特定未付发票的价值预付现金。保理机构通过保留一定比例的债务作为费用来赚钱，而企业则通过预先获得现金来管理其营运资本。

- 透支：透支是最常见的短期融资形式，通常以企业资产为担保。虽然透支是许多企业显而易见的融资来源，但其是一种昂贵的债务融资形式（见第 24 章营运资本和流动性管理）。

# 小课堂

## 有担保债务与无担保债务

债务融资通常以一项或多项资产为"担保"，为债权人的贷款提供保障。实现这一目标的法律机制称为抵押（charge）。

### 固定抵押

固定抵押设定在特定财产上，让与担保是对特定财产（土地/建筑物）进行固定抵押的最常见的例子。

固定抵押以特定资产为担保，如果一家公司未能履行其还债义务，则抵押在法律上限制了该公司对抵押资产的处置能力。虽然固定抵押并不赋予贷款机构任何资产所有权，但它赋予其在违约情况下处置资产以收回欠款的权利。在英国，固定抵押在 Companies House 登记（如果土地和建筑物也在 Companies House 登记的话）（见第 21 章公开信息）。

### 浮动抵押

浮动抵押是"无担保的"，即它没有针对特定资产的担保。如果一家公司没有固定资产（通常是不动产、土地和建筑物），或者其资产已经用现有债务融资担保，贷款人可以寻求浮动抵押。

如果公司陷入财务困境，浮动抵押可以转化为固定抵押。这通常发生在指定接管人时（见第 25 章破产和持续经营风险）。

浮动抵押比固定抵押为贷款人提供的担保更少，因此，以浮动抵押担保的贷款通常具有更高的利率。浮动抵押在清算中的确切地位在法律上仍然存在争议，因为贷款人的权利仍受判例法的影响。

## 信用评级和借款成本

公司的信用评级可能对其债务证券（通常是债券）的价格产生重大影响。公司（甚至国家！）的信用评级来自惠誉（Fitch）、穆迪（Moody's）和标准普尔（Standard & Poor）等评级机构。例如，对于一家希望通过发行债券获得债务融资的公司来说，评级不佳或评级下调会提高债券的利率（收益率），以反映贷款给该公司的较高风险水平。

信用评级机构使用自己的术语进行评级，尽管符号非常相似。最高评级 AAA（惠誉和标准普尔使用）或 Aaa（穆迪使用）表示最高信用等级。

2020 年 10 月，穆迪将英国主权债务评级从 Aa2 下调一个等级至 Aa3，理由是政府难以遏制第二波新冠疫情，并被要求批准额外支出以保护企业和就业。Aa3 评级虽然低于穆迪的最高评级（Aaa），但仍表明其投资等级非常高（借款人被定性为高质量、低风险、具有可接受的短期偿债能力）。

## 想一想

1. 为什么债务和股权融资相结合比单纯利用股权融资更可取？

2. 有人认为，债务融资优于股权融资，因为后者意味着将"控制权"交给外部投资者。你同意吗？

3. 信用评级机构的评级下调对公司及其融资能力有什么影响？

4. 浏览多个众贷/众筹平台（例如 Funding Circle，Indiegogo），以更好地了解这一融资途径。

如果你想了解作者对这些问题的看法，请访问 financebook.co.uk。

## 看报表

债务是公司的一种负债。债务融资是长期负债，属于非流动负债。

### 摘自格雷格斯公司 2020 年年度报告和账目（第 41 页）

**流动性保障措施**

2020 年 3 月，格雷格斯公司的店铺因第一次国家封锁而关闭，公司显然需要获得额外的流动性，以支持其度过一段相当长的封闭期。公司已采取行动留存现金，包括在政府新冠病毒工作保留计划（CJRS）的支持下，让大多数员工休假，取消发放之前宣告的 2019 年最终股息，并停止资本项目。

2020 年 4 月，本公司确定了利用英格兰银行冠状病毒企业融资机制（CCFF）的资格，并发行了 1.5 亿英镑的商业票据，以确保在当时不确定的封闭时期保持强劲的财务状况。2020 年 12 月，本公司与一个银团签订了 1 亿英镑的循环信用贷款协议。这使我们有信心赎回 CCFF 商业票据，加上年底的净现金余额，我们在 2021 年的财务状况将保持良好。

**实务关注点**

> 债务协议中的"细则"。贷款人对逾期或未付款项收取高额罚款。未付款可能导致资产收回或贷款取消。

> 债务协议中的债务契约。违规行为可能导致取消贷款、收回财产或罚款。

> 信用记录。未能按时付款会对信用评级产生不利影响,并降低企业未来获得融资的能力。

> 个人担保。贷款人通常要求所有者提供担保,尤其是在没有足够资产作为担保的小型企业中。虽然公司可能是一个"独立的法律实体",但个人担保模糊了这种区别。

> 债务融资的同比增长/变化。

> 杠杆水平(见第 26 章长期偿债能力指标)。

> 利息保障(见第 26 章长期偿债能力指标)。

> 债务担保(如无担保/有担保)。

> 现有债务的到期日。

# 第 7 部分 财务管理

# 31
# 管理报表

> 两位会计师坐在车里。财务会计从后窗向外看,记录其旅程。管理会计坐在驾驶座上,规划汽车的行驶方向、行驶速度并及时调整。
>
> ——会计寓言

> **一分钟小结**
>
> 通过将管理报表与财务报表进行对比,可以更好地理解管理报表。
>
> 财务报表报告企业"发生了什么"。管理报表试图解释"为什么会发生这种情况"。
>
> 法律要求财务报表向股东报告公司的历史财务业绩。
>
> 管理报表是为运营目的而编制的,为公司董事和经理提供更及时、更详细的信息,帮助他们高效地经营企业。
>
> 管理报表分析过去和现在的财务和非财务信息,帮助公司对未来做出更明智的决策。

## 敲黑板

管理报表通常由管理会计师以"包"的形式编制，有时称为"月度管理包"（monthly management pack）或"管理报表包"（management accounts pack），简称为 MAP。

## 为什么重要？

企业的成功与决策的质量直接相关。为了做出高质量的决策，企业需要获得及时、准确、可靠、相关和有洞察力的信息。董事会的主要信息来源是 MAP。

财务在许多组织中的作用正在演变，从传统的报告历史财务信息的角色转变为提供"业务合作"的支持。这是指财务人员通过分析财务和非财务信息帮助管理层了解业务，进而帮助企业做出更好的决策。例如，虽然财务报表可能将营业额数字作为单个数字进行报告，但 MAP 按产品和地理位置对该数字进行细分。这可以使管理层确定哪些产品和地区最成功（或最不成功），进而集中未来的投资和注意力。

## 何时重要？

### 频率

财务报表每年编制一次（尽管上市公司也会公布中期或半年编制一次的报表），而 MAP 的编制频率要高得多。

MAP 通常按月编制，尽管有些公司可能会更频繁地编制，例如每周，甚至每天。虽然技术使更多的公司实现实时更新信息，但月度 MAP 仍然很常见，并包括其他相关的管理信息（见下文"涨知识"专栏），以便在每月的董事会会议上讨论。此外，实时数据（可能只是数字）和 MAP（包括分析，需要专业判断）之间存在差异。

### 时滞

对于一家大公司来说，财务报表可能需要数周甚至数月才能编制完成。这主要是因为要确保其包括所有交易，进行各种必要的披露（见第 19 章会计和财务报告准则），并进行审计（见第 20 章外部财务审计）。此外，在年底之后最长可达 9 个月的时间内，报告才会公开（见第 21 章公开信息）。

由于 MAP 被用于经营业务和作出关键决策，因此及时制作 MAP 至关重要。一个组织良好的会计和财务职能部门可以在月末后的几天内生成 MAP。及时的信息有助于更快地做出决策，更早地发现问题和机会。

## 实务中

### 要求

与由公司法规定的财务报告不同，公司法没有要求编制 MAP。虽然完整的 MAP 在大公司中很常见，但许多中小企业却不太可能编制相同广度和深度的 MAP。影响中小企业成长为大公司的一个因素可能是其 MAP 的质量。

### 格式

虽然财务报表是通过全面的会计法规进行标准化的（见第 19 章会计和财务报告准则），但 MAP 没有会计准则来规范。事实上，MAP 的一个关键优势是可以根据企业需求进行定制。然而，也有一些既定的惯例（见下文"涨知识"专栏），许多 MAP 遵循主要财务报表的格式。

### 范围

财务报表汇总了整个业务，即使公司在不同的市场上销售许多不同的产品和/或服务。

MAP 可以深入到所需的任何细节，例如，部门、分部、单个产品、服务、市场或客户。

### 精确度

财务报表必须"真实、公允"，不存在"重大"错报（见第 20 章外部财务审计）。根据公司规模的不同，通常以 1 000 英镑或 100 万英镑为单位列报。

由于管理报表多用于做出关键的业务决策，因此管理报表通常需要比财务报表精确度更高。

**理想的 MAP**

理想的 MAP 应该根据每家公司的需求量身定制。企业应及时编制报表，并包含适当数量和高质量的信息，确保清晰、成本效益高。

## 涨知识

### 典型 MAP 的内容

根据 CIMA（特许管理会计师协会）的建议，理想的 MAP 篇幅应在 10～20 页之间，并包含以下内容：

- 确定所有关键问题的执行摘要，以及 KPI（关键绩效指标）概要。
- 行动计划，包括最好和最坏情况下的纠正措施和应急措施。
- 利润表，显示本期和以前期间的累计情况以及最新预测。应强调与预算的差异，并解释主要差异。趋势分析应以图表形式显示。
- 根据实际业绩和行动计划重新计算预期利润。
- 现金流概况，定期汇总截至年底的实际和预计收支以及结余情况。
- 分析主要资本计划的进度，显示完成百分比、当前及预计开支、完成成本及时间表。
- 以表格形式或使用绩效指标（如应收账款和应付账款周转天数）显示营运资本状况的资产负债表。

CIMA 还强调 MAP 应该易于理解，并包含图表、颜色编码、清晰的标题和选择性的高亮显示。CIMA 建议，只有当补充资料对委员会理解报告至关重要时，才应作为附录提供。

MAP 的其他有用内容包括：

- 注释。为了增加价值，MAP 应该"让数字说话"，讲述一个"故事"，说明发生了什么事情及其对预测的影响。
- 订单簿和其他"领先"与"滞后"的绩效指标。
- 非财务信息。MAP 不应只包含财务信息。卡普兰（Kaplan）和诺顿（Norton）的"平衡计分卡"建议用以下角度来平衡财务信息：
    - 客户——例如新的、重复的和丢失的客户数据；
    - 内部业务流程——例如生产率和效率指标；
    - 学习和成长——例如新产品开发和培训。

如上文"敲黑板"专栏所述，MAP 并非一刀切，其规模、复杂性和内容因组织而异，具体取决于公司的规模及其用户的要求。

## MAP 中典型标题摘录

MAP 通常包含逐月和年初至今（累计）的详细财务报表。

设定基准有助于管理层评估绩效，通常将"实际"结果与预算、预测数据（见第 34 章预算和预测）以及上年数据进行比较。

## 示例

上月营销支出

| 千英镑 ||||  比较  |||
|---|---|---|---|---|---|---|
| 实际数 | 预算数 | 第三季度 | 上年 | 实际数 vs 预算数 | 实际数 vs 预估数 | 实际数 vs 上年 |
| 100 | 95 | 102 | 90 | (5)<br>(5%) | 2<br>(2%) | (10)<br>(11%) |

累计营销支出

| 千英镑 ||||  比较  |||
|---|---|---|---|---|---|---|
| 实际数 | 预算数 | 第三季度 | 上年 | 实际数 vs 预算数 | 实际数 vs 预估数 | 实际数 vs 上年 |
| 1 000 | 1 050 | 980 | 1 100 | 50<br>5% | (20)<br>2% | 100<br>9% |

全年营销支出

| 千英镑 ||||  比较 |||
| --- | --- | --- | --- | --- | --- | --- |
| 实际数 +<br>预估数 | 预算数 | 第三季度 | 上年 | 全年 vs<br>预算数 | 全年 vs<br>预估数 | 全年 vs<br>上年 |
| 1 150 | 1 200 | 1 250 | 1 200 | 50<br>4% | 100<br>8% | 50<br>4% |

## 小课堂

### 财务报表和管理报表之间的对账

财务报表和管理报表最终必须协调一致。这是公司的一项基本控制，特别是当信息来源不同，并且 MAP 用于做出关键的业务决策时。

### 企业资源规划和电子表格

企业资源规划（enterprise resource planning，ERP）是一个集成 IT 应用程序的系统，用于管理企业和自动化许多后台功能，包括会计、供应链、运营、生产和人力资源。ERP 使得 MAP 的制作速度更快、效率更高（见第 2 章财务人员及系统）。

随着 ERP 的发展，CRM（客户关系管理，customer relationship management）、云计算和社交媒体等技术的发展增加了可供企业分析的数据量。这导致出现了新的管理会计做法，例如：

- 商业智能：解读原始数据以解释业绩；
- 商业分析：通过对数据的连续、迭代和系统的探索来洞察业绩；
- 大数据：对超大数据集进行计算分析，以揭示模式、趋势和关联，如客户行为和交互。

电子表格仍然在大多数管理会计部门中发挥着核心作用。虽然 ERP 系统已在许多大型企业中建立，但它们在中小企业中不太常见，中小企业主要依靠电子表格来生成 MAP。

大多数会计系统为处理发票和付款等交易而设计，因此，MAP 通常是通过从这些系统导入数据并在电子表格中"计算"数字而产生的。

## 想一想

对于示例组织：

1. 将年度财务报表与同期的 MAP 进行比较，以突出各报表中的差异。哪一个为管理层提供了更有价值的洞察以帮助其决策？
2. 你的 MAP 中最有价值的部分是什么？
3. 你的 MAP 中对价值增量贡献最少的部分是什么？
4. 你希望在 MAP 中看到哪些目前没有的内容？
5. MAP 是否有助于为你的商业决策提供信息？

如果你想了解作者对这些问题的看法，请访问 financebook.co.uk。

## 看报表

MAP 是一份内部文件，不会向公众公布。

银行（见第 30 章债务融资）、风险投资和私募股权基金（见第 29 章股权融资）可能要求企业将 MAP 共享作为其融资安排的一部分。

### 摘自格雷格斯公司 2020 年年度报告和账目

格雷格斯公司近年来实施并继续开发企业资源规划（ERP）系统。该系统是制作格雷格斯公司 MAP 的重要工具。

参见第 2 章财务人员及系统中与本节有关的内容，或格雷格斯公司年度报告和账目的相关摘录。

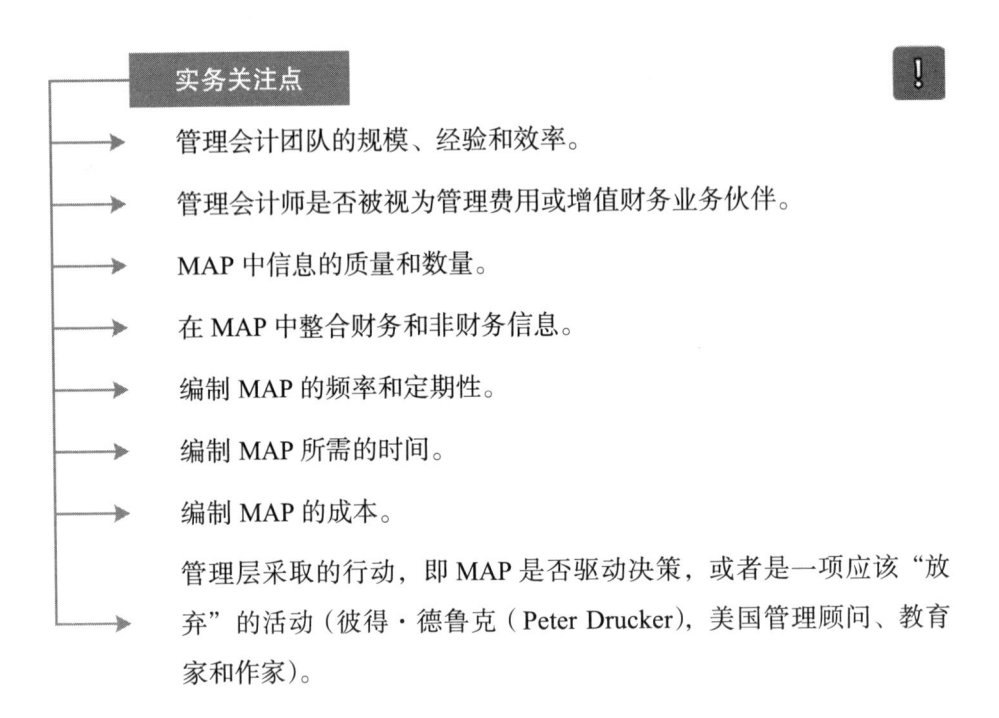

> **实务关注点**
>
> - 管理会计团队的规模、经验和效率。
> - 管理会计师是否被视为管理费用或增值财务业务伙伴。
> - MAP 中信息的质量和数量。
> - 在 MAP 中整合财务和非财务信息。
> - 编制 MAP 的频率和定期性。
> - 编制 MAP 所需的时间。
> - 编制 MAP 的成本。
> - 管理层采取的行动，即 MAP 是否驱动决策，或者是一项应该"放弃"的活动（彼得·德鲁克（Peter Drucker），美国管理顾问、教育家和作家）。

# 32
# 盈利定价

> 定价是第三项商业技能。（第一项是创造价值和生产产品或服务的能力，第二项是销售产品或服务的能力。）
>
> ——恩斯特·扬·鲍特
> 定价专家

> **一分钟小结**
>
> 价格对利润有直接影响。1英镑的额外收入产生1英镑的额外利润。同样，1英镑的折扣导致利润减少1英镑。
>
> 考虑到大多数企业面临的竞争环境，定价决策非常重要，不能将其交给使用传统的基于成本的方法的运营部门。定价具有战略重要性。
>
> 竞争和客户压力往往形成提供价格折扣的诱惑，然而，这可能对利润产生不利影响。通过关注客户的"价值"，企业能够提高价格和盈利能力。

## 敲黑板

## 为什么重要？

企业可以使用多种策略来增加利润。这些策略包括：
- 效率——通过提高劳动力生产率和减少管理费用实现；
- 吸引新客户；
- 留住老客户，鼓励回头客；
- 增加客户交易的频率；
- 通过向每个客户销售更多产品来提高每笔交易的平均价值；
- 通过更高的价格提高每笔交易的平均价值。

尽管上述所有措施都是有益的，但到目前为止，通常价格上调对利润的影响最大。此外，与其他措施相比，调整定价所需的时间、精力和成本最少。对于许多企业来说，价格上调带来的利润增长足以弥补任何损失。

然而，许多企业对涨价的担忧是毫无根据的。大多数行业日益激烈的竞争使企业无法提高价格。

重要的是，企业要了解价格对"盈亏底线"的影响，以及如何在给顾客提供他们想要的价值的同时合理定价。

## 实务中

除了低价值的普通商品，顾客并不像想象中的那样对价格敏感。"物有所值"通常比价格更重要。较高的价格通常是可以接受的，以换取较高的收益，反之，较低的价格只能换取较低的收益。这是一种权衡。

此外，购买行为远不只是"物有所值"的决定。客户在进行重要采购时会考虑许多因素，他们很少选择最便宜的选项。

许多企业在定价时忽略了这一点，也没有强调自己与竞争对手之间的价值差异。

例如：

- 服务质量，包括售后服务和支持；
- 提供的其他产品和服务（可能通过"捆绑打包"的方式）；
- 提供的产品保证；
- 账户管理的效率；
- 提供的个性化程度；
- 产品或服务的可靠性；
- 声誉和品牌。

## 如何定价

| | |
|---|---|
| 弥补成本 | 企业应通过确定与产品或服务相关的所有直接成本，并将其最低可接受的"溢价"添加到间接成本和利润中来计算最低可接受价格（见下文"涨知识"专栏）。弥补成本将确保企业不会亏损。然而，这只是一个起点，因为它没有考虑客户对价值的感知（见下文）。 |
| 按价值定价 | 以客户为中心的定价方法关注客户愿意支付的价格，这基于他们从产品或服务中获得的价值。<br>一个企业应该试着去理解顾客对价值的感知，开展研究，例如建立焦点小组（focus groups）可能是有帮助的。对于定制产品或服务，最好通过对话来了解对每个客户来说什么是重要的，什么是不增值的（见下文"小课堂"专栏的价格歧视）。这些对话应该用来提高客户对他们将获得的所有功能和好处的认识，并平衡他们的价值尺度。 |
| 观察竞争对手 | 重要的是参考竞争对手类似产品和服务的价格，这并不是要压低他们的价格，而是考虑定位。压低竞争对手的价格是一种冒险的游戏，只有那些规模和数量领先的公司才能玩。<br>与竞争对手相比，价格传递了公司在其客户（和潜在客户）眼中是什么定位的信息。客户会考虑相对价格的相对收益。 |
| 定期审查价格 | 随着时间的推移，成本可能会发生变化，新的竞争对手可能会进入市场，老的竞争对手会离开。同样重要的是，客户对价值的感知会随着时间的推移而变化。应尽可能经常地审查价格，"价值"应是与客户对话的定期主题。 |

注：每个行业和市场都是不同的，每个企业可能处于不同的位置。定价不能一概而论，不是每一种方法都是合适的。

## 涨知识

### 提供折扣

零售领域中的商业街和网上折扣店的存在影响了商业世界的其他领域，许多购买者现在习惯于主动要求折扣。许多人，特别是销售人员，都有取悦他人和避免冲突的内在愿望。因此，企业提供折扣是很常见的。遗憾的是，潜在的销售增长并不总是能由利润的增长来补偿，事实上，对于许多企业来说，情况恰恰相反。

### 示例

X 产品的直接成本为 75 英镑。ABC 有限公司每月销售 1 000 台 X，每台售价 100 英镑。

下表计算了如下内容：

1. 假设销量不变，给予 10% 折扣的影响。
2. 在给予 10% 折扣的情况下，维持现有利润水平所需的销量。

|  | 折扣前 | 1. 折扣后（销量不变） | 2. 折扣后（维持利润的销量） |
|---|---|---|---|
| 单价 | £100 | £90 | £90 |
| 单位成本 | (£75) | (£75) | (£75) |
| 单位利润 | £25 | £15 | £15 |
| 销售量 | 1 000 | 1 000 | 1 667 |
| 毛利 | £25 000 | £15 000 | £25 000[*] |
|  |  | 利润减少 40% | 销量增长 67%[*] |

[*] 四舍五入。

因此，对于 X 产品现有的 25% 毛利率：

- 提供 10% 的折扣将导致毛利减少 40%（假设销量不变）；
- 为了保持相同的利润水平，销量需要增加 67%。

折扣成本随着利润率的降低而被放大。例如，假设销量没有变化，如果 X 产品的毛利率低于 20%，则 10% 的折扣将导致利润减少 50%，或者需要销量增加 100%（以保持毛利润）。

### 利润率和加成率

尽管基于价值的定价有很多好处，许多企业在定价时仍会在成本上增加"溢价"，以弥补管理费用和利润。计算溢价有两种方法：

- 利润率；
- 加成率。

| 利润率 | 加成率 |
| --- | --- |
| 利润率是指利润占"销售价格"的百分比（另请参见第 23 章盈利能力指标中的"毛利率"）。衡量每次销售的利润率很有用。计算如下：<br>$\dfrac{\text{毛利}}{\text{销售价格}} \times 100\% = $ 利润率 | 加成率是利润占"直接成本"的百分比。它经常用于定价，因为在实务中它比利润率更容易使用。加成是添加在直接成本中，而不是按照利润率的要求倒推。使用加成率进行定价的方法通常被称为"成本加成"定价。<br>$\dfrac{\text{毛利}}{\text{直接成本}} \times 100\% = $ 加成率 |

### 示例

ABC 有限公司销售 Y 产品。每个 Y 产品的直接成本为 1 000 英镑。如果 ABC 公司使用 30% 的加成率，则每个 Y 产品的价格为 1 300 英镑。这代表了 23% 的利润率，如下所示：

| 利润率 | 加成率 |
| --- | --- |
| $\dfrac{300 \text{ 英镑}}{1\,300 \text{ 英镑}} \times 100\% \approx 23\%$ | $\dfrac{300 \text{ 英镑}}{1\,000 \text{ 英镑}} \times 100\% = 30\%$ |

利润率将始终小于加成率。

了解这些方法之间的区别很重要。在实务中，这些术语的混淆可能导致定价过低，例如，如果决策者使用利润率进行沟通，而运营人员却错误地将其理解为加成率。

## 小课堂

### 动态定价

技术进步使动态（或"需求收益率"）定价成为可能，即根据供需情况提供不同的价格。

例如，航空公司的机票价格根据座位的可得性、季节性需求、航班的实际时间、距离起飞前的天数和竞争对手的定价而变化。机票价格可能在一天内发生多次变化。

Uber 在需求高峰期使用"激增定价"。这确保了那些需要搭车的人只要准备好支付溢价就可以搭车。如果溢价太高，乘客可以选择等待或其他交通方式。这是典型的动态定价。

当动态定价被视为不道德和不透明时，可能会导致消费者的反对。在新冠疫情期间，一些零售商被指控毫无道理地大幅提高防护产品的价格。

### 价格歧视

价格歧视（或称价格定制、个性化定价）是根据客户对价值的相对感知，为不同客户提供不同的价格。

一些形式的价格歧视被广泛接受，例如对于学生或老年人的折扣。然而，其他透明度较低的价格歧视形式更具争议性。

2018 年，英国金融行为监管局（FCA）发表了研究论文《金融服务中的价格歧视：我们应该如何处理公平问题？》。此后，该机构发布了一系列关于保险和现金储蓄等不同金融服务的讨论和咨询文件。同样在 2018 年，英国政府和竞争与市场管理局（CMA）宣布，它们正在研究零售商针对假日、汽车和家居用品等领域的在线购物者的个性化定价。2021 年，CMA 发布了一篇相关的咨询论文《算法：如何减少竞争并伤害消费者》。这显然是一个越来越重要的问题。

## 撇脂定价

"撇脂定价"是一种用于新产品或服务的定价策略，这些产品或服务非常受欢迎，有别于竞争对手，通常质量很高，例如最新的智能手机或配件。

产品初始价格较高证明了这一点。但随着时间的推移，其初始价格逐渐降低。热衷于购买产品或体验服务的早期用户愿意支付相对较高的价格，并且是第一层被"撇去"的（就像一层奶油）。随着价格的降低，更多的人被吸引，下一层客户在该价格点被"撇去"，以此类推。

这种定价策略使供应商能够实现收入最大化，并更快地收回高昂的初始成本，如研发和营销成本。

## 渗透定价

对于新产品、服务或市场，通常采用渗透定价战略，即用低价来获得市场份额、品牌知名度和规模经济。例如，Lidl 和 Aldi 通过低价在竞争激烈的英国超市赢得了市场份额。这导致老牌公司提供进一步的竞争性折扣。2018 年，Tesco 成立了一个新的连锁品牌 Jack's，直接与 Lidl 和 Aldi 竞争。

将渗透定价策略作为一项长期可持续战略具有挑战性，因为企业不一定有低成本的商业模式来支持低价。例如，Uber 通过一种基于低成本技术的模式，凭借低价从传统出租车市场中获得了市场份额。

## 想一想

1.反思你自己的购买行为。价格是你决定购买的主要驱动因素吗？你在多大程度上受到价值差异因素的影响？哪些差异对你最重要？

2. 折扣对企业来说可能成本很高，但仍然是吸引客户的一种流行方式。提供折扣的好处是什么？

3. 考虑现实生活中动态定价的例子。这是一种公平的产品/服务定价方法吗？它有什么好处？

4. 价格歧视通常是合法的，但它总是合乎道德吗？思考明显存在不道德的价格歧视的现实情况。

5. 组织内的定价应由谁负责？

如果你想了解作者对这些问题的看法，请访问 financebook.co.uk。

## 看报表

年度报告可能涉及竞争性甚至道德性定价，然而，由于定价策略具有竞争性，因此不太可能详细介绍。

公司报表包括利润表中的"收入"（见第 3 章利润表）。一些年度报告和新闻稿（见第 21 章公开信息）可能包括有关销售单位的信息。使用此信息，可以确定平均价格；然而，一家多产品/服务的公司可能不会提供太多信息。

有些年报提供公司商业模式的信息。商业模式可能涉及定价策略或方法。

**摘自格雷格斯公司 2020 年年度报告和账目**

2020 年年度报告中提供了格雷格斯公司对其商业模式的描述。

价值是格雷格斯公司商业模式的一部分。"我们在竞争激烈的市场中提供了巨大的价值。"

（2020 年年度报告和账目第 8 页）

> **实务关注点**
>
> 企业如何定价？例如，它是否使用"成本加成"、基于竞争和/或以客户为中心的价格？
>
> 企业是否仅在价格上竞争，还是试图证明其产品物有所值和其他价值差异？
>
> 企业是否一贯提供折扣？有折扣政策吗？
>
> 价格多久变动一次？
>
> 谁负责在企业内制定价格？
>
> 是否提供了与价格匹配的保证？例如，John Lewis 历史上使用的口号是"决不故意低价销售"（该公司在 2020 年宣布正在审查该承诺）。
>
> 是否有反竞争或反消费者行为的证据？注意，这是竞争法禁止的。例如，2019 年卡西欧电子有限公司因禁止其电钢琴和键盘在网上打折销售而违反竞争法，被罚款 370 万英镑。

# 33
# 利润规划

> 年收入二十英镑，如果每年花销十九镑十九先令六便士，结果是幸福。年收入二十英镑，如果每年花销二十英镑六便士，结果是痛苦。
>
> ——威尔金斯·米考伯
> 查尔斯·狄更斯的小说《大卫·科波菲尔》中的虚构人物

---

**一分钟小结**

"利润规划"是一门重要的商业学科。它影响定价（见第 32 章盈利定价）、预算（见第 34 章预算和预测）和投资评估（见第 35 章投资评估）。

本质上，它是一种计算不同产品和服务预期利润的方法。

利润规划需要理解变动成本和固定成本以及"贡献"的概念。

通过使用简单的比率，企业可以计算目标利润及其对盈亏平衡点销售额的敏感性。

## 敲黑板

本章介绍利润规划的三个步骤：

1. 成本分类；

2. 边际贡献的概念；

3. 销售边际贡献率。

### 1. 成本分类

利润规划的第一步是将经营成本分为"变动"和"固定"两类。

| 变动成本 | 固定成本 |
| --- | --- |
| 变动成本将随业务活动而变化。 | 固定成本与变动成本相反，即当活动（商品或服务数量）发生变化时，固定成本不变。 |
| 例如：<br>• 对于一家销售产品的公司而言，销售存货的成本与销售数量成比例变化。<br>• 对于提供服务并使用承包商的企业，如建筑公司，承包商的"劳动力"成本随承建量的变化而变化。<br>• 销售佣金是变动成本的一个例子，因为其通常与销售收入直接相关。 | 例如：<br>• 办公室租金通常保持不变，无论收入增加还是减少。<br>• 固定成本的其他例子包括保险费用、营销费用和受薪员工。<br><br>然而，固定成本会随着时间的推移而变化。 |

### 2. 边际贡献的概念

以 XYZ 有限公司为例，该公司销售两种产品 X 和 Y，总利润为 250 000 英镑。

|  | X 产品<br>（千英镑） | Y 产品<br>（千英镑） | 总计<br>（千英镑） |
| --- | --- | --- | --- |
| 销售收入 | 700 | 300 | 1 000 |
| 变动成本 | (200) | (150) | (350) |
| 固定成本 | (200) | (200) | (400) |
| 利润 /(亏损) | 300 | (50) | 250 |

初读之时，有人可能建议 XYZ 有限公司停止销售 Y 产品，因为它显示出 5 万英镑的亏损，而应当只专注于 X 产品，因为其利润为 30 万英镑。

挑战在于，在许多企业中，固定成本经常被任意地集中分配给各个部门（如 Y 产品）。

如果 40 万英镑的固定成本总额与仓库的运营成本有关，并且平均分配给每个产品，那么该成本将不可避免（即无论是否有 Y 产品，它们都将存在）。停止生产 Y 产品意味着 X 产品必须吸收全部 40 万英镑的固定成本。这实际上会使 X 产品的总利润从 25 万英镑减少到 10 万英镑，具体情况如下：

|  | X 产品（千英镑） |
| --- | --- |
| 销售收入 | 700 |
| 变动成本 | (200) |
| 固定成本 | (400) |
|  | 100 |

相反，公司在作出利润规划决策时应计算边际贡献：

边际贡献 = 销售收入 − 变动成本

因此，XYZ 有限公司应考虑产品层面的边际贡献和公司层面的利润，如下所示：

|  | X 产品（千英镑） | Y 产品（千英镑） | 总计（千英镑） |
| --- | --- | --- | --- |
| 销售收入 | 700 | 300 | 1 000 |
| 变动成本 | (200) | (150) | (350) |
| 边际贡献 | 500 | 150 | 650 |
| 固定成本 |  |  | (400) |
| 利润 |  |  | 250 |

这一分析表明，尽管 Y 产品在分配固定成本后最初出现亏损，但它仍然为固定成本和利润贡献了 15 万英镑的正边际贡献。因此，Y 产品不应该停产。

这就假定，无论是否有 Y 产品，40 万英镑的固定成本都会存在。

### 3. 销售边际贡献率

销售边际贡献率（CPS），也称为利润与销量比率，在利润规划中特别有用。

CPS 可以用 XYZ 有限公司的例子来说明：

|  | （千英镑） |
| --- | --- |
| 边际贡献总额 | 650 |
| 销售总额 | 1 000 |
| CPS（边际贡献 / 销售额） | 65% |

CPS 可用于计算以下各项：

(a) 达到盈亏平衡所需的销售收入；

(b) 实现目标利润所需的销售收入。

#### a. 达到盈亏平衡所需的销售收入

计算如下：

$$盈亏平衡点销售收入 = \frac{固定成本}{CPS}$$

对于 XYZ 有限公司而言：

| 固定成本 | 400 000 英镑 |
| --- | --- |
| CPS | 65% |
| 盈亏平衡点销售收入（四舍五入） | 615 000 英镑 |

下面的计算表明，假设 X 产品和 Y 产品继续以相同的组合销售（销售比例为 7∶3），XYZ 有限公司将实现盈亏平衡，销售收入为 615 000 英镑。

|  | X 产品<br>（千英镑） | Y 产品<br>（千英镑） | 总计<br>（千英镑） |
| --- | --- | --- | --- |
| 销售收入 | 431 | 184 | 615 |
| 变动成本* | (123) | (92) | (215) |

续表

|  | X 产品<br>（千英镑） | Y 产品<br>（千英镑） | 总计<br>（千英镑） |
| --- | --- | --- | --- |
| 边际贡献 | 308 | 92 | 400 |
| 固定成本 |  |  | (400) |
| 利润 |  |  | 0 |

\* 变动成本与销售收入直接相关。

> **安全边际**
>
> 一旦计算出销售额的盈亏平衡点，就需要对安全边际进行审查。这就回答了"销售额要下降多少才会导致产品（或服务）亏损"的问题。安全边际可以用绝对值或百分比来表示。
>
> 对于 XYZ 有限公司而言：
>
> |  | （千英镑） |
> | --- | --- |
> | 初始销售收入 | 1 000 |
> | 盈亏平衡点销售收入 | 615 |
> | 安全边际 | 385 |
> | 安全边际率 | 38.5% |
>
> 这意味着，假设产品继续以相同的组合销售，销售收入减少 385 000 英镑或下降 38.5%，公司才会出现亏损。

**b. 实现目标利润所需的销售收入**

可以进一步发展以上方法，通过预算规划和目标设定来帮助推动业务绩效。计算如下：

$$\text{实现目标利润所需的销售收入} = \frac{\text{固定成本} + \text{目标利润}}{\text{CPS}}$$

这可以用 XYZ 有限公司的例子来说明，利润从 25 万英镑增加到 30 万英镑，增加了 20%。

$$\text{实现目标利润所需的销售收入} = \frac{400\ 000\ \text{英镑} + 300\ 000\ \text{英镑}}{65\%}$$
$$= 1\ 076\ 923\ \text{英镑}$$

对上述结果的验证过程如下：

|  | （千英镑） |
| --- | --- |
| 销售收入 | 1 077 |
| 变动成本* | (377) |
| 边际贡献 | 700 |
| 固定成本 | (400) |
| 利润 | <u>300</u> |

*变动成本将直接随销售收入而变化。

这意味着要想实现 20% 的利润增长，就需要销售收入增长 7.7%。

## 可视化表现

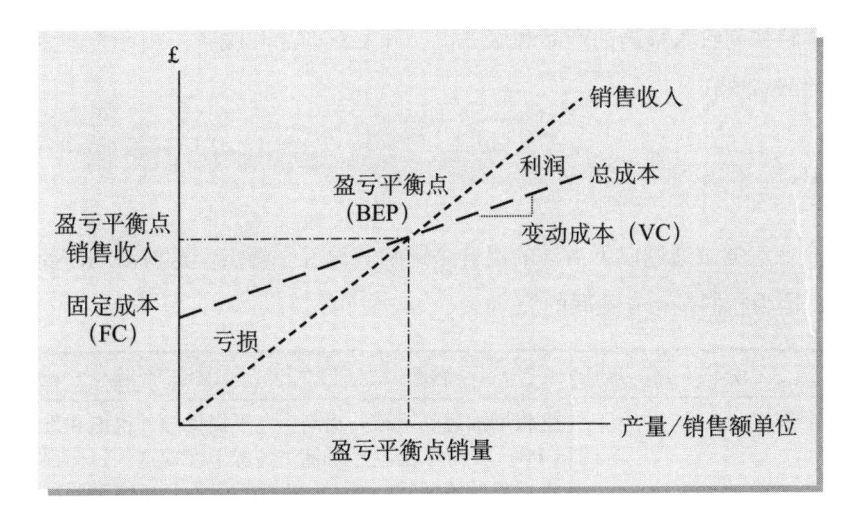

利润规划可以在图上直观地表示。

- 销售收入用一条向上倾斜的线表示。提高或降低销售价格将导致这条线的斜率增加或减少。
- FC 表示固定成本和总成本线的起始位置。较高或较低的固定成本意味着该成本线从较高或较低的位置开始。

- VC 代表变动成本。增加或减少变动成本将增加或减少总成本线的斜率。
- 盈亏平衡点代表销售收入和总成本的交点。盈亏平衡点销售收入是其在纵轴上的对应点，盈亏平衡点销量是其在横轴上的对应点。
- 该图清楚地显示了盈利的收入／销量以及亏损的收入／销量。
- 目标利润和安全边际可以很容易地添加到此图中，以帮助进一步分析。

## 为什么重要？

利润规划使企业能够预测销售收入变化对利润的影响。这对于定价（见第 32 章盈利定价）、预算和预测（见第 34 章预算和预测）以及投资评估（见第 35 章投资评估）非常有用。

CPS 可用于确定公司投资组合中利润最高的产品和服务。然后，公司可以将资源转移到收入最高的产品和服务上，开发新产品和服务，或者尝试使收入最低的产品盈利。

## 实务中

企业应尝试通过以下活动的组合来影响其盈亏平衡点。这些活动需要相互平衡，因为它们是相互关联的。

| 活动 | 影响 | 风险 |
| --- | --- | --- |
| 价格上调。 | 这将增加边际贡献并提高 CPS，从而降低盈亏平衡点所需的销售额。 | 在不提供额外价值和价值的情况下实现这一目标很有挑战性，而且可能需要增加变动成本。 |
| 通过采购成本较低的供应品和劳动力来降低变动成本。 | 如上所述。 | 如果这降低了质量和服务，可能会影响销量。 |
| 通过增加市场份额或进入新市场来增加销量。 | 这不会影响 CPS，反而会增加总贡献，从而增加利润。 | 在不增加销售、营销和分销等间接费用的情况下，实现这一目标具有挑战性。 |

续表

| 活动 | 影响 | 风险 |
|---|---|---|
| 通过控制间接费用来降低固定成本。 | 这将增加安全边际，因为仅需要较低的销售收入就能实现盈亏平衡。 | 如果这降低了质量和服务，可能会影响销量。 |

**边际贡献限制和 CPS**

- 如果销售的产品/服务组合发生变化（例如，XYZ 有限公司将销售更多的 X 产品而不是 Y 产品），则 CPS 也将发生变化。
- 如果固定成本随"活动"而变化，则盈亏平衡点将发生变化。一些固定成本将在中长期发生变化。例如，如果一家企业规模显著扩大，需要更大的场所，其租金将成为所谓的"阶梯式"固定成本。
- 并非所有的关系都是线性的。例如，企业可能会向某些客户提供批量折扣，从而降低价格，进而降低 CPS。同样，企业可能会从供应商处获得批量折扣，单位变动成本可能会随着产出水平的提高而下降，从而提高 CPS。
- 单个产品和服务的盈亏平衡点销售收入的计算应仅包括每个产品特有的"可避免"固定成本——然而，在实务中，这些成本可能难以准确识别。

## 涨知识

### 经营风险

经营风险（或经营杠杆）是指企业中变动成本和固定成本的百分比。固定成本占利润的百分比越高，经营风险越高。

对于固定成本占比较高的企业，销售额的微小变化将导致营业利润的巨大变化。这些企业在交易增长时期可以表现得很好，但在交易减少时会很艰难甚至失败。

请注意，通过比较贡献与利润，可以确定类似的关系。

## 示例

A 公司和 B 公司经营同一类型的业务，年收入均为 20 万英镑。两家公司之间的差异在于其经营成本结构：

- A 公司的经营成本为 20% 固定成本和 80% 变动成本。
- B 公司的经营成本为 80% 固定成本和 20% 变动成本。

下表考虑了销售收入下降 25% 的影响。

|  | A 公司（经营杠杆 20%） || B 公司（经营杠杆 80%） ||
| --- | --- | --- | --- | --- |
|  | 当前 | 收入下降 25% | 当前 | 收入下降 25% |
| 销售收入 | 200 000 | 150 000 | 200 000 | 150 000 |
| 变动成本 | (80 000) | (60 000) | (20 000) | (15 000) |
| 固定成本 | (20 000) | (20 000) | (80 000) | (80 000) |
| 营业利润 | 100 000 | 70 000 | 100 000 | 55 000 |
|  |  | 营业利润下降 30% |  | 营业利润下降 45% |

收入变化 25% 导致 A 公司的营业利润变化 30%，B 公司的营业利润变化 45%。

由于 B 公司的固定成本占比较高，其营业利润波动较大。

**销售收入增加**

如果收入增加，同样的放大率也适用，即 B 公司的利润增长率将高于 A 公司。

虽然 B 公司的经营风险高于 A 公司，但其"贡献率"更高，因此定价更灵活（见第 32 章盈利定价）。

A 公司和 B 公司是在风险和回报之间权衡的一个例子。

## 小课堂

### 混合成本

一些成本是"混合"的，因为它们同时包括固定成本和变动成本。例如，电话费通常由固定费用与变动通话费组成。为了计算"边际贡献"，混合成本需要分解成固定部分和变动部分。

### 本量利分析

会计人员有时将利润规划与边际贡献的计算称为本量利（CVP，成本－销量－利润）分析。

### 单位边际贡献

本章研究了总边际贡献。通过查看单位销售价格、单位变动成本，从而考虑单位边际贡献，CVP 分析也可以在单位基础上进行。

虽然单位边际贡献更复杂，但除了可得到本章所示的盈亏平衡点销售收入，它还有一个额外的好处，即能够计算盈亏平衡点的销量（销售单位）。

## 想一想

1. 如何在实务中应用"利润规划"？
2. 哪些类型的业务决策将影响 CPS？
3. 高经营风险的后果是什么？它应该如何影响业务决策？

如果你想了解作者对这些问题的看法，请访问 financebook.co.uk。

## 看报表

利润规划是一个内部过程，因此不在公司报告中披露。

在年度报告的叙述中，可能会提到"利润""边际贡献""盈亏平衡""经营风险""成本分析"等术语，这些术语可以以某种形式表明"利润规划"的存在。

> **实务关注点**
>
> - 企业是否使用边际贡献概念进行"利润规划"？
> - 企业经营状况是否接近盈亏平衡点？
> - 按产品和服务划分的变动成本和固定成本是否可识别？
> - 在一定业务范围内，价格和变动成本是否呈线性关系？
> - 考虑企业的固定经营成本水平（经营风险）。除非企业具有合适的利息保障倍数（见第26章长期偿债能力指标），否则不应将高经营风险与高财务风险（杠杆率）相结合。

# 34 预算和预测

> 我们的预算实际上没有超支,只是这笔拨款根本不够我们的支出。
>
> ——基思·戴维斯
> 美国前足球运动员

### 一分钟小结

预算是一项企业财务和经营计划,它通过设定财务目标来实现组织的目标。

预测是对组织未来特定时期(例如一年的最后一个季度)财务绩效的估计。

预算通常在每个财年开始之前编制,而预测通常会更频繁地编制,并在一个财年内多次更新。

管理报表(见第31章管理报表)通常包括一份与预算相比较的实际业绩报告,以及对活动水平和结果的预测。预算用于衡量过去的绩效,而预测用于估计未来的绩效。

## 敲黑板

### 预算的格式

主要预算（称为总预算）遵循主要财务报表的格式。例如：

| 利润表 | 资产负债表 | 现金流量表 |
|---|---|---|
| 包括：<br>• 销售和生产/采购预算，按单个产品和/或服务以及地理区域详细说明；<br>• 支出预算，包括薪金和其他间接费用。 | 包括：<br>• 资本支出预算；<br>• 营运资本预算。 | 包括：<br>• 经营活动，包括来自客户的收款和向供应商、员工、税务机关的付款及银行利息；<br>• 投资活动，包括购买新资产的支出以及出售旧资产和其他投资的收益；<br>• 融资活动，包括股息支付、债务偿还和进一步借款。 |

### 为什么重要？

预算和预测之所以重要，原因如下。

**规划**

尽管实际结果往往不同于预算和预测，但规划是一个重要的企业流程。成功的企业在战略规划中为自己设定了明确的目标。制定和管理预算和预测有助于实现这些目标。

**稀缺资源的识别和利用**

预算编制过程有助于确定需要仔细管理的稀缺资源和其他制约因素。例如，公司没有无限的现金储备。预算过程有助于将现金分配给能够产生最大价值的部门。

**沟通与协调**

一家企业的所有部门必须相互配合，共同推动企业朝着正确的方向发展。

预算给人一种大局观。这是一种有效的方式，可以将目标传达到企业的各个部门，确保每个人都朝着相同的目标努力。

### 组织控制

预算为授权支出和将财务责任委托给"预算负责人"提供了基础。预算负责人可按其职责进行分类，例如：

| 成本中心 | 收入中心 | 利润中心 | 投资中心 |
| --- | --- | --- | --- |
| 负责管理和控制成本。大部分预算实际持有人成为成本中心。 | 负责管理销售收入，例如销售团队。 | 负责管理销售收入和管理成本，例如零售店。 | 负责管理利润以及一些资产负债表项目，如资本支出、信贷客户和供应商。例如，跨国公司的区域办事处。 |

制定可实现但具有挑战性的目标可以激励预算负责人。然而，如果预算太具挑战性，有时会产生相反的效果。

### 绩效衡量和评估

预算是衡量和评估绩效的有用基准。根据预算监控实际绩效也是组织控制的有效方法。它有助于确保收入、支出和现金流得到管理，是良好的公司治理方式（见第 22 章公司治理及举报）。

管理层可以针对预算绩效不佳（"负差异"）的情况采取纠正措施，以引导组织回到正轨。或者，如果需要，可以鼓励绩效改进（"正差异"）。

在实务中，大多数企业采用"例外管理"的原则，重点关注某个百分比或金额以上的差异。

### 提前预警

定期预测有助于在问题发生之前发现问题。预算很少与现实相符，因而需要预测来应对不可预知的环境，并及时引导企业回到正轨。现金流预测尤其重要，因为企业可能需要采取短期行动来管理其现金状况。

## 预算编制和预测挑战

### 时间和金钱成本

在一些组织中，预算编制过程可能需要几个月，涉及许多财务和非财务人员。预算编制和监控过程通常会给企业带来巨大的成本。

2021 年，APQC 收集了 3 900 多个组织的预算数据，发现排名在后四分之一的组织完成年度预算所需的时间是排名在前四分之一的组织的两倍。①

## 过时

具有讽刺意味的是，尽管制定预算需要很长时间，但随着事态的发展，预算往往在新财年开始的几个月后就过时了。预算编制通常是一项年度活动，预算周期并不总是与商业环境中的周期一致。

## 约束

在一些组织中，预算可以作为一种约束，因为一旦设定预算，管理层就不允许任何偏离预算的行为。一些人认为，这限制了创造力，意味着企业错失了预算制定时无法预见的机会。此外，有人认为，过分强调预算会导致企业过分注重内部。

## 预算松弛和膨胀

预算是衡量绩效的重要标准。然而，如果管理层将其用作目标，那么所谓的古德哈特定律（Goodhart's law）可能会成为一个问题。"当一项度量成为目标时，它就不再是一项好的度量。"

预算负责人在制定预算时可能会低估收入和高估成本，以确保其业绩超出预期并获得正面评价。当因达到或超出预期而获得奖金等奖励时，这种动机可能会得到增强。

如果有很大比例的预算负责人试图虚报预算，将导致预算计划不准确和潜在的资源浪费。

另一个问题是，由于"如果你不使用它，你就会失去它"这句老话，预算

---

① apqc.org/resource-library/resource/cycle-time-days-complete-annual-budget

负责人很可能将其预算全部分配，通常表现为接近财务年度结束时支出激增。

## 何时重要？

大多数组织在每年年底前的几个月制定一次预算。该过程通常是高级管理层"自上而下"指导，企业各个部门的预算负责人"自下而上"输入，并由财务部门集中协调。

在一个财年中，预算负责人将收到定期报告，通常是每月报告，说明其预算进度。

另一方面，预测更多的是由财务部门根据预算负责人的意见实施的"自上而下"的过程。预测通常按月或按季度进行。如下图所示。

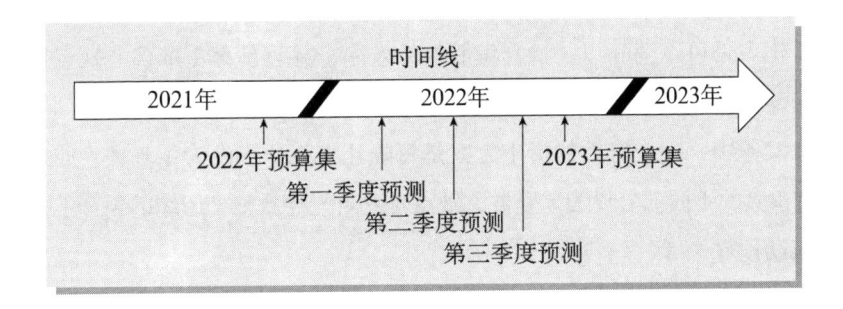

```
时间线
2021年 | 2022年 | 2023年
         ↑         ↑
    2022年预算集  2023年预算集
         ↑
    第一季度预测
         ↑
    第二季度预测
         ↑
    第三季度预测
```

## 实务中

- 企业应认识到预算的弊端，并尽可能避免这些弊端。例如，使用额外的绩效指标，如效率和生产率，或针对外部相对目标与固定的内部目标进行基准测试。
- 预算应明确指出受预算负责人控制的要素和不受控制的要素，例如中心分配的间接费用。
- 企业应考虑制定和监控预算所需的时间和资源，以及预算所需的详细程度，确保预算的效益超过成本。

## 涨知识

### 预算编制的替代方法

**增量预算**

增量预算是指在上一年度的预算基础上，加上或减去一个固定百分比。

这种方法的优点是速度快，所需的工作量少。这是组织中最常见的预算形式。缺点是以往的低效率、膨胀或松弛都会继续保留。

**零基预算**

增量预算的反面是零基预算，这种方法从"零基数"开始，即从头开始编制预算。

其优点是可以消除以往预算编制的低效率，并且预算更准确。缺点是以这种方式设置预算需要更多时间、资源和成本。

在实务中，一个有效的折中方案是每隔几年将预算设为零基数，或者每年轮流将预算的不同部分设为零基数，缺点是这可能导致整个组织的预算不一致。

**滚动预算**

固定（或定期）预算的替代方案是滚动（或连续）预算，即定期（通常是每月或每季度）重新编制预算。预算在每个期间都会更新，即"前滚"。例如，请参见下图。

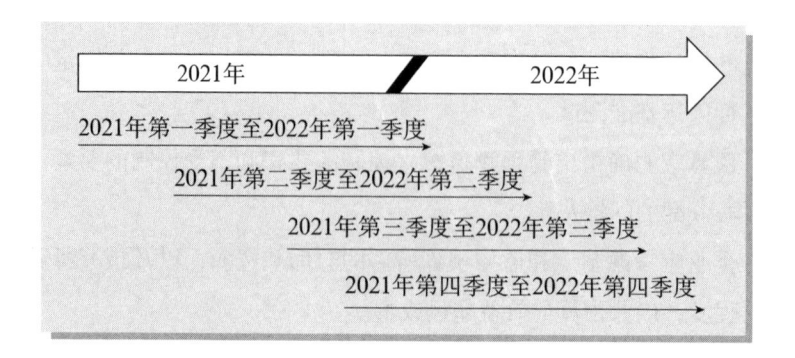

```
        2021年          2022年
    ────────────────────────────────▶
    2021年第一季度至2022年第一季度
    ────────────────────▶
        2021年第二季度至2022年第二季度
        ────────────────────▶
            2021年第三季度至2022年第三季度
            ────────────────────▶
                2021年第四季度至2022年第四季度
                ────────────────────▶
```

其优点是，随着业务的开展，新的信息会被纳入其中，预算更新也更为及时。此外，由于预算负责人意识到预算将更新，他们不太可能为"突发事件"做准备。缺点是每个期间更新预算所需的时间更多。然而，滚动预算的支持者辩称，由于预算编制日期更加固定，时间成本只需在一年内分配，因而不需要太多的"提前"时间。

思科系统（Cisco Systems）、伊莱克斯（Electrolux）和通用电气（General Electric）都是在实务中使用滚动预算的公司。

滚动预算在预算期持续延长至少 12 个月时最为有效，因为这解决了大多数固定年度预算的"能见度下降"问题（当预算和预测编制时间不超过财年末时）。对于固定预算而言，随着年底的临近，未来的时间范围会"缩小"，未来的能见度降低。

一些组织选择折中方案，将年度预算与滚动预算一起使用，持续延长至少 12 个月。

## 小课堂

### 使用电子表格编制预算

许多会计系统都具有预算编制功能——然而，在实务中，电子表格仍然是一种使用广泛的预算编制工具。

微软公司此前报告称，40% 的中小企业使用 Excel 编制报表、预测和预算。

虽然电子表格是非常宝贵和灵活的工具，但在编制预算和预测时，必须意识到其风险。

夏威夷大学的雷·潘科（Ray Panko）教授是世界领先的研究电子表格错误的专家之一。潘科教授与欧洲电子表格风险利益集团（EuSpRIG）合作时指出，他的研究发现有"充分的证据表明电子表格错误是常见的，且并非微不足道。"[2]

例如，2020 年，由于公共卫生部的电子表格错误，英国有近 16 000 例新

---

[2] eusprig.org/quotes.htm

冠疫情病例未报告。③

此外，在 2020 年，格兰特·桑顿（Grant Thornton）发布的一份报告显示，电子表格中的复制和粘贴错误引发了一系列事件，最终延误了爱丁堡一家耗资 1.5 亿英镑的新医院的开业。④

在实务中，大多数电子表格错误都是由简单的错误引起的，例如在总数中包含太多或太少的数字，或加上了应减去的数字。检查错误的重要性不容低估。

## 超越预算

自 1998 年开始运作的独立研究合作组织"超越预算圆桌会议"（Beyond Budgeting Round Table，BBRT）提出，应放弃使用目前大多数组织采用的预算编制方法（传统的指挥和控制管理模式）。

除预算外，"赋权"和"适应性"的原则吸引了来自世界各地的组织，包括美国运通、谷歌、瑞典商业银行、约翰·刘易斯合伙公司、西南航空和丰田。

BBRT 声称，其原则有助于组织"摆脱预算的束缚，以及关于操纵和错误信息的文化"。它们建议在持续的、参与性的基础上进行规划，企业只需要高水平的预测。

BBRT 还建议，绩效评估应基于相对绩效指标，该指标应考虑到企业运营的条件，包括长期外部基准。⑤

## 想一想

1. 成功编制预算的最大挑战是什么？

2. 预算编制的挑战得到了广泛的讨论和理解。组织可以做些什么来克服这些问题？

---

③ bbc.co.uk/news/technology-54423988

④ bbc.co.uk/news/uk-scotland-edinburgh-east-fife-53893101

⑤ bbrt.co.uk

3. 思考为什么电子表格仍然是如此流行的预算和预测工具，尽管其存在大量的风险记录。

如果你想了解作者对这些问题的看法，请访问 financebook.co.uk。

# 看报表

公司报告中不包含预算。

上市公司公告可能包括对其年终业绩的预测，有时还包括对未来前景的预测。

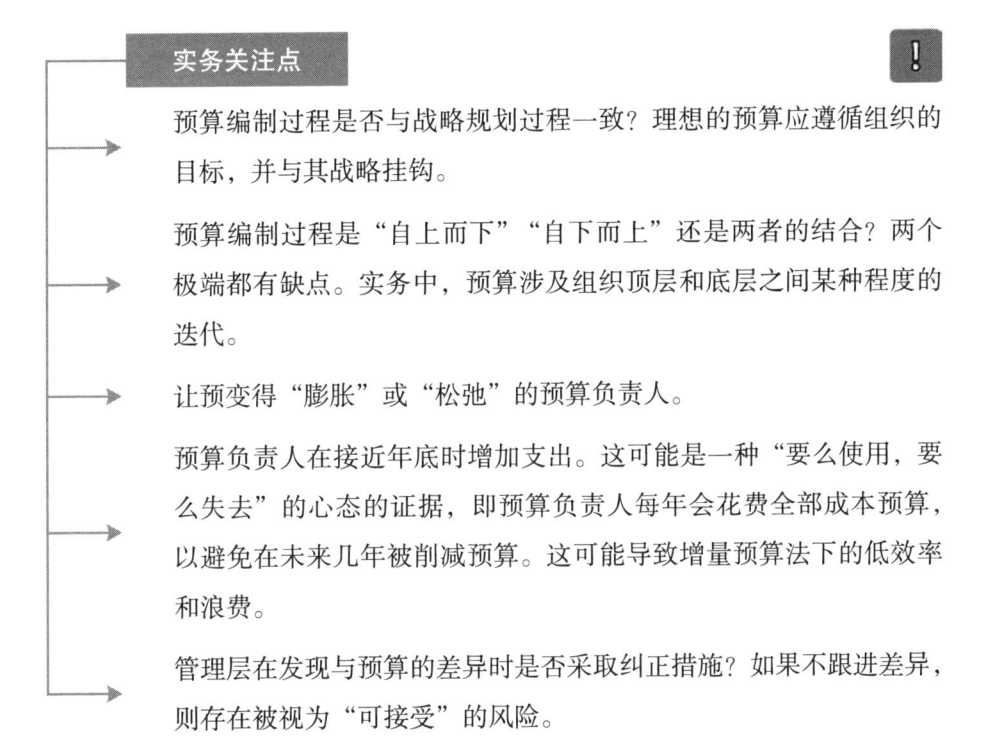

> **实务关注点**
>
> 预算编制过程是否与战略规划过程一致？理想的预算应遵循组织的目标，并与其战略挂钩。
>
> 预算编制过程是"自上而下""自下而上"还是两者的结合？两个极端都有缺点。实务中，预算涉及组织顶层和底层之间某种程度的迭代。
>
> 让预变得"膨胀"或"松弛"的预算负责人。
>
> 预算负责人在接近年底时增加支出。这可能是一种"要么使用，要么失去"的心态的证据，即预算负责人每年会花费全部成本预算，以避免在未来几年被削减预算。这可能导致增量预算法下的低效率和浪费。
>
> 管理层在发现与预算的差异时是否采取纠正措施？如果不跟进差异，则存在被视为"可接受"的风险。

# 35
# 投资评估

> 在一个非理性的世界里，没有什么比理性的投资政策更具灾难性了。
>
> ——约翰·梅纳德·凯恩斯
> 英国经济学家

**一分钟小结**

大多数商业机会都需要资本投资，例如购买新的长期资产、开发新产品、进入新市场或收购其他实体。一个组织需要投资现金，以期待未来的回报。

"投资评估"是评估投资机会的过程，以确定其收益是否大于成本。它能够客观地比较不同规模和时间段的投资。投资评估还使组织能够在资金有限时优先筛选项目。

投资的主要收益是其未来净现金流入，主要成本是实际投资金额（资本流出）和长期投资融资成本（资本成本）。在评估投资机会时，非财务收益和成本也是相关的。

为了确保一项投资是有益的，组织应使用几种不同的方法来评估每项投资。

## 敲黑板

投资评估主要有三种方法：

1. 投资回收期；
2. 年收益率；
3. 贴现现金流量。

## 示例

ABC 有限公司有两个互斥的投资项目，分别为 A 项目和 B 项目，这两项投资都需要 250 000 英镑的初始投资，并在接下来的五年内产生总计 500 000 英镑的正回报。这相当于到第五年年底，净回报相同，为 250 000 英镑。

|      | A 项目<br>（千英镑） | B 项目<br>（千英镑） |
| --- | --- | --- |
| 初始投资 | (250) | (250) |
| 第一年 | 100 | 50 |
| 第二年 | 100 | 75 |
| 第三年 | 100 | 100 |
| 第四年 | 100 | 125 |
| 第五年 | 100 | 150 |
| 净回报 | 250 | 250 |

这两项投资之间唯一的区别是五年内收到回报的时间。A 项目的年回报为每年 100 000 英镑，而 B 项目的回报率则不断上升。

### 1. 投资回收期

"投资评估"最简单的形式是投资回收期（payback period，PBP），它衡量收回投资所需的时间。

在上述 ABC 有限公司的例子中，A 项目在第三年"收回投资成本"，即到第三年，A 项目已产生 300 000 英镑（每年 100 000 英镑）回报。然而，B 项目需要到第四年才能收回投资成本（50 000 英镑 +75 000 英镑 +100 000 英镑 + 125 000 英镑）。

投资回收期（PBP）提供了对于风险的度量。投资回收期越长，风险越高。因此，根据投资回收期的测算结果，A 项目的风险低于 B 项目，因为它收回投资更快。

除了使用投资回收期来比较竞争性投资项目，一些组织还为所有投资设定了目标投资回收期。

就其本身而言，投资回收期（PBP）是一种不完整的投资评估方法。它没有给出任何"投资回报"的信息，也没有考虑投资的总寿命。例如，假设 A 项目在第五年年底停止，B 项目继续以每年 25 000 英镑的速度永久增长（第六年为 175 000 英镑，第七年为 200 000 英镑，依次类推）。然而，根据投资回收期（PBP）的评估结果，仍然会选择 A 项目而不是 B 项目，因为它的唯一标准是项目收回投资成本的速度。

因此，投资回收期（PBP）最好与其他投资评估方法一起使用。

**2. 年收益率（也称为会计收益率，ARR）**

虽然有几种方法可以计算年收益率，但最简单的方法是将年收益（净流入）除以投资额（资本流出）。

$$年收益率 = \frac{年净流入}{资本流出} \times 100\%$$

对于 A 项目和 B 项目，年收益率可计算如下：

|  | A 项目 | B 项目 |
| --- | --- | --- |
| 第一年 | 40% | 20% |
| 第二年 | 40% | 30% |
| 第三年 | 40% | 40% |
| 第四年 | 40% | 50% |
| 第五年 | 40% | 60% |
| 平均值 | 40% | 40% |

A 项目的年收益率为 40%，而 B 项目的收益率从 20% 增加到 60%。这两

项投资的平均收益率均为40%。因此，使用年收益率比较A项目和B项目具有挑战性。

年收益率计算与其他内部和外部绩效衡量指标（如投资回报率）的计算是类似的（见第23章盈利能力指标）。这种投资评估方法非常有用，因为它将潜在投资与公司的绩效衡量指标进行比较。

然而，年收益率本身并不是一种有效的投资评估方法，主要是因为它没有考虑收回投资成本的时间。

**3. 贴现现金流量**

今天的钱比未来的钱更值钱。对货币的时间价值进行核算很重要，因为在投资中存在货币（资本）的"机会成本"。这一"机会成本"取决于以下因素，这些因素可能是企业及其经济环境所特有的：

- 借款时支付的利息；
- 股东的回报（如果投资为股权融资）；
- 盈余资金的利息（如有）；
- 投资业绩不符合预期的风险；
- 错失其他机会的风险；
- 通货膨胀。

最有效的投资评估方法通过将所有未来净现金流入（以及进一步的资本流出，如果有的话）折为现值（present value，PV）来说明货币的时间价值。目标是在同一基础上比较投资的所有现金流。

使用贴现现金流量（discounted cash flow，DCF）评估投资有两种方法：

（a）净现值（net present value，NPV）法——关注价值。

（b）内部收益率（internal rate of return，IRR）法——关注回报。

（a）净现值法

| | |
|---|---|
| 未来收益（现金流入）的现值 | × |
| 投资（现金流出）的现值 | (×) |
| 净现值 | × |

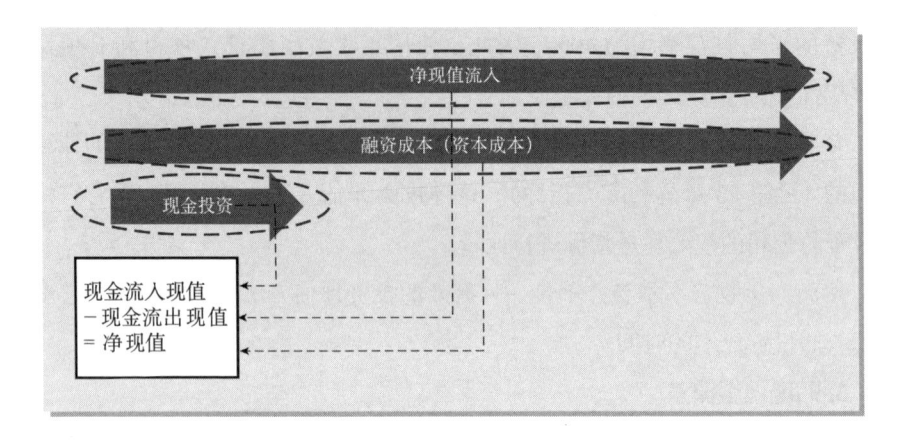

净现值代表企业投资的价值或贡献：

- 如果净现值为正，则该投资具有潜在价值；
- 如果净现值为负，则该投资可能会亏损。

另见下文"实务中"专栏中的"非财务因素"。

### (b) 内部收益率法

内部收益率代表投资的"回报率"。IRR 使用现金流折现计算投资回报率百分比。如果一项投资的内部收益率大于企业的资本成本，则该投资是值得的。如果低于后者，则该投资可能会亏损。

对于 A 项目和 B 项目，净现值和内部收益率为：

|  | A 项目 | B 项目 |
| --- | --- | --- |
| 净现值（NPV） | £129 079 | £111 084 |
| 内部收益率（IRR） | 29% | 23% |

A 项目的净现值和内部收益率均高于 B 项目，因此其投资排序应在前。A 项目排序在前的原因很简单，因为其现金回报比 B 项目更早出现。

净现值法假设资本的机会成本为 10%（见下文"涨知识"专栏）。

有关净现值法和内部收益率法何时产生不同结果的讨论，请参见下文"小课堂"专栏。

## 为什么重要？

企业面临许多互斥的投资机会。由于资本有限，企业必须在这些机会之间进行排序和选择。

为了做出最有利的投资决策，需要有一个优先排序系统。归根结底，一家公司的成功与其投资的成功之间存在关联。

使用上述方法进行的财务成本与收益分析是决策过程的重要组成部分。

## 何时重要？

投资的时机对其成功至关重要。在竞争对手之前进行投资或等待市场时机成熟时再投资可能会影响投资的结果。

## 实务中

任何投资决策都不应仅关注回报，还应关注风险。

投资回收期（PBP）提供了部分风险评估——然而，在进行投资时考虑其他风险因素很重要，例如：

- 产品或服务能否真正销售出去并受到客户的好评？
- 竞争对手会推出类似或更好的产品吗？
- 供应商是否能够以良好的质量按时交付所需材料？
- 这个预测有多可靠？例如，如果销售价格降低 10%，该项目是否仍然有利可图？
- 如果投资失败，是否会对公司品牌产生负面影响？
- 如果投资失败，是否会产生不可预见的成本，如裁员费用？
- 项目的成败会影响组织的战略目标吗？

在作出投资决策时，投资所需要考虑的非财务因素，尤其是涉及客户和竞争对手的因素，与财务因素同样重要。许多组织要求在正式商业计划中披露投资机会，其中包括非财务信息以及战略收益和成本。

## 涨知识

### 资本成本

资本成本或长期投融资成本是进行投资的主要成本之一。

资本成本实质上是公司所有资金来源成本的加权平均成本，由股权融资（见第 29 章股权融资）和债务融资（见第 30 章债务融资）组成。这被称为加权平均资本成本（weighted average cost of capital，WACC）。

即使一家公司专门为某项投资筹集了资金，它仍应使用其加权平均资本成本（WACC）。所有投资都应被视为从公司的资金"池"中融资。

资本成本用于计算折现率，折现率又用于计算净现值法中未来现金流的现值，并作为内部收益率（IRR）法计算的基准。

在实务中，一些组织使用风险调整后的资本成本来评估非核心投资。这提供了一个额外的门槛，投资必须超过该门槛才可行。

## 小课堂

### 净现值与内部收益率

许多组织同时计算投资的净现值和内部收益率。然而，在实务中，有些组织更依赖内部收益率法，因为它给出了一个百分比结果，更容易与其他"回报"进行关联，并且可以在概念上进行比较。

对于大多数投资项目，使用净现值法和内部收益率法将提供相同的投资评估结果：

- 正净现值通常意味着内部收益率大于资本成本；
- 负净现值通常意味着内部收益率小于资本成本。

然而，从纯数学的角度来看，净现值是一个更好的衡量标准。如果净现值法与内部收益率法提供了不同的结果，则应使用净现值法。在下列情况下，净现值法和内部收益率法的结果可能不同：

- 规模不同的互斥投资；
- 一项投资在其项目周期内需要大量资本流出。

## 想一想

1. 组织是否应该使用几种不同的方法来评估每项投资？为什么？
2. 对不同的投资评估方法进行排序。哪种是最好的，为什么？
3. 组织在评估投资机会时，为什么要考虑风险和回报？
4. 对于投资机会而言，非财务因素是否与财务因素同等重要？

如果你想了解作者对这些问题的看法，请访问 financebook.co.uk。

## 看报表

上市公司的年度报告可能包括企业已经或计划进行的投资的详细信息。

公司可能会披露其作出投资决策的依据，例如，参照最低收益率，但不太可能披露每项投资的具体细节，因为这是敏感信息。

### 摘自格雷格斯公司 2020 年年度报告和账目

格雷格斯公司的会计政策说明（附录第 378 页）详细介绍了格雷格斯公司的减值方法（见第 18 章减值）。

该附注显示，用于减值测试的贴现率"基于集团加权平均资本成本（WACC），在当前环境下风险有所增加，2021 年 1 月 2 日为 6.7%（2019 年 12

月 28 日：5.4%)"。

这说明了格雷格斯公司的实际加权平均资本成本，也是使用贴现现金流量进行投资评估的基础。

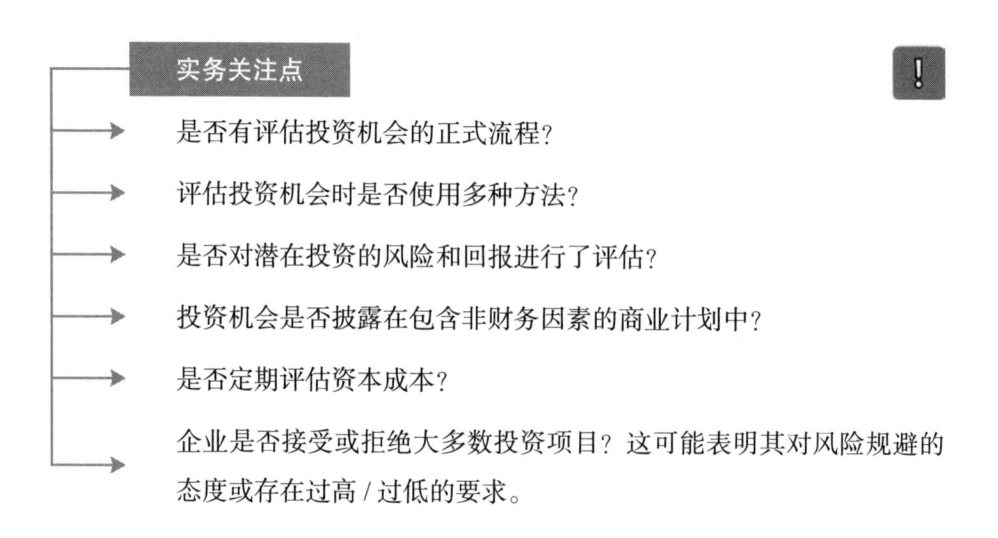

> **实务关注点**
>
> 是否有评估投资机会的正式流程？
>
> 评估投资机会时是否使用多种方法？
>
> 是否对潜在投资的风险和回报进行了评估？
>
> 投资机会是否披露在包含非财务因素的商业计划中？
>
> 是否定期评估资本成本？
>
> 企业是否接受或拒绝大多数投资项目？这可能表明其对风险规避的态度或存在过高/过低的要求。

# 第 8 部分　实际应用

# 36
# 财务报表的可靠性、相关性和可信度

## 为什么我们需要财务信息

财务信息用于决策。财务报表被许多人（如果不是大多数人）认为是企业或公司财务信息的主要来源，无论他们是投资者还是非投资者。因此，我们可能会惊讶地发现，尽管财务报表被认为很重要，但其仍存在许多显著的局限性。

无论你是投资者、客户、员工、债权人还是其他利益相关者，在根据财务报表做出决策时，都必须意识到这些局限性。

## 关注过去而不是未来

财务报表关注过去，因为历史信息是可靠的，而未来是不确定的。

通过报告过去，财务报表可以真实地反映"发生了什么"，因为存在历史交易的证据。

历史信息也可以通过外部审计进行独立验证，使投资者和其他利益相关者对报告的数字更有信心（见第 20 章外部财务审计）。

## 财务报表不能反映企业的真实价值

企业通常按历史成本（会计上称为"账面价值"）列报资产价值。历史成本不能反映当前的市场价值。

虽然会计准则允许选择历史成本或重估价值作为资产的计量基础（见第 17 章重估），但资产负债表不能反映企业内在的隐性价值。内生商誉来自声誉、地理位置、品牌、客户忠诚度、员工专业知识等。会计准则不允许内生商誉反映在资产负债表上（见第 10 章商誉和其他无形资产）。然而，对于成功的企业来说，内生商誉是构成其价值的很重要的（如果不是最重要的）元素（见第 28 章企业估值）。

资产负债表也可能无法显示所有负债。某些负债是隐性的，因为它们在编制财务报表时不为人所知，例如，客户可以在质保期内对有缺陷的产品提出索赔。这些索赔必须从资产负债表中删除，直到客户提交为止。

## 财务报表的准确性如何？

财务报表基于历史信息，因此被认为是可靠的，但它们不太可能完全准确。

### 真实和公允

财务报表是在"真实和公允"的基础上编制的，这意味着数字不应存在重大错误，也不应存在偏差。然而，真实和公允并不能保证报表没有任何错误。但至少它们不应存在重大错报。

## 管理估计和判断

财务报表包括许多估计和判断，其中许多可能最终被证明是不准确的。直接影响财务报表中数字（收入、支出、资产和负债）的估计、判断和不确定性的例子包括：

### 资产

**外购商誉**

外购商誉（见第 10 章商誉和其他无形资产）需进行年度减值测试，以验证账面价值是否合理。董事利用他们的判断来评估未来现金流量，以支持商誉在资产负债表上的价值。对未来现金流量的判断本质上是主观的，因此最终是一个判断问题。

**存货**

存货估值（见第 11 章存货）可能涉及大量的判断，以评估其出售的可能性。滞销或废弃存货的价值必须减少至可变现净值，其价值低于成本。

### 负债

**预计负债**

预计负债（见第 14 章预计负债和或有事项）本质上是判断性的，基于假设。例如，只有在双方最终达成赔偿协议后，才能估算出针对公司索赔的预计负债。

**经营租赁**

经营租赁包含财务承诺，公司对此负有法律责任。然而，直到最近，会计准则才要求在财务报表中列报与经营租赁有关的负债。

根据 IFRS 16，从 2019 年 1 月 1 日起的会计期间内，经营租赁承诺必须包括在公司的资产负债表中（见第 9 章有形固定资产和折旧）。

根据英国公认会计惯例，经营租赁承诺是资产负债表表外融资的一个例子，尽管它们必须在报表附注中披露。

### 盈亏

许多会计政策涉及影响会计利润的判断：
- 收入确认（见第 6 章收入确认）；
- 资本化支出（见第 7 章营运支出和资本支出）；
- 折旧率（见第 9 章有形固定资产和折旧）；
- 权责发生制假设（见第 13 章预付款项和预提费用）；
- 减值费用（见第 18 章减值）。

### 舞弊风险

公司的收入、支出、资产和负债都容易受到舞弊风险的影响。从法律上讲，董事对预防和发现舞弊负有首要责任，他们被期望创造一种控制环境，在这种环境中可以防止或控制舞弊。

然而，投资者永远无法确定财务报表是否存在舞弊。例如，如果董事参与舞弊，他们将试图隐瞒股东。

与董事不同，审计师并非主要负责发现舞弊。在进行审计时，审计师必须谨慎行事，保持专业怀疑态度，并对估计数作出专业判断。需要注意的是，审计师不会检查每笔交易，也可能无法发现舞弊，尤其是管理层串通的精心隐藏的舞弊（见第 20 章外部财务审计）。

### 业务概况

资产负债表显示特定时间点的资产和负债，通常是在每年的同一天，以便进行年度比较。早一天（甚至一分钟）或晚一天记录的数据可能会显示非常不同的业务情况，部分原因是交易的时间安排。

例如，公司可以通过在资产负债表日延迟向债权人支付欠款来管理其现金。它可以在资产负债表日的第二天将这些现金支付给债权人。对就这两个不同日期编制的资产负债表进行审查的人，可能会对企业的流动性形成截然不同的看法。

公司可以选择其资产负债表日。日期的选择可以显著影响其所描绘的财务状况。例如，旅行社通常选择接近夏末的资产负债表日，而礼品零售商则选择12月底，因为这是季节性交易模式产生最多现金结余的时候。

## 过去可以用来指导未来吗？

公司的未来业绩通常比其过去业绩更重要，尤其是在作出投资决策时（见第28章企业估值）。虽然投资者和其他利益相关者可以仔细审查历史财务信息，但他们只能揭示已经发生的事情。虽然这为企业在未来几年产生类似业绩的能力提供了一些保证，但并不能保证未来业绩。简而言之，历史信息缺乏相关性。

理想情况下，投资者和其他利益相关者希望获得与未来相关的信息，因为这与决策更为相关。

此外，财务报表通常严重滞后。根据公司的规模不同，信息可能在财年结束后的9个月内发布（见第21章公开信息）。

财务报告已开始谨慎地纳入前瞻性披露，例如持续经营和生存能力披露（见第25章破产和持续经营风险）。然而，这些前瞻性披露信息的可靠性仍需严格审查，正如审计师对这些披露信息的独立评估的质量一样（见第20章外部财务审计）。每当出现引人注目的企业倒闭事件时，情况尤为如此。

例如，BHS（2016年）和Carillion（2018年）的财务报表和审计报告在其持续经营或生存能力披露中几乎没有或根本没有提到未来的生存能力。然而，两家公司在提交财务报表后不久就倒闭了。

虽然披露前瞻性的相关信息是非常可取的，但也要权衡利弊，因为提供的任何信息都将缺乏可靠性。因此，前瞻性披露固有的不确定性使得财务报表始终围绕其历史信息进行报告。

## 是否有计划提高财务信息的可靠性、相关性或可信度？

有人认为，英国拥有全球最强有力的公司治理制度之一。然而，尽管在过去 30 年里，英国在加强公司治理方面取得了进展，但仍然有太多引人注目的、出人意料的公司倒闭事件发生，"谁该为此负责"的问题不断浮出水面。

Carillion、Patisserie Valerie 和 Thomas Cook 等知名公司的倒闭凸显了改革的紧迫性，特别是围绕董事和审计师的角色和责任进行改革的必要性。

## 改革英国大型公司监管框架的建议

为了应对持续的企业倒闭，英国商业、能源与产业战略部（BEIS）在 2021 年提出了改革英国大型公司监管框架的建议，包括对它们的审计方式。这些建议（在白皮书咨询中列出）的目标是：

- 恢复公众对英国最大公司运营和审查方式的信任。
- 确保英国最重要的公司实体受到负责任的治理。
- 通过让投资者、债权人、工人和其他利益相关者获得关于公司业绩的可靠和有意义的信息，赋予他们权力。
- 使得英国主要公司的法律框架处于国际最佳实践的前沿水平。

政府的建议，特别是关于财务报告、董事和审计师的建议，包括以下内容：

- 目前的框架在追究公司董事对公司破产所负责任方面是不够的。此次咨询提出了新的报告和认证要求，以加强董事的问责。
- 虽然审计人员检查董事是否遵守法律职责和会计准则，并提出财务报表不存在重大错报的意见，但他们并没有满足股东和其他公司报告使用者日益增长的期望，即审计报告应该更有前瞻性并提供更多信息。

政府咨询提出了一系列解决这一问题的建议，包括建立一个以共同目标和原则为基础的、新的独立的审计行业，其中包括明确的公共利益焦点。

这些建议涉及面很广，需要广泛征求意见，因此可能会有变化。完整的咨询可在英国政府网站上获取。①

---

① gov.uk/government/consultations/restoring-trust-in-audit-and-corporate-governance-proposals-on-reforms

## 附录

## 格雷格斯公司财务报表

以下账目摘自格雷格斯公司 2020 年年度报告和账目。它们是原始文件的第 112～168 页。

完整原件请参阅 corporate.greggs.co.uk/investors。

**合并利润表**

截至 2021 年 1 月 2 日的 53 周（2019 年：截至 2019 年 12 月 28 日的 52 周）

|  | 附注 | 2020 年（百万英镑） | 2019 年（百万英镑） |
| --- | --- | --- | --- |
| 收入 | 1 | 811.3 | 1 167.9 |
| 销售成本 |  | (300.4) | (418.1) |
| 不包括非常规事项的销售成本 |  | (299.6) | (412.2) |
| 非常规事项 | 4 | (0.8) | (5.9) |
| 毛利 |  | 510.9 | 755.7 |
| 销售费用 |  | (465.8) | (572.8) |
| 管理费用 |  | (52.1) | (62.2) |
| 营业利润/(亏损) |  | (7.0) | 114.8 |
| 财务费用 | 6 | (6.7) | (6.5) |
| 税前利润/(亏损) | 3—6 | (13.7) | 108.3 |

续表

|  | 附注 | 2020 年（百万英镑） | 2019 年（百万英镑） |
| --- | --- | --- | --- |
| 所得税 | 8 | 0.7 | (21.3) |
| 本财年归属于母公司股东的利润 /（亏损） |  | (13.0) | 87.0 |
| 基本每股收益 /（亏损） | 9 | (12.9 便士) | 86.2 便士 |
| 稀释每股收益 /（亏损） | 9 | (12.9 便士) | 85.0 便士 |

合并综合收益表

截至 2021 年 1 月 2 日的 53 周（2019 年：截至 2019 年 12 月 28 日的 52 周）

|  | 附注 | 2020 年（百万英镑） | 2019 年（百万英镑） |
| --- | --- | --- | --- |
| 本年利润 /（亏损） |  | (13.0) | 87.0 |
| 其他综合收益 |  |  |  |
| 不会重分类进损益的项目： |  |  |  |
| 养老金固定收益计划的重新计量 | 21 | (11.2) | 3.0 |
| 调整养老金固定收益计划的税收 | 8 | 2.1 | (0.5) |
| 本年其他综合收益（税后） |  | (9.1) | 2.5 |
| 本年综合收益总额 |  | (22.1) | 89.5 |

资产负债表

2021 年 1 月 2 日（2019 年：12 月 28 日）

|  |  | 集团 |  | 母公司 |  |
| --- | --- | --- | --- | --- | --- |
|  | 附注 | 2020 年（百万英镑） | 2019 年重述（百万英镑） | 2020 年（百万英镑） | 2019 年重述（百万英镑） |
| 资产 |  |  |  |  |  |
| 非流动资产 |  |  |  |  |  |
| 无形资产 | 10 | 15.6 | 16.8 | 15.6 | 16.8 |
| 不动产、厂房和设备 | 12 | 345.3 | 353.7 | 345.9 | 354.3 |
| 使用权资产 | 11 | 270.1 | 272.7 | 270.1 | 272.7 |

续表

| | 附注 | 集团 2020年(百万英镑) | 集团 2019年重述(百万英镑) | 母公司 2020年(百万英镑) | 母公司 2019年重述(百万英镑) |
|---|---|---|---|---|---|
| 投资 | 13 | — | — | 5.0 | 5.0 |
| | | 631.0 | 643.2 | 636.6 | 648.8 |
| **流动资产** | | | | | |
| 存货 | 15 | 22.5 | 23.9 | 22.5 | 23.9 |
| 贸易和其他应收款 | 16 | 39.4 | 27.1 | 39.4 | 27.1 |
| 现金及现金等价物 | 17 | 36.8 | 91.3 | 36.8 | 91.3 |
| | | 98.7 | 142.3 | 98.7 | 142.3 |
| **总资产** | | 729.7 | 785.5 | 735.3 | 791.1 |
| **负债** | | | | | |
| **流动负债** | | | | | |
| 贸易和其他应付款 | 18 | (91.1) | (142.3) | (98.8) | (150.0) |
| 流动应付税款 | 19 | — | (11.8) | — | (11.8) |
| 租赁负债 | 11 | (48.6) | (48.8) | (48.6) | (48.8) |
| 预计负债 | 22 | (4.4) | (5.8) | (4.4) | (5.8) |
| | | (144.1) | (208.7) | (151.8) | (216.4) |
| **非流动负债** | | | | | |
| 其他应付款 | 20 | (3.7) | (4.2) | (3.7) | (4.2) |
| 养老金固定收益计划负债 | 21 | (11.9) | (0.6) | (11.9) | (0.6) |
| 租赁负债 | 11 | (243.1) | (226.9) | (243.1) | (226.9) |
| 递延所得税负债 | 14 | (2.3) | (2.4) | (1.8) | (2.0) |
| 长期准备金 | 22 | (3.0) | (1.6) | (3.0) | (1.6) |
| | | (264.0) | (235.7) | (263.5) | (235.3) |
| **总负债** | | (408.1) | (444.4) | (415.3) | (451.7) |
| **净资产** | | 321.6 | 341.1 | 320.0 | 339.4 |

**所有者权益**
**资本和储备**

续表

|  | 附注 | 集团 2020年（百万英镑） | 集团 2019年重述（百万英镑） | 母公司 2020年（百万英镑） | 母公司 2019年重述（百万英镑） |
| --- | --- | --- | --- | --- | --- |
| 股本 | 23 | 2.0 | 2.0 | 2.0 | 2.0 |
| 股本溢价 |  | 15.7 | 13.5 | 15.7 | 13.5 |
| 资本偿还准备金 | 23 | 0.4 | 0.4 | 0.4 | 0.4 |
| 留存收益 |  | 303.5 | 325.2 | 301.9 | 323.5 |
| 归属于母公司股东的所有者权益总额 |  | 321.6 | 341.1 | 320.0 | 339.4 |

集团本年度亏损1 290万英镑（2019年：盈利8 700万英镑）在母公司报表中列示。

董事会于2021年3月16日批准了第112～166页的报表，并由以下人员代表其签字：

**罗杰·怀特塞德**（Roger Whiteside）

**理查德·赫顿**（Richard Hutton）

公司注册号：502851

**所有者权益变动表**

截至2021年1月2日的53周（2019年：截至2019年12月28日的52周）

**集团**

截至2019年12月28日的52周（重述）

|  | 附注 | 归属于本公司股东 股本（百万英镑） | 股本溢价（百万英镑） | 资本偿还准备金（百万英镑） | 留存收益（百万英镑） | 总额（百万英镑） |
| --- | --- | --- | --- | --- | --- | --- |
| 2018年12月30日的余额（如先前报告） |  | 2.0 | 13.5 | 0.4 | 313.2 | 329.1 |

续表

|  | 附注 | 归属于本公司股东 ||||| 
|---|---|---|---|---|---|---|
|  |  | 股本<br>（百万英镑） | 股本溢价<br>（百万英镑） | 资本偿还<br>准备金<br>（百万英镑） | 留存收益<br>（百万英镑） | 总额<br>（百万英镑） |
| 会计政策变更的影响* |  | — | — | — | (5.7) | (5.7) |
| 2018年12月30日的重述余额 |  | 2.0 | 13.5 | 0.4 | 307.5 | 323.4 |
| **本年综合收益总额** |  |  |  |  |  |  |
| 本年利润 |  | — | — | — | 87.0 | 87.0 |
| 其他综合收益 |  | — | — | — | 2.5 | 2.5 |
| 本年综合收益总额 |  | — | — | — | 89.5 | 89.5 |
| **直接计入所有者权益的交易** |  |  |  |  |  |  |
| 出售自有股份 |  | — | — | — | 4.9 | 4.9 |
| 购买自有股份 |  | — | — | — | (11.8) | (11.8) |
| 股份支付交易 | 21 | — | — | — | 4.4 | 4.4 |
| 支付给股东的股息 |  | — | — | — | (72.1) | (72.1) |
| 直接计入准备金的税费 | 8 | — | — | — | 2.8 | 2.8 |
| 与所有者的交易总额 |  | — | — | — | (71.8) | (71.8) |
| 2019年12月28日的重述余额 |  | 2.0 | 13.5 | 0.4 | 325.2 | 341.1 |

\* 会计政策变更和相应重述的详细信息见第121页的"编制基础"。

集团
截至 2021 年 1 月 2 日的 53 周

| | 附注 | 股本（百万英镑） | 股本溢价（百万英镑） | 资本偿还准备金（百万英镑） | 留存收益（百万英镑） | 总额（百万英镑） |
|---|---|---|---|---|---|---|
| 2019 年 12 月 29 日的余额（重述） | | 2.0 | 13.5 | 0.4 | 325.2 | 341.1 |
| **本年综合收益总额** | | | | | | |
| 本年亏损 | | — | — | — | (13.0) | (13.0) |
| 其他综合收益 | | — | — | — | (9.1) | (9.1) |
| 本年综合收益总额 | | — | — | — | (22.1) | (22.1) |
| **直接计入所有者权益的交易** | | | | | | |
| 发行普通股 | | — | 2.2 | — | — | 2.2 |
| 出售自有股份 | | — | — | — | 1.5 | 1.5 |
| 购买自有股份 | | — | — | — | (0.5) | (0.5) |
| 股份支付交易 | 21 | — | — | — | 0.9 | 0.9 |
| 支付给股东的股息 | | — | — | — | — | — |
| 直接计入准备金的税费 | 8 | — | — | — | (1.5) | (1.5) |
| 与所有者的交易总额 | | — | 2.2 | — | 0.4 | 2.6 |
| 2021 年 1 月 2 日的余额 | | 2.0 | 15.7 | 0.4 | 303.5 | 321.6 |

母公司
截至 2019 年 12 月 28 日的 52 周（重述）

<table>
<tr><th></th><th>附注</th><th colspan="5">归属于本公司股东</th></tr>
<tr><th></th><th></th><th>股本<br>（百万英镑）</th><th>股本溢价<br>（百万英镑）</th><th>资本偿还<br>准备金<br>（百万英镑）</th><th>留存收益<br>（百万英镑）</th><th>总额<br>（百万英镑）</th></tr>
<tr><td>2018 年 12 月 30 日的余额（如先前报告）</td><td></td><td>2.0</td><td>13.5</td><td>0.4</td><td>311.5</td><td>327.4</td></tr>
<tr><td>会计政策变更的影响 *</td><td></td><td>—</td><td>—</td><td>—</td><td>(5.7)</td><td>(5.7)</td></tr>
<tr><td>2018 年 12 月 30 日的重述余额</td><td></td><td>2.0</td><td>13.5</td><td>0.4</td><td>305.8</td><td>321.7</td></tr>
<tr><td>**本年综合收益总额**</td><td></td><td></td><td></td><td></td><td></td><td></td></tr>
<tr><td>本年利润</td><td>7</td><td>—</td><td>—</td><td>—</td><td>87.0</td><td>87.0</td></tr>
<tr><td>其他综合收益</td><td></td><td>—</td><td>—</td><td>—</td><td>2.5</td><td>2.5</td></tr>
<tr><td>本年综合收益总额</td><td></td><td>—</td><td>—</td><td>—</td><td>89.5</td><td>89.5</td></tr>
<tr><td>**直接计入所有者权益的交易**</td><td></td><td></td><td></td><td></td><td></td><td></td></tr>
<tr><td>出售自有股份</td><td></td><td>—</td><td>—</td><td>—</td><td>4.9</td><td>4.9</td></tr>
<tr><td>购买自有股份</td><td></td><td>—</td><td>—</td><td>—</td><td>(11.8)</td><td>(11.8)</td></tr>
<tr><td>股份支付交易</td><td>21</td><td>—</td><td>—</td><td>—</td><td>4.4</td><td>4.4</td></tr>
<tr><td>支付给股东的股息</td><td></td><td>—</td><td>—</td><td>—</td><td>(72.1)</td><td>(72.1)</td></tr>
<tr><td>直接计入准备金的税费</td><td>8</td><td>—</td><td>—</td><td>—</td><td>2.8</td><td>2.8</td></tr>
<tr><td>与所有者的交易总额</td><td></td><td>—</td><td>—</td><td>—</td><td>(71.8)</td><td>(71.8)</td></tr>
<tr><td>2019 年 12 月 28 日的重述余额</td><td></td><td>2.0</td><td>13.5</td><td>0.4</td><td>323.5</td><td>339.4</td></tr>
</table>

* 会计政策变更和相应重述的详细信息见第 121 页的"编制基础"。

母公司
截至 2021 年 1 月 2 日的 53 周

| | 附注 | 股本<br>（百万英镑） | 股本溢价<br>（百万英镑） | 资本偿还<br>准备金<br>（百万英镑） | 留存收益<br>（百万英镑） | 总额<br>（百万英镑） |
|---|---|---|---|---|---|---|
| 2019 年 12 月 29 日的余额（重述） | | 2.0 | 13.5 | 0.4 | 323.5 | 339.4 |
| **本年综合收益总额** | | | | | | |
| 本年亏损 | 7 | — | — | — | (12.9) | (12.9) |
| 其他综合收益 | | — | — | — | (9.1) | (9.1) |
| 本年综合收益总额 | | — | — | — | (22.0) | (22.0) |
| **直接计入所有者权益的交易** | | | | | | |
| 发行普通股 | | — | 2.3 | — | — | 2.3 |
| 出售自有股份 | | — | — | — | 1.5 | 1.5 |
| 购买自有股份 | | — | — | — | (0.5) | (0.5) |
| 股份支付交易 | 21 | — | — | — | 0.9 | 0.9 |
| 支付给股东的股息 | | — | — | — | — | — |
| 直接计入准备金的税费 | 8 | — | — | — | (1.5) | (1.5) |
| 与所有者的交易总额 | | — | 2.3 | — | 0.4 | 2.7 |
| 2021 年 1 月 2 日的余额 | | 2.0 | 15.8 | 0.4 | 301.9 | 320.1 |

## 现金流量表

截至 2021 年 1 月 2 日的 53 周（2019 年：截至 2019 年 12 月 28 日的 52 周）

| | 附注 | 集团 2020年（百万英镑） | 集团 2019年（百万英镑） | 母公司 2020年（百万英镑） | 母公司 2019年（百万英镑） |
|---|---|---|---|---|---|
| **经营活动** | | | | | |
| 经营活动产生的现金 | | 61.6 | 246.0 | 61.6 | 246.0 |
| 所得税 | | (10.7) | (20.3) | (10.7) | (20.3) |
| 租赁负债支付的利息 | | (6.5) | (6.6) | (6.5) | (6.6) |
| 借款利息 | | (0.8) | — | (0.8) | — |
| **经营活动净现金流入** | | **43.6** | **219.1** | **43.6** | **219.1** |
| **投资活动** | | | | | |
| 购置不动产、厂房和设备 | | (58.8) | (85.4) | (58.8) | (85.4) |
| 购买无形资产 | | (2.8) | (3.7) | (2.8) | (3.7) |
| 处置不动产、厂房和设备的收益 | | 1.8 | 1.4 | 1.8 | 1.4 |
| 收到的利息 | 6 | 0.6 | 0.3 | 0.6 | 0.3 |
| **投资活动净现金流出** | | **(59.2)** | **(87.4)** | **(59.2)** | **(87.4)** |
| **筹资活动** | | | | | |
| 发行股票的收益 | | 2.2 | — | 2.2 | — |
| 出售自有股份 | | 1.5 | 4.9 | 1.5 | 4.9 |
| 购买自有股份 | | (0.5) | (11.8) | (0.5) | (11.8) |
| 贷款和借款收益 | | 100.0 | — | 100.0 | — |
| 股息支付 | | — | (72.1) | — | (72.1) |
| 偿还贷款和借款 | | (100.0) | — | (100.0) | — |
| 偿还租赁负债本金 | | (42.1) | (49.6) | (42.1) | (49.6) |
| **筹资活动净现金流出** | | **(38.9)** | **(128.6)** | **(38.9)** | **(128.6)** |
| 现金及现金等价物净增加/（减少） | | (54.5) | 3.1 | (54.5) | 3.1 |
| 年初现金及现金等价物 | 17 | 91.3 | 88.2 | 91.3 | 88.2 |
| **年末现金及现金等价物** | 17 | **36.8** | **91.3** | **36.8** | **91.3** |

现金流量表——经营活动产生的现金

| | 附注 | 集团 2020年（百万英镑） | 集团 2019年（百万英镑） | 母公司 2020年（百万英镑） | 母公司 2019年（百万英镑） |
|---|---|---|---|---|---|
| 本年利润/（亏损） | | (13.0) | 87.0 | (12.9) | 87.0 |
| 摊销 | 10 | 4.0 | 3.8 | 4.0 | 3.8 |
| 折旧——不动产、厂房和设备 | 12 | 56.9 | 56.1 | 56.9 | 56.1 |
| 折旧——使用权资产 | 11 | 51.9 | 50.8 | 51.9 | 50.8 |
| 减值——不动产、厂房和设备 | 12 | 5.2 | 0.3 | 5.2 | 0.3 |
| 减值——使用权资产 | | 8.8 | 0.5 | 8.8 | 0.5 |
| 处置不动产、厂房和设备的损失 | | 0.5 | 1.2 | 0.5 | 1.2 |
| 收到政府补助金 | | (0.5) | (0.5) | (0.5) | (0.5) |
| 股份支付费用 | 21 | 0.9 | 4.4 | 0.9 | 4.4 |
| 财务费用 | 6 | 6.7 | 6.5 | 6.7 | 6.5 |
| 所得税费用 | 8 | (0.7) | 21.3 | (0.8) | 21.3 |
| 存货减少/（增加） | | 1.4 | (3.1) | 1.4 | (3.1) |
| 应收账款减少/（增加） | | (12.3) | 4.5 | (12.3) | 4.5 |
| 应付账款增加/（减少） | | (48.2) | 19.9 | (48.2) | 19.9 |
| 预计负债减少 | | — | (1.7) | — | (1.7) |
| 养老金固定收益计划负债减少 | 21 | — | (5.0) | — | (5.0) |
| 经营活动产生的现金 | | 61.6 | 246.0 | 61.6 | 246.0 |

# 合并报表附注

## 重要会计政策

格雷格斯公司（简称"公司"）是一家在英国注册成立的公司。集团报表合并了公司及其子公司（统称为"集团"）的报表。出于重要性的考虑，联营企业的业绩没有合并。母公司报表列报的是母公司作为一个独立实体的信息，而不是其集团的信息。

该报表于 2021 年 3 月 16 日由董事会授权发布。

### （a）合规声明

母公司报表和集团报表均由董事会按照国际会计准则以及《2006 年公司法》的要求编制和批准。集团报表根据欧盟第 1606/2002 号条例采用的国际财务报告准则（"欧盟采用的 IFRS"）编制。在将母公司报表与集团报表一并公布时，公司根据《2006 年公司法》第 408 条的豁免规定，不公布作为这些报表组成部分的单独利润表和相关附注。

### （b）编制基础

报表以英镑列报，四舍五入至最接近的 10 万英镑，并根据历史成本编制，但养老金固定收益计划资产/负债除外，该资产/负债被确认为计划资产的公允价值减去计划负债的现值。

本集团的业务活动以及可能影响其未来发展、业绩和地位的因素载于第 2 页至第 53 页的董事报告和战略报告。集团的财务状况、现金流量和流动性状况在第 41 页至第 44 页的财务回顾中进行了描述。此外，报表附注 2 包括：集团资本管理的目标、政策和流程；其财务风险管理目标；其金融工具和对冲业务的详细信息；以及其信用风险和流动性风险敞口。

本集团选择不在国际财务报告准则过渡日期（2004 年 1 月 1 日）之前重述企业合并，因为在过去十年中没有发生重大收购。截至 1997 年（包括 1997 年），本集团的政策是用准备金冲销收购产生的商誉。根据 IFRS 1 和 IFRS 3，此类商誉仍从准备金中抵销。

除非另有说明，否则下列会计政策在整个集团和本合并报表中列示的所有年度均一致适用。自 2019 年 12 月 29 日起，集团通过了以下修正案：

- 对国际财务报告准则中概念框架的引用进行修订；

- 对 IAS 1 和 IAS 8 的修订：原材料的定义；
- IFRS 16 修正案：与新冠疫情相关的租金优惠。

它们的采用对报表没有重大影响。本集团选择不使用 IFRS 16 修正案中的描述。

**可比性重述**

由于会计政策的变化，国际财务报告准则解释委员会（IFRIC）于 2020 年 5 月发布了一项议程决定，明确了当资产账面价值的恢复导致多重税收影响时递延所得税的会计处理，因此对上一年的递延所得税余额进行了重述。在这些情况下，本公司评估了净头寸的可收回性，但根据 IFRIC 的议程决定，现在需要单独考虑税收影响，因此，与之前符合工业建筑津贴条件的建筑相关的 570 万英镑递延所得税资产（2008 年首次确认）由于被认为不可收回，已在比较期期初头寸中终止确认。截至 2021 年 1 月 2 日，570 万英镑的递延所得税资产仍未确认。

该重述导致了资产负债表的变动，其中递延所得税调整了 570 万英镑，终止确认以前的递延所得税资产并确认递延所得税负债，留存收益减少 570 万英镑。对本年度或上一年度的损益或每股收益均无影响。

|  | 集团 |  | 母公司 |  |
| --- | --- | --- | --- | --- |
|  | 截至 2019 年 12 月 28 日（百万英镑） | 截至 2018 年 12 月 30 日（百万英镑） | 截至 2019 年 12 月 28 日（百万英镑） | 截至 2018 年 12 月 30 日（百万英镑） |
| *递延所得税资产/（负债）* |  |  |  |  |
| 初始——递延所得税资产 | 3.3 | 0.2 | 3.7 | 0.6 |
| 调整 | (5.7) | (5.7) | (5.7) | (5.7) |
| 重述——递延所得税负债 | (2.4) | (5.5) | (2.0) | (5.1) |
| *留存收益* |  |  |  |  |
| 初始 | 330.9 | 313.2 | 329.2 | 311.5 |
| 调整 | (5.7) | (5.7) | (5.7) | (5.7) |
| 重述 | 325.2 | 307.5 | 323.5 | 305.8 |

递延所得税的会计政策已经更新,以反映当一项资产的账面价值的收回引起多种不受同一所得税法约束的税收影响时,将单独确定暂时性差异,并对这些差异的递延所得税单独核算,包括评估产生的任何递延所得税资产的可回收性。

**持续经营**

鉴于新冠疫情对本集团交易业绩的持续影响仍存在不确定性,董事会已考虑采用持续经营基础编制这些报表。在报告期结束时,集团的可用流动性资产包括现金及现金等价物,加上未动用的循环信用贷款(revolving credit facility, RCF)(2023年12月到期),总额为1.068亿英镑。RCF契约涉及2021财年的最高借款水平和最低流动性,之后它们涉及最高杠杆率和最低固定费用覆盖率。如何衡量这些契约和规定的比率载于附注2。

2020年,在额外信用贷款到位的同时,有必要保护集团的现金状况。股息和资本支出以及任何非必要支出都被暂时停止。公司获得了政府为保留工作岗位提供的支持,并从营业税减免中受益。

董事审查了现金流预测,其中包括自这些报表批准之日起12个月内的严重但合理的不利因素,以及该期间的履约情况。预测假设:

- 由于新冠疫情,需要在2021年11月和2022年2月进一步实施两个月的封锁,在此期间,公司像最近几次封锁期间一样进行交易(即店铺继续营业,但交易量下降);
- 在封锁期之外,销售水平逐渐恢复,本集团根据2020年下半年的经验进行了建模;
- 不再接受政府支持(包括已经宣布继续提供支持的时期)。

在这种情况下,本集团能够在不需要动用其现有承诺的贷款安排的条件下运营,也不需要采取诸如减少资本支出和其他可自由支配支出等缓解措施。

董事考虑了一种更严重的情况,即除上述不利假设外,本集团还遭受了有损品牌声誉的食品恐慌,导致销售额大幅下降。在这种情况下,集团将在资本支出和其他可自由支配的支出方面采取缓解措施。这一预测情景显示可能需要动用RCF,但没有违反与之相关的契约。

在审查这些现金流量预测并考虑持续的不确定性和可采取的缓解措施后，董事会认为，在持续经营的基础上编制报表是适当的。经查询，董事会相信，本公司和本集团将有足够的资金继续偿还其债务，因为这些债务自财务报表批准之日起至少12个月内到期。因此，在编制年度报告和账目时继续采用持续经营的基础。

**关键的估计和判断**

按照已采用的国际财务报告准则编制财务报表，要求管理层作出影响政策实施以及资产和负债、收入和支出报告数额的判断、估计和假设。这些估计和基本假设会持续被审查。会计估计的修订如只影响该估计的修订年度，则在修订年度确认；如果修订同时影响当年及未来年度，则须在修订年度及未来年度确认。

*资产减值损失*

如果有事件或情况变化表明账面价值可能无法收回，则对不动产、厂房和设备以及使用权资产进行减值测试。例如，如果店铺的销售额下降，店铺的设备和使用权资产可能会发生减值。当进行减值测试时，可收回金额是根据使用价值计算的或根据公允价值减去处置成本估计的。使用价值和公允价值减去处置成本的计算都要求管理层估计资产产生的未来现金流和适当的贴现率。根据对可收回金额的最新预期，也要考虑往年作出的减值评估是否仍然适当。认定减值已减少的，计入减值转回。

新冠疫情意味着所有店铺都经历了销售中断或销量减少的时期，销售恢复的速度本质上是不确定的。这被认为是减值迹象，因此公司对其管理店铺中的所有资产都进行了减值测试。

由于疫情的影响，在停业期结束后，有38家商店决定不再重新开业。这些店铺的所有设备和使用权资产已经完全减值（不需要进行重要性的评估），损失为530万英镑（其中250万英镑与固定装置及配件有关，280万英镑与使用权资产有关）。此外，计提250万英镑的预计负债用于与这些停业店铺直接相关的高额费用和破旧设施，预计将在这些店铺租约的剩余期限内发生。在评估店铺减值前，审查了有关店铺租赁期限的假设，并在必要时重新计量了租赁负债。

对于其余店铺，采用下列假设进行减值测试：

- 店铺被分类到不同的服务区（如城市中心、交通枢纽），并对每个服务区的同类销售额恢复率进行了假设。
- 据推测，到2021年底，同店销售额将从2020年12月的水平增长到比新冠疫情前低6%的水平（所有店铺的平均水平），然后在2022年12月继续增长到停业前的水平，并在此基础上每年进一步增长1%，直到2027年。如果店铺完成网上订单，这些订单的收入将包括在店铺的预计现金流中。
- 同店销售额恢复（like-for-like sales recovery）假设在整个2021年第一季度实行临时国家封锁限制（即学校和非必要零售店关闭），并在2021年11月和2022年2月进一步实施临时封锁。在这些时期，假设格雷格斯的销售水平与其最近在这些条件下的经验一致。
- 扣除利息、税收、折旧、摊销和租金前收益（EBITDAR）用来表示不包括租金付款的净现金流。

假设基数包括英国脱欧的任何潜在影响；

- 贴现率基于集团加权平均资本成本（WACC），在当前环境下风险有所增加，2021年1月2日为6.7%（2019年12月28日：5.4%）。
- 考虑预测现金流的适当期间，包括有关剩余租期。

根据这些计算，87家店铺计提了870万英镑的减值准备（其中270万英镑与固定装置及配件有关，600万英镑与使用权资产有关）。

鉴于当前贸易环境的不确定性，这些假设对减值计算的敏感性已经过测试：

- 贴现率提高1%将导致额外减值70万英镑，用于另外10家店铺。贴现率降低1%将导致减值减少60万英镑，减值店铺数量减少6家。
- 销售恢复假设每年增加5%将导致减值减少370万英镑，减值店铺数量减少26家。销售恢复假设减少5%将导致额外减值640万英镑的，另有41家店铺减值。
- 更严重的全国封锁要求我们的店铺在2022年1月完全关闭，这将导致额外减值140万英镑，涉及另外10家店铺。

*确定租赁付款的贴现率*

在不动产租赁开始之日，租赁负债按租赁付款额折现计算。使用的贴现率应该是租赁中隐含的利率。如果这一利率无法轻易确定（这是店铺租赁的一般情况），则使用承租人的增量借款利率，因为承租人必须在类似的经济环境中，以类似的条款、担保和条件，为获得与使用权资产价值相似的资产而借入所需的资金。由于集团没有适当的外部借款来确定这一利率，因此需要作出判断来确定要使用的增量借款利率。每月初，根据租期长短获得无风险利率，然后进行调整，以反映信贷风险。对于 2021 年 1 月 2 日的租赁负债，使用的贴现率变化 0.1% 将使总负债调整 120 万英镑。

*确定不动产租赁的租赁期限*

在不动产租赁开始之日，本集团通常将租赁期限确定为租赁的全部期限，假设不太可能行使任何中断或延长租赁期的选择权，且无法合理确定本集团将在租赁期限之后的任何时期继续占用。定期审查租赁，如果合理确定行使了中断条款或延长租赁期的选择权，将对租赁进行重新估价。

此前，本集团根据 IFRS 17 将不动产租赁归类为经营租赁。租赁期通常为 10 年或 15 年。在英国，大部分不动产租赁受《1954 年业主和承租人法》（LTA）的保护，该法在现有租赁期结束时为承租人提供保护。

如不动产租期已届满，集团仍在与业主协商续约事宜，则需要作出判断。如本集团认为续期是可合理确定的，且租约受租约协议保护，则该租约被视为在上一租约终止之日已续期，并按与上一租约相同的条款续期。如续期不被认为是可合理确定的，则包括在租约内的租约期限应反映有关法律规定的预期通知期。考虑到新条款，租约续期时将重新估价。截至 2021 年 1 月 2 日，应用这一判断的财务影响是已确认的租赁负债增加 3 190 万英镑（2019 年：4 130 万英镑）。

*非常规项目的特殊处理*

本年度和上一年度的报表包括重大且非常规项目，这些项目被认为具有重要意义，因此需要在利润表上单独披露。这些项目包括投资和重建公司供应链，这是一个多年期的已知预算的项目，目的是支持未来的增长。需要进行判断，以确保仅单独列报与该活动直接相关的项目。被视为非常规项目的进一步详情见附注4。

*退休后福利*

本集团养老金固定收益计划负债的确定取决于对具有重大估计不确定性的某些假设的选择，包括贴现率、通货膨胀率、死亡率和折算率。由于实务经验或未来假设的变化而产生的差异将在未来几年反映出来。2020年的关键假设、敏感性和账面金额见附注21。

### （c）合并基础

合并报表包括格雷格斯公司及其子公司截至2021年1月2日的53周的业绩。比较期为截至2019年12月28日的52周。

**(i) 子公司**

子公司是由本公司控制的实体。当公司因参与某实体而面临或有权获得可变回报时，公司控制该实体，并有能力通过对该实体的权力影响这些回报。子公司的报表自控制权开始之日起至控制权终止之日纳入合并范围。

**(ii) 联营公司**

联营公司是指本集团对其财务和经营政策具有重大影响但不具有控制权的实体。如果本集团持有另一实体20%~50%的投票权，则认为存在重大影响，除非能够明确证明事实并非如此。年末，本集团有一家联营公司因重要性未纳入合并范围（见附注13）。

**(iii) 合并抵销交易**

集团内余额以及集团内交易产生的任何未实现损益或收入和支出，在编制合并报表时予以抵销。

### （d）非常规项目

非常规项目被定义为重大且非常规的收入和支出项目，这些项目被认为具有重要意义，需要在利润表上单独披露。以前归类为非常规项目的任何未来变动也将归类为非常规情况。

## (e) 外币

外币交易按交易日的现行汇率折算。资产负债表日以外币计价的货币性资产和负债，要按该日的现行汇率折算。以外币历史成本计量的非货币性资产和负债，使用交易日的汇率进行折算。折算产生的汇兑差额在利润表中确认。

## (f) 无形资产

本集团唯一的无形资产与软件及其实施成本有关，以成本减去累计摊销和累计减值损失计量。只有当后续支出增加了相关特定资产所体现的未来经济利益时，才将其资本化。所有其他支出在发生时在利润表中确认。

自无形资产可供使用之日起，摊销在利润表中按照无形资产的预计使用寿命以直线法确认。预计使用寿命为 5~7 年。

开发过程中的资产被重新分类，并在资产可供使用时开始摊销。

## (g) 租赁

### (i) 租赁确认

在合同开始时，集团会评估合同是否属于或包含租赁。如果合同转让了一段时间内对使用权资产的控制权以换取对价，则合同属于或包含租赁。为了评估合同是否转让了对使用权资产的控制权，本集团使用了 IFRS 16 中的租赁定义。

对于本集团作为承租人的房地产租赁，本集团采用了 IFRS 16 允许的权宜之计，将每个租赁部分和任何相关的非租赁部分作为单项租赁进行核算。

### (ii) 使用权资产

本集团于租赁开始日确认使用权资产。使用权资产按成本计量，减去累计折旧和减值损失，并根据租赁负债的重新计量结果进行调整。使用权资产的成本包括已确认的租赁负债金额，并根据生效日期或之前的任何租赁付款额进行调整，减去收到的任何租赁激励。使用权资产以资产使用寿命和租赁期中较短者按直线法折旧。使用权资产受到减值的影响，并定期进行减值测试。使用权资产的折旧包括在合并利润表的销售费用中。

### (iii) 租赁负债

在租赁开始日，本集团确认以租赁期内支付的租赁付款额现值计量的租赁负债。租赁付款额等于固定付款额减去任何应收租赁激励和取决于指数或比率的可变租赁付款额。不取决于指数或比率的任何可变租赁付款额在触发付款的事件或条件发生期间确认为费用。

在计算租赁付款额的现值时，如果租赁中隐含的利率不易确定，本集团在租赁开始日使用增量借款利率。一般情况下，本集团使用增量借款利率作为贴现率。当没有外部借款时，需要进行判断以确定近似值，该近似值是根据适当期限的英国政府金边债券利率计算的，并根据指示性信用溢价进行调整。

生效日期后，租赁负债增加以反映利息的增加，租赁付款额减少。此外，如果租赁期限发生变更或固定租赁付款额发生变化，则重新计量租赁负债的账面价值。利息费用包含在合并利润表的财务费用中。

### (iv) 短期租赁和低价值资产租赁

本集团已选择不确认租赁期少于12个月的机械设备短期租赁和低价值资产租赁的使用权资产和租赁负债。与短期租赁和低价值资产租赁相关的租赁付款额在租赁期内按直线法确认为费用。

### (v) 可变租赁付款额

一些房地产租赁包含与店铺产生的销售额相关的可变付款条款。对于个别店铺，多达100%的租赁付款额是基于可变付款条件的。这些付款额在触发条件发生期间的利润表中确认。

### (h) 不动产、厂房和设备

### (i) 自有资产

不动产、厂房和设备项目按成本或成本减去累计折旧（见下文）和减值损失（见会计政策(l)）列报。自建资产的成本包括材料成本和直接人工成本。

### (ii) 后续成本

如果不动产、厂房和设备项目的组成部分的未来经济利益很可能流入本集团，且其成本能够可靠计量，则更换该项目组成部分的成本将在该项目的账面价值中确认。被替换部件的账面价值被终止确认。不动产、厂房和设备的日常维护成本在发生当期的利润表中确认。

**(iii) 折旧**

折旧是在下列期间使用直线法冲销每项不动产、厂房和设备在其预期使用寿命内的成本（减去残值）。

永久产权和长期租赁建筑：20～40年；

短期租赁不动产：10年和租期的较短者；

厂房、机械、设备、车辆、固定装置及配件：3～10年。

永久产权土地不折旧。

每年重新评估折旧方法、使用寿命和残值。

**(iv) 在建工程**

这些资产被重新分类，当资产可供使用时开始折旧。

**(i) 投资**

非流动投资包括对子公司和联营公司的投资，这些投资按成本减去减值后的余额计量。

流动投资包括期限超过三个月的定期固定利率银行存款。

**(j) 存货**

存货按成本和可变现净值中较低者列报。可变现净值是指正常经营过程中的估计售价，减去估计的完工成本和销售费用后的净额。存货成本包括购买存货发生的支出和直接人工成本。

**(k) 现金及现金等价物**

现金及现金等价物包括银行存款、库存现金、借记卡和信用卡应收款项以及初始到期日不超过三个月的活期存款。在现金流量表中，构成集团现金管理不可分割的一部分的银行透支作为现金及现金等价物的一部分列报。

### (l) 减值

除存货和递延所得税资产外，集团和公司资产的账面价值要在每个资产负债表日进行减值测试，以确定是否存在任何减值迹象。如果存在任何此类迹象，则评估资产的可收回金额。减值测试是在单个店铺的基础上进行的。

当资产的账面价值超过其可收回金额时，确认减值损失。减值损失在利润表中确认。以前年度确认的减值损失在每个报告日进行评估，如果用于确定可收回金额的估计发生变化，则予以转回。减值损失仅在资产的账面价值不超过在未确认减值损失的条件下扣除折旧后确定的账面价值的情况下予以转回。

### (m) 持有待售的非流动资产

预计主要通过出售而非继续使用收回的非流动资产被归类为持有待售资产。在分类为持有待售资产之前，根据集团和公司的会计政策对资产进行重新计量。此后，资产通常按其账面价值和公允价值减去出售成本中的较低者计量。一旦归类为持有待售资产，不再计提折旧或摊销。

### (n) 资本和储备

#### (i) 股本回购

当回购确认为权益的股本时，支付的对价金额（包括直接归属成本）确认为权益扣除额。员工持股计划中持有的回购股份被归类为库存股，并作为总股本的扣除额列示。

#### (ii) 股息

当公司有义务支付且股息不再由公司自行决定时，将股息确认为负债。

#### (iii) 可分配储备

母公司所有的留存收益都是可分配的，并且是唯一的可分配储备。

### (o) 员工持股计划

集团和母公司报表包括格雷格斯公司员工福利信托（employee benefit trust, EBT）的资产和相关负债。在集团和母公司报表中，EBT持有的库存股均按成本列报，并从总股本中扣除。

### (p) 员工福利

**(i) 短期员工福利**

短期员工福利在员工提供相关服务时确认为费用。如果由于员工过去提供的服务，集团目前有支付该金额的法律或推定义务，并且该义务能够可靠地计量，则将预计支付的金额确认为负债。

**(ii) 养老金固定缴款计划**

养老金固定缴款计划的缴款义务在到期时在利润表中确认为费用。

**(iii) 养老金固定收益计划**

公司在养老金固定收益计划方面的净负债是通过估计员工在当前和以前期间因服务而获得的未来收益金额来计算的；该收益被贴现以确定其现值，并扣除任何计划资产的公允价值（按投标价格计算）。公司通过对固定收益净资产/负债应用用于在期初计量固定收益负债的贴现率，确定该期间固定收益净资产/负债的净利息。

贴现率是信用评级至少为AA的债券在报告日的收益率，这些债券的到期日接近公司债务的期限，并且以预期支付收益的货币计价。

养老金固定收益计划产生的重新计量包括精算损益和计划资产回报（不包括利息）。公司立即在其他综合收益中确认，并在利润表的员工福利费用中确认与固定收益计划相关的所有其他费用。

当计划的收益发生变更或计划被削减时，与员工过去服务相关的收益变更部分，或削减带来的收益或损失部分，在计划修订或削减发生时在利润表中确认。

养老金固定收益计划负债的计算由合格精算师使用预计单位负债法进行。当计算结果为公司带来利益时，确认资产的上限为未来退款或未来收益减少额的现值，并考虑到任何最低资金要求的不利影响。

**(iv) 股份支付交易**

股票期权计划允许集团员工购买公司股票。授予的股票期权的公允价值确认为员工支出，并相应增加权益。公允价值在授予日使用适当的模型进行计量，要考虑授予股票期权的条款和条件，并在员工无条件享有期权的期间进行分摊。对确认为费用的金额进行调整，以反映授予的股票期权的实际数量，除非撤销仅是由于股票价格未达到授予门槛。

**（v）解雇福利**

解雇福利在本集团不再能够撤回这些福利的要约之日和本集团确认重组成本之日中的较早者计入费用。如果预计福利不会在报告日后 12 个月内全部结算，则对其进行贴现。

## （q）预计负债

如果由于过去的事件，本集团目前负有可以可靠估计的法定或推定义务，并且很可能造成经济利益流出，则确认预计负债。预计负债是通过以税前利率对预期未来现金流进行贴现来确定的，该税前利率反映了当前市场对货币时间价值和负债特定风险的评估。

**（i）重组**

当本集团已批准详细正式的重组计划，且重组已开始或已公开宣布时，确认重组预计负债。但不包括未来经营成本。

**（ii）亏损合同**

当本集团认为履行合同义务的必要成本超过了合同项下预期获得的经济利益时，确认亏损合同的预计负债。此时，在确认预计负债之前，集团会确认相关资产的任何减值损失。

**（iii）修缮费**

本集团根据在各自租赁期结束时将本集团租赁建筑物恢复到其公允状态所需的未来修缮费，在适当情况下，为建筑物修缮计提了预计负债，前提是可以作出可靠的估计。

## （r）收入

**（i）零售额**

商品销售收入在收到现金或卡付款时确认为收入。收入的计量扣除了折扣、促销和增值税。送货服务收入计入零售额，并在交付时确认。

### (ii) 特许经营销售

特许经营销售在货物交付给特许经营人时确认。额外的特许权使用费收入通常按总销售收入的百分比计算，根据相关协议按照特许经营人的产品销售额确认。开业前的资本装修费用由特许经营人承担，是整个特许经营销售协议的关键履约义务。这些再收费在相关装修完成时确认为收入。向客户开具的销售发票信用期少于三个月。

### (iii) 批发销售

批发销售收入在货物交付给客户时确认。如果披露的信息具有商业敏感性，例如，如果只有一个批发客户，则不单独披露批发销售。向客户开具的销售发票信用期少于三个月。

### (iv) 忠诚计划/礼品卡

收到的礼品卡或作为忠诚计划的一部分而收到的金额被推迟确认。当本集团已履行其根据计划条款提供产品的义务，或这些金额不再可能被赎回时，将其确认为收入。如果客户有权在忠诚计划下进行一定数量的购买后获得免费产品，则收到的对价的一部分将被延迟确认，以便在所有关联交易中平均确认收入。

上述交易类型产生的收入的性质、时间和不确定性彼此没有显著差异。

### (s) 政府补助

政府补助最初在资产负债表中确认为递延收益，前提是合理保证将收到政府补助，且集团将遵守其附带条件。补偿本集团所发生费用的补助金在发生费用的同一期间按系统方式在利润表中确认为相关费用的净额。补偿集团资产成本的补助金在资产使用寿命内在利润表中确认。

### (t) 财务费用

利息收入或支出采用实际利率法确认。

### (u) 所得税

所得税包括当期所得税和递延所得税。所得税在利润表中确认，但与直接在权益中确认的项目相关的除外，在这种情况下，所得税在权益中进行确认。

当期所得税是指本年度应纳税所得额的预期应纳税额，使用资产负债表日颁布或实质颁布的税率计算，以及对前几年应纳税额的任何调整。当期应纳税额是对预期应纳税额的最佳估计，反映了与所得税（如有）相关的不确定性。应纳税所得额与利润表中报告的利润不同，因为某些收入或费用项目在不同年份应纳税或可抵扣，或者可能永远无须纳税或不可抵扣。

递延所得税是指因为用于财务报告目的的资产和负债账面价值与用于计算应纳税所得额时使用的金额之间的暂时性差异而产生的预计未来应付或可收回的税款。采用资产负债表债务法进行核算。确认的递延所得税金额基于资产和负债账面价值的预期变现或结算方式，以资产负债表日颁布或实质颁布的税率为基础，采用暂时性差异转回时预计适用的税率计算。当资产账面价值的收回产生受不同所得税法约束的多重税收影响时，应确定单独的暂时性差异，并单独核算这些差异的递延所得税，包括评估产生的任何递延所得税资产的可收回性。

下列暂时性差异不确认递延所得税：非企业合并且既不影响会计利润也不影响应纳税所得额的交易中资产或负债的初始确认，以及在可预见的未来很可能不会转回的与子公司投资相关的差异。

递延所得税资产仅在未来有可能获得可用于抵扣该资产的应纳税所得额的情况下确认。递延所得税资产在每个报告日进行审查，并在不再可能实现相关递延所得税利益的情况下冲减。

### （v）研发

公司通过技术和其他创新不断改进其产品和工艺。当相关知识产权无法在无形资产中正式化或资本化时，此类支出通常计入利润表。

### （w）可提前采用的国际财务报告准则尚未应用

以下与本集团相关的准则修正案可提前采用，但尚未应用于这些项目：

- 对 IFRS 9、IAS 39、IFRS 7 和 IFRS 16 的修订：利率基准改革 – 第 2 阶段（2021 年 1 月 1 日生效）。

预计其采用不会对报表产生重大影响。

## 1. 细分市场分析

根据 IFRS 8 的定义,董事会被视为集团的"首席运营决策者"。除公司管理的零售活动外,本集团还通过 B2B 渠道(包括特许经营和批发活动)产生收入。随着 2020 年公司管理零售活动水平的下降,两个渠道现在都被归类为 IFRS 8 中的可报告细分市场。

公司管理的零售活动——本集团在自己的店铺或通过配送渠道销售一系列新鲜的烘焙食品、三明治和饮料。以现金方式向公众销售。所有业绩均来自英国。

B2B 渠道——本集团将产品销售给特许经营和批发合作伙伴,供其门店销售,并向特许经营合作伙伴收取许可费。这些销售和费用以信用方式向合作伙伴开具发票。所有业绩均来自英国。

在本年度,董事会定期分别审查各细分市场的收入。不可能对每个细分市场的交易利润进行审查,因为在公司管理的店铺停业期间,没有合理分配成本的依据。董事会收到在与集团账目一致的基础上编制的管理费用、资产和负债的汇总信息。

| | 2020 年公司管理的零售店铺(百万英镑) | 2020 年 B2B 渠道(百万英镑) | 2020 年总额(百万英镑) | 2019 年公司管理的零售店铺(百万英镑) | 2019 年 B2B 渠道(百万英镑) | 2019 年总额(百万英镑) |
|---|---|---|---|---|---|---|
| 收入 | 715.3 | 96.0 | 811.3 | 1 073.8 | 94.1 | 1 167.9 |
| 交易利润* | | | 66.4 | | | 205.2 |
| 管理费用(含利润分配) | | | (73.4) | | | (90.4) |
| 营业利润/(亏损) | | | (7.0) | | | 114.8 |
| 财务费用 | | | (6.7) | | | (6.9) |
| 税前利润/(亏损) | | | (13.7) | | | 108.3 |

*交易利润定义为毛利减去供应链成本和零售成本(包括物业费用),并扣除总部管理费用。

## 2. 金融风险管理

### 信用风险

信用风险是指如果金融工具的客户或交易对手未能履行其合同义务，集团将面临财务损失的风险。

零售销售额占集团销售额的很大一部分，由于采用的是现金或刷卡支付，因此不存在信用风险。集团向批发和特许经营客户提供销售信用条款。在这种情况下，集团实施有效的信用控制程序，以尽量减少债务逾期的风险。

交易对手风险也被认为较低。根据集团政策，集团的所有剩余现金均由高评级银行持有。

### 流动性风险

流动性风险是指集团无法履行到期财务义务的风险。

集团以净流动负债运营，因此依赖零售组合的持续强劲表现来偿还其短期负债。短期和中期现金预测用于管理流动性风险。这些预测用于确保集团在正常和压力条件下都有足够的流动资金来偿还到期债务。

本年度，集团以优惠利率获得冠状病毒企业融资机制（CCFF）项下的流动资金。借款已于 2020 年 12 月偿还，相关成本已计入财务费用。

集团还与一个银团签订了 1 亿英镑的循环信用贷款协议，该协议将于 2023 年 12 月到期，并可选择延长两年。该笔贷款于 2021 年 1 月 2 日尚未提取。在贷款的头 12 个月内，已订立的契约包括：每月净借款不超过 7 000 万英镑；流动资金保持在 3 000 万英镑以上。此后，契约包括：杠杆率（按净借款与息税折旧摊销前利润之比计算）不超过 3∶1；固定费用保障（按息税折旧摊销前利润与净租金和应付利息之比计算）不得低于 1.75∶1。

## 市场风险

市场风险是指市场价格（如汇率、利率和股票价格）的变化将影响集团收入或其持有的金融工具价值的风险。

市场风险不大，因此敏感性分析没有意义。

## 汇率风险

集团没有以外币进行的常规重大交易，尽管偶尔会购买以外币计价的资本项目。虽然某些成本（如电力和小麦）可能受到美元波动的影响，但实际合同以英镑计价。对于波动较大的关键成本，如电力和面粉，价格可根据集团政策在一段时间内固定。所有此类合同均用于集团自身的预期用途。

## 利率风险

利率风险是指银行间同业拆借利率增加导致融资成本增加的风险。集团的利率风险源于循环信用贷款协议。由于贷款仍未提取，利率的提高不会影响融资成本。

## 股票价格风险

除子公司和联营公司外，集团无重大股权投资。如附注21所披露的，集团的养老金固定收益计划投资于股权相关基金。

## 资本管理

集团的资本管理目标是：
- 确保集团能够持续经营，以便继续为股东提供回报，并为其他利益相关者提供利益；
- 通过与风险水平相称的产品定价和服务提供，为股东提供充分的回报。

为了实现这些目标，集团定期审查预算和预测，以确保有足够的资本满足集团的需求，直至实现盈利和正现金流。

集团的资本结构包括股东权益，详见合并所有者权益变动表。所有营运资本需求均由现金和借款满足。

董事会保留根据市场价格和剩余现金水平在市场上购买自有股份的选择权。格雷格斯员工福利信托基金的受托人也购买股票，以满足未来员工的股票期权需求。

## 金融工具

## 集团和母公司

集团的所有盈余现金均投资于存款或定期存款。

集团财务政策的主要目标是实现现金余额的最大回报率，同时保持可接受的风险水平。除下文所述外，未使用任何金融工具、衍生工具或商品合同。

## 金融资产和负债

如果金融资产同时满足以下两个条件，则按摊余成本计量：
- 它是在一种商业模式中持有的，其目标是持有资产以收取合同现金流；
- 其合同条款在指定日期产生现金流，现金流仅为对未偿本金和利息的支付。

集团的主要金融资产包括现金和现金等价物以及定期存款。其他金融资产包括集团活动产生的贸易应收款。这些金融资产均符合按摊余成本确认的条件。

除贸易应付款和其他应付款外，截至 2021 年 1 月 2 日，集团没有 IFRS 9 范围内的金融负债（2019 年为零）。

## 公允价值

集团金融资产和负债的公允价值与其账面价值并无重大差异。金融资产和负债主要包括贸易应收款和贸易应付款，唯一的计息余额是以可变利率计息的银行存款和借款。

### 利率、信贷和外汇风险

集团本年度未进行任何对冲交易，且认为利率、信贷和外汇风险不重大。

## 3. 税前利润

税前利润/（亏损）已扣除/（计入）：

|  | 2020 年<br>（百万英镑） | 2019 年<br>（百万英镑） |
| --- | --- | --- |
| 无形资产摊销 | 4.0 | 3.8 |
| 自有不动产、厂房和设备的折旧 | 56.9 | 56.1 |
| 使用权资产折旧 | 51.9 | 50.6 |
| 自有不动产、厂房和设备的减值 | 5.2 | 0.3 |
| 使用权资产减值 | 8.8 | 0.5 |
| 固定资产处置损失 | 0.4 | 1.2 |
| 收到政府补助金 | (0.5) | (0.5) |
| 研发支出 | — | 0.3 |

审计这些报表的审计师薪酬为 193 000 英镑（2019 年：165 000 英镑），其他鉴证服务为 15 000 英镑（2019 年：15 000 英镑）。除审计公司报表外，支付给公司审计师的与公司服务相关的金额尚未披露，因为信息需要在合并基础上提供。

此外，集团从冠状病毒工作保留计划（CJRS）中获得 8 700 万英镑，用于支持就业。这笔资金已计入利润表，以抵销相关的就业成本。自 2020 年 4 月起暂停征收营业税后，利润表中进一步节省了 1 880 万英镑。

## 4. 非常规项目

|  | 2020 年<br>（百万英镑） | 2019 年<br>（百万英镑） |
|---|---|---|
| 销售成本 |  |  |
| 供应链重组 |  |  |
| • 裁员 | 0.1 | 0.7 |
| • 折旧和资产注销 | — | 0.1 |
| • 业务转移 | 0.7 | 5.0 |
| • 不动产相关 | — | 0.1 |
| 非常规项目总计 | 0.8 | 5.9 |

**供应链重组**

该费用源于 2016 年和 2017 年宣布的投资和重塑公司供应链以支持未来增长的决定。主要包括 2019 年和 2020 年，与加速折旧相关的成本以及将制造部门进一步整合为专门的"专家中心"（Center of Excellence，COE）而产生的费用，包括额外的运营成本。该投资计划将于 2021 年完成。

## 5. 人事费用

本年度，集团雇用的平均人数（包括董事）如下：

|  | 2020 年<br>（人数） | 2019 年<br>（人数） |
|---|---|---|
| 经营 | 681 | 702 |
| 管理 | 361 | 368 |
| 生产 | 3 026 | 2 994 |
| 店铺 | 20 276 | 19 641 |
|  | 24 344 | 23 705 |

这些人员的总费用如下：

|  | 附注 | 2020 年<br>（百万英镑） | 2019 年<br>（百万英镑） |
| --- | --- | --- | --- |
| 工资和薪金 |  | 363.5 | 357.8 |
| 强制性社会保障缴款 |  | 26.2 | 25.5 |
| 养老金成本—固定缴款计划 | 21 | 24.9 | 22.6 |
| 权益结算交易（包括雇主的保险费用） | 21 | 0.2 | 6.5 |
|  |  | 414.8 | 412.4 |

除工资和薪金外，集团员工利润分享计划下的应计总额包含在以下主要成本类别中：

|  | 2020 年<br>（百万英镑） | 2019 年<br>（百万英镑） |
| --- | --- | --- |
| 销售成本 | — | 3.3 |
| 销售费用 | — | 7.9 |
| 行政费用 | — | 1.6 |
|  | — | 12.8 |

就 IAS 24"关联方披露"而言，关键管理人员包括委员和运营委员会成员，其薪酬如下：

|  | 2020 年<br>（百万英镑） | 2019 年<br>（百万英镑） |
| --- | --- | --- |
| 薪金和费用 | 2.7 | 2.9 |
| 应税福利 | 0.1 | 0.1 |
| 年度奖金（包括利润分配） | — | 2.3 |
| 退休后福利 | 0.3 | 0.4 |
| 权益结算交易 | 0.2 | 3.0 |
|  | 3.3 | 8.7 |

以下金额根据《2008年大中型公司和集团（账目和报告）条例》附表5披露。

|  | 2020年<br>（百万英镑） | 2019年<br>（百万英镑） |
| --- | --- | --- |
| 董事薪酬总额 | 2.4 | 2.1 |
| 行使股票期权的收益总额 | — | 1.0 |
|  | 2.4 | 3.1 |

本年度参加养老金固定缴款计划和养老金固定收益计划的董事为1人（2019年：1人）。

## 6. 财务费用

|  | 附注 | 2020年<br>（百万英镑） | 2019年<br>（百万英镑） |
| --- | --- | --- | --- |
| 现金余额利息收入 |  | 0.4 | 0.5 |
| 借款利息费用 |  | (0.8) | — |
| 汇兑收益/（损失） |  | 0.2 | (0.2) |
| 租赁负债利息 |  | (6.5) | (6.6) |
| 与养老金固定收益计划负债相关的净利息 | 21 | — | (0.2) |
|  |  | (6.7) | (6.5) |

## 7. 归属于格雷格斯公司的利润

本年度集团亏损中，1 290万英镑（2019年：盈利8 700万英镑）在母公司报表中列示。公司利用了《2006年公司法》第408条的豁免规定，不披露单独的利润表。

## 8. 所得税费用

### 在利润表中确认

|  | 2020 年<br>（百万英镑） | 2019 年<br>（百万英镑） |
| --- | --- | --- |
| **现行税** |  |  |
| 本年度 | (0.6) | 22.2 |
| 往年调整 | (0.6) | (0.1) |
|  | (1.2) | 22.1 |
| **递延税** |  |  |
| 暂时性差异的产生和转回 | 0.4 | (0.2) |
| 往年调整 | 0.1 | (0.6) |
|  | 0.5 | (0.8) |
| 利润表中的所得税费用总额 | (0.7) | 21.3 |

### 实际税率对账

下表解释了按英国 19% 的法定税率 (2019 年：19%) 计算的预期税费与每年实际税费之间的差异。

|  | 2020 年 | 2020 年<br>（百万英镑） | 2019 年 | 2019 年<br>（百万英镑） |
| --- | --- | --- | --- | --- |
| 税前利润 /（亏损） |  | (13.7) |  | 108.3 |
| 使用国内公司税率计算的所得税 | 19.00% | (2.6) | 19.00% | 20.6 |
| 非可扣税 /（应税）项目 | (2.35%) | 0.3 | (0.18%) | (0.2) |

续表

|  | 2020 年 | 2020 年<br>（百万英镑） | 2019 年 | 2019 年<br>（百万英镑） |
| --- | --- | --- | --- | --- |
| 非免税折旧 | (9.39%) | 1.3 | 1.48% | 1.6 |
| 非免税资产减值 | (0.99%) | 0.1 | — | — |
| 递延税率上调的影响 | (4.92%) | 0.7 | — | — |
| 往年调整 | 3.49% | (0.5) | (0.63%) | (0.7) |
| 利润表中的所得税费用总额 | 5.23% | (0.7) | 19.67% | 21.3 |

将公司税税率维持在 19% 的立法于 2020 年 3 月 17 日实质生效，取消了此前制定的降至 17% 的税率。因此，预计任何时间性差异都将按 19% 的税率转回。

**直接计入其他综合收益或权益的税款**

|  | 2020 年<br>现行税<br>（百万英镑） | 2020 年<br>递延税<br>（百万英镑） | 2020 年<br>总计<br>（百万英镑） | 2019 年<br>总计<br>（百万英镑） |
| --- | --- | --- | --- | --- |
| 借方/（贷方）: |  |  |  |  |
| 与权益结算交易相关 | — | 1.5 | 1.5 | (2.8) |
| 与养老金固定收益计划相关—重新计量收益 | — | (2.1) | (2.1) | 0.5 |
|  | — | (0.6) | (0.6) | (2.3) |

本年度和以前年度与权益结算交易有关的递延税变动是关于股份支付交易的，是由当年股价波动和现有计划的到期阶段，以及以前直接在权益中确认的递延税的重估影响造成的。

## 9. 每股收益

### 基本每股收益/（亏损）

截至 2021 年 1 月 2 日的 53 周内，基本每股收益的计算方法为：归属于普通股股东的利润/（亏损）除以截至 2021 年 1 月 2 日的 53 周内发行的普通股的加权平均数，如下文所示。

### 稀释每股收益/（亏损）

本年度不存在被视为具有稀释作用的潜在普通股。未来几年可能具有稀释作用的潜在普通股数量为 915 989 股。

### 归属于普通股股东的利润/（亏损）

|  | 2020 年<br>（百万英镑） | 2019 年<br>（百万英镑） |
| --- | --- | --- |
| 本年度归属于母公司股东的利润/（亏损） | (13.0) | 87.0 |
| 基本每股收益/（亏损） | (12.9 便士) | 86.2 便士 |
| 稀释每股收益/（亏损） | (12.9 便士) | 85.0 便士 |

### 普通股加权平均数

|  | 2020 年<br>股数 | 2019 年<br>股数 |
| --- | --- | --- |
| 年初发行的普通股 | 101 155 901 | 101 155 901 |
| 持有自有股份的影响 | (302 104) | (342 748) |

续表

|  | 2020 年股数 | 2019 年股数 |
|---|---|---|
| 已发行股份的影响 | 113 334 | — |
| 本年度普通股加权平均数 | 100 967 131 | 100 813 153 |
| 已发行股票期权的影响 | — | 1 505 456 |
| 本年度普通股（稀释）加权平均数 | 100 967 131 | 102 318 609 |

## 10. 无形资产

**集团和母公司**

|  | 软件（百万英镑） | 正在开发的资产（百万英镑） | 总计（百万英镑） |
|---|---|---|---|
| **费用** |  |  |  |
| 2018 年 12 月 30 日的余额 | 23.8 | 2.9 | 26.7 |
| 增加额 | 2.5 | 1.2 | 3.7 |
| 转入 | 2.6 | (2.6) | — |
| 2019 年 12 月 28 日的余额 | 28.9 | 1.5 | 30.4 |
| 2019 年 12 月 29 日的余额 | 28.9 | 1.5 | 30.4 |
| 增加额 | 2.7 | 0.1 | 2.8 |
| 转入 | 1.5 | (1.5) | — |
| 2021 年 1 月 2 日的余额 | 33.1 | 0.1 | 33.2 |
| **摊销** |  |  |  |
| 2018 年 12 月 30 日的余额 | 9.8 | — | 9.8 |
| 本年度摊销费用 | 3.8 | — | 3.8 |

续表

|  | 软件<br>（百万英镑） | 正在开发的资产<br>（百万英镑） | 总计<br>（百万英镑） |
| --- | --- | --- | --- |
| 2019 年 12 月 28 日的余额 | 13.6 | — | 13.6 |
| 2019 年 12 月 29 日的余额 | 13.6 | — | 13.6 |
| 本年度摊销费用 | 4.0 | — | 4.0 |
| 2021 年 1 月 2 日的余额 | 17.6 | — | 17.6 |
| 账面金额 |  |  |  |
| 2018 年 12 月 29 日 | 14.0 | 2.9 | 16.9 |
| 2019 年 12 月 28 日 | 15.3 | 1.5 | 16.8 |
| 2019 年 12 月 29 日 | 15.3 | 1.5 | 16.8 |
| 2021 年 1 月 2 日 | 15.5 | 0.1 | 15.6 |

正在开发的资产与新系统平台投资产生的软件项目有关。

## 11. 租赁

**资产负债表中确认的金额**

资产负债表显示了与租赁相关的以下金额：

**集团和母公司**

|  | 2020 年<br>（百万英镑） | 2019 年<br>（百万英镑） |
| --- | --- | --- |
| 使用权资产 |  |  |
| 土地和建筑物 | 267.8 | 269.4 |

续表

|  | 2020 年<br>（百万英镑） | 2019 年<br>（百万英镑） |
| --- | --- | --- |
| 厂房和设备 | 2.3 | 3.3 |
|  | 270.1 | 272.7 |
| **租赁负债** |  |  |
| 流动 | 48.6 | 48.8 |
| 非流动 | 243.1 | 226.9 |
|  | 291.7 | 275.7 |

其余未贴现的租赁负债的到期总额如下：

|  | 2020 年<br>（百万英镑） | 2019 年<br>（百万英镑） |
| --- | --- | --- |
| 不到一年 | 54.4 | 51.0 |
| 一到两年 | 49.3 | 48.5 |
| 二至三年 | 43.6 | 42.5 |
| 三到四年 | 39.2 | 35.8 |
| 四到五年 | 34.2 | 31.9 |
| 五年以上 | 94.9 | 94.6 |
| 未贴现租赁负债总额 | 315.5 | 304.3 |

在截至 2021 年 1 月 2 日的 53 周内，由于签订新租约（收购新店铺或完成现有店铺的租约续期），使用权资产增加了 2 620 万英镑 (2019 年：4 550 万英镑)。

在截至 2021 年 1 月 2 日的 53 周内，由于租约修改和租约到期后有关租约期限的假设，使用权资产净增加了 3 190 万英镑 (2019 年：1 260 万英镑)。

## 利润表中确认的金额

|  | 2020 年<br>（百万英镑） | 2019 年<br>（百万英镑） |
| --- | --- | --- |
| 使用权资产折旧费 |  |  |
| 土地和建筑物 | 50.2 | 48.9 |
| 厂房和设备 | 1.7 | 1.9 |
|  | 51.9 | 50.8 |
| 利息费用（计入财务费用） | 6.5 | 6.6 |
| 短期租赁费用（计入销售成本和管理费用） | 0.2 | 0.2 |
| 与上述未列为短期租赁的低价值资产租赁相关的费用（计入管理费用） | 0.2 | 0.2 |
| 与不包括在租赁负债中的可变租赁付款额相关的费用（计入销售费用） | 0.6 | 2.2 |

2020 年租赁现金流出总额为 4 860 万英镑 (2019 年：5 620 万英镑)。

租赁负债总额的变动情况如下：

|  | 2020 年<br>（百万英镑） |
| --- | --- |
| 期初总负债 | 275.7 |
| 新租约增加额 | 26.2 |
| 租约修改 | 31.9 |
| 租赁负债利息 | 6.5 |
| 租金支付 | (48.6) |
| 期末总负债 | 291.7 |

## 12. 不动产、厂房和设备

### 集团

| | 土地和建筑物（百万英镑） | 厂房和设备（百万英镑） | 固定装置及配件（百万英镑） | 在建工程（百万英镑） | 总计（百万英镑） |
|---|---|---|---|---|---|
| **费用** | | | | | |
| 2018年12月30日的余额 | 153.1 | 154.9 | 321.1 | 2.0 | 631.1 |
| 增加额 | 12.2 | 28.1 | 36.0 | 6.0 | 82.3 |
| 处置 | (0.6) | (14.9) | (19.3) | — | (34.8) |
| 转入 | 1.6 | 0.5 | — | (2.1) | — |
| 2019年12月28日的余额 | 166.3 | 168.6 | 337.8 | 5.9 | 678.6 |
| 2019年12月29日的余额 | 166.3 | 168.6 | 337.8 | 5.9 | 678.6 |
| 增加额 | 3.3 | 10.1 | 19.6 | 22.9 | 55.9 |
| 处置 | (0.7) | (8.1) | (8.7) | — | (17.5) |
| 转入 | — | 1.9 | — | (1.9) | — |
| 2021年1月2日的余额 | 168.9 | 172.5 | 348.7 | 26.9 | 717.0 |
| **折旧** | | | | | |
| 2018年12月30日的余额 | 44.1 | 89.9 | 166.7 | — | 300.7 |
| 本年度折旧费 | 4.6 | 13.3 | 38.2 | — | 56.1 |
| 本年度减值费用 | — | 0.5 | 0.4 | — | 0.9 |
| 本年度减值冲回 | — | — | (0.6) | — | (0.6) |
| 处置 | (0.5) | (14.4) | (17.3) | — | (32.2) |
| 2019年12月28日的余额 | 48.2 | 89.3 | 187.4 | — | 324.9 |
| 2019年12月29日的余额 | 48.2 | 89.3 | 187.4 | — | 324.9 |
| 本年度折旧费 | 4.9 | 14.3 | 37.6 | — | 56.8 |
| 本年度减值费用 | — | — | 5.9 | — | 5.9 |
| 本年度减值冲回 | — | — | (0.7) | — | (0.7) |
| 处置 | (0.3) | (7.4) | (7.5) | — | (15.2) |

续表

| | 土地和建筑物（百万英镑） | 厂房和设备（百万英镑） | 固定装置及配件（百万英镑） | 在建工程（百万英镑） | 总计（百万英镑） |
|---|---|---|---|---|---|
| 2021年1月2日的余额 | 52.8 | 96.2 | 222.7 | — | 371.7 |
| 账面金额 | | | | | |
| 2018年12月30日 | 109.0 | 65.0 | 154.4 | 2.0 | 330.4 |
| 2019年12月28日 | 118.1 | 79.3 | 150.4 | 5.9 | 353.7 |
| 2019年12月29日 | 118.1 | 79.3 | 150.4 | 5.9 | 353.7 |
| 2021年1月2日 | 116.1 | 76.3 | 126.0 | 26.9 | 345.3 |

在建工程涉及自动化冷库设施的建设，资产的价值将通过正常交易过程收回。

如果有事件发生或情况变化表明账面价值可能无法收回，则对资产进行减值测试，并在必要时计提减值准备。在这些计算中使用的方法和假设，以及有关的敏感性，载于第123页和第124页的编制基础——关键的估计和判断。

2018年，该公司签订了Twickenham空置场地的处置合同。处置的条件取决于一系列因素，包括申请和获批规划许可。截至2020年底，这些因素的解决时间仍不确定，因此该资产继续被归类为非流动资产。在现阶段，场地处置产生的总收益预计仍将与投资计划中预期的收益保持一致。

## 母公司

| | 土地和建筑物（百万英镑） | 厂房和设备（百万英镑） | 固定装置及配件（百万英镑） | 在建工程（百万英镑） | 总计（百万英镑） |
|---|---|---|---|---|---|
| 费用 | | | | | |
| 2018年12月30日的余额 | 153.6 | 155.4 | 321.6 | 2.0 | 632.6 |
| 增加额 | 12.2 | 28.1 | 36.0 | 6.0 | 82.3 |
| 处置 | (0.6) | (14.9) | (19.3) | — | (34.8) |
| 转入 | 1.6 | 0.5 | — | (2.1) | — |

续表

| | 土地和建筑物（百万英镑） | 厂房和设备（百万英镑） | 固定装置及配件（百万英镑） | 在建工程（百万英镑） | 总计（百万英镑） |
|---|---|---|---|---|---|
| 2019 年 12 月 28 日的余额 | 166.8 | 169.1 | 338.3 | 5.9 | 680.1 |
| 2019 年 12 月 29 日的余额 | 166.8 | 169.1 | 338.3 | 5.9 | 680.1 |
| 增加额 | 3.3 | 10.1 | 19.6 | 22.9 | 55.9 |
| 处置 | (0.7) | (8.1) | (8.7) | — | (17.5) |
| 转入 | — | 1.9 | — | (1.9) | — |
| 2021 年 1 月 2 日的余额 | 169.4 | 173.0 | 349.2 | 26.9 | 718.5 |
| 折旧 | | | | | |
| 2018 年 12 月 30 日的余额 | 44.4 | 90.1 | 167.1 | — | 301.6 |
| 本年度折旧费 | 4.6 | 13.3 | 38.2 | — | 56.1 |
| 本年度减值费用 | — | 0.5 | 0.4 | — | 0.9 |
| 本年度减值冲回 | — | — | (0.6) | — | (0.6) |
| 处置 | (0.5) | (14.4) | (17.3) | — | (32.2) |
| 2019 年 12 月 28 日的余额 | 48.5 | 89.5 | 187.8 | — | 325.8 |
| 2019 年 12 月 29 日的余额 | 48.5 | 89.5 | 187.8 | — | 325.8 |
| 本年度折旧费 | 4.9 | 14.3 | 37.6 | — | 56.8 |
| 本年度减值费用 | — | — | 5.9 | — | 5.9 |
| 本年度减值冲回 | — | — | (0.7) | — | (0.7) |
| 处置 | (0.3) | (7.4) | (7.5) | — | (15.2) |
| 2021 年 1 月 2 日的余额 | 53.1 | 96.4 | 223.1 | — | 372.6 |
| 账面金额 | | | | | |
| 2018 年 12 月 30 日 | 109.2 | 65.3 | 154.5 | 2.0 | 331.0 |
| 2019 年 12 月 28 日 | 118.3 | 79.6 | 150.5 | 5.9 | 354.3 |
| 2019 年 12 月 29 日 | 118.3 | 79.6 | 150.5 | 5.9 | 354.3 |
| 2021 年 1 月 2 日 | 116.3 | 76.6 | 126.1 | 26.9 | 345.9 |

## 土地和建筑物

土地和建筑物的账面价值包括：

|  | 集团 |  | 母公司 |  |
| --- | --- | --- | --- | --- |
|  | 2020 年<br>（百万英镑） | 2019<br>（百万英镑） | 2020 年<br>（百万英镑） | 2019 年<br>（百万英镑） |
| 不动产 | 115.1 | 116.9 | 115.3 | 117.1 |
| 短期租赁不动产 | 1.0 | 1.2 | 1.0 | 1.2 |
|  | 116.1 | 118.1 | 116.3 | 118.3 |

## 13. 投资

### 非流动投资

#### 母公司

|  | 子公司股份<br>（百万英镑） |
| --- | --- |
| **费用** |  |
| 2018 年 12 月 30 日、2019 年 12 月 29 日和 2021 年 1 月 2 日的余额 | 5.8 |
| **减值** |  |
| 2018 年 12 月 30 日、2019 年 12 月 29 日和 2021 年 1 月 2 日的余额 | 0.8 |
| **账面金额** |  |
| 2018 年 12 月 30 日、2019 年 12 月 28 日、2019 年 12 月 29 日和 2021 年 1 月 2 日的余额 | 5.0 |

公司年末持有权益超过 20% 的企业如下：

|  | 主要活动 | 注册办事处地址 | 所持表决权和股份比例 |
|---|---|---|---|
| Charles Bragg (Bakers) Limited | 非贸易公司 | 1 | 100% |
| Greggs (Leasing) Limited | 已停业 | 1 | 100% |
| Thurston Parfitt Limited | 非贸易公司 | 1 | 100% |
| Greggs Properties Limited | 地产控股 | 1 | 100% |
| Olivers (U.K.) Limited | 已停业 | 2 | 100% |
| Olivers (U.K.) Development Limited* | 非贸易公司 | 2 | 100% |
| Birketts Holdings Limited | 已停业 | 1 | 100% |
| J.R. Birkett and Sons Limited* | 已停业 | 1 | 100% |
| Greggs Trustees Limited | 信托公司 | 1 | 100% |
| Solstice Zone A Management Company Limited | 非贸易公司 | 3 | 28% |

* 间接持有

1 Greggs House
  Quorum Business Park
  Newcastle upon Tyne
  NE12 8BU

2 Clydesmill Bakery
  75 Westburn Drive
  Clydesmill Estate
  Cambuslang
  Glasgow
  G72 7NA

3 The Abbey
  Preston Road
  Yeovil
  Somerset
  BA20 2EN

Solstice Zone A Management Company Limited 根据重要性未进行合并。

根据《2006 年公司法》第 480 条有关已停业公司的第 (1) 款和第 (2) 款规定，上述公司的子公司均有权豁免其报表审计要求。

## 14. 递延所得税资产和负债

### 集团

递延所得税资产和负债归属于以下各项：

|  | 资产 2020年（百万英镑） | 资产 2019年（百万英镑） | 负债 2020年（百万英镑） | 负债 2019年重述*（百万英镑） | 净资产 2020年（百万英镑） | 净资产 2019年重述*（百万英镑） |
| --- | --- | --- | --- | --- | --- | --- |
| 不动产、厂房和设备 | — | — | (8.3) | (8.5) | (8.3) | (8.5) |
| 雇员福利 | 5.5 | 5.4 | — | — | 5.5 | 5.4 |
| 短期暂时性差异 | 0.5 | 0.7 | — | — | 0.5 | 0.7 |
| 递延所得税资产/（负债） | 6 | 6.1 | (8.3) | (8.5) | (2.3) | (2.4) |

\* 由于会计政策的变化，已对上一年递延税款余额进行了重述。这一变化及其影响的进一步细节载于第121页的编制基础。由于这一会计政策的变化，集团在2021年1月2日有570万英镑的递延所得税资产未确认（2019年12月28日：570万英镑）。

在截至2019年12月28日的52周内，暂时性差异的变动如下：

|  | 2018年12月30日的余额 重述（百万英镑） | 在收入中确认（百万英镑） | 在权益中确认（百万英镑） | 2019年12月28日的余额 重述（百万英镑） |
| --- | --- | --- | --- | --- |
| 不动产、厂房和设备 | (8.9) | 0.4 | — | (8.5) |
| 雇员福利 | 3.2 | (0.1) | 2.3 | 5.4 |
| 短期暂时性差异 | 0.2 | 0.5 | — | 0.7 |
|  | (5.5) | 0.8 | 2.3 | (2.4) |

在截至2021年1月2日的53周内，暂时性差异的变动如下：

|  | 2019年12月29日的余额 重述（百万英镑） | 在收入中确认（百万英镑） | 在权益中确认（百万英镑） | 2021年1月2日的余额（百万英镑） |
| --- | --- | --- | --- | --- |
| 不动产、厂房和设备 | (8.5) | 0.2 | — | (8.3) |
| 雇员福利 | 5.4 | (0.5) | 0.6 | 5.5 |
| 短期暂时性差异 | 0.7 | (0.2) | — | 0.5 |
|  | (2.4) | (0.5) | 0.6 | (2.3) |

## 母公司

递延所得税资产和负债归属于以下各项：

|  | 资产 |  | 负债 |  | 净资产 |  |
| --- | --- | --- | --- | --- | --- | --- |
|  | 2020 年（百万英镑） | 2019 年（百万英镑） | 2020 年（百万英镑） | 2019 年重述（百万英镑） | 2020 年（百万英镑） | 2019 年重述（百万英镑） |
| 不动产、厂房和设备 | — | — | (7.8) | (8.1) | (7.8) | (8.1) |
| 雇员福利 | 5.5 | 5.4 | — | — | 5.5 | 5.4 |
| 短期暂时性差异 | 0.5 | 0.7 | — | — | 0.5 | 0.7 |
| 递延所得税资产/（负债） | 6.0 | 6.1 | (7.8) | (8.1) | (1.8) | (2.0) |

在截至 2019 年 12 月 28 日的 52 周内，暂时性差异的变动如下：

|  | 2018 年 12 月 30 日的余额重述（百万英镑） | 在收入中确认（百万英镑） | 在权益中确认（百万英镑） | 2019 年 12 月 28 日的余额重述（百万英镑） |
| --- | --- | --- | --- | --- |
| 不动产、厂房和设备 | (8.5) | 0.4 | — | (8.1) |
| 雇员福利 | 3.2 | (0.1) | 2.3 | 5.4 |
| 短期暂时性差异 | 0.2 | 0.5 | — | 0.7 |
|  | (5.1) | 0.8 | 2.3 | (2.0) |

在截至 2021 年 1 月 2 日的 53 周内，暂时性差异的变动如下：

|  | 2019 年 12 月 29 日的余额重述（百万英镑） | 在收入中确认（百万英镑） | 在权益中确认（百万英镑） | 2021 年 1 月 2 日的余额（百万英镑） |
| --- | --- | --- | --- | --- |
| 不动产、厂房和设备 | (8.1) | 0.3 | — | (7.8) |

续表

| | 2019年12月29日的余额 重述（百万英镑） | 在收入中确认（百万英镑） | 在权益中确认（百万英镑） | 2021年1月2日的余额（百万英镑） |
|---|---|---|---|---|
| 雇员福利 | 5.4 | (0.5) | 0.6 | 5.5 |
| 短期暂时性差异 | 0.7 | (0.2) | — | 0.5 |
| | (2.0) | (0.4) | 0.6 | (1.8) |

## 15. 存货

| | 集团和母公司 | |
|---|---|---|
| | 2020年（百万英镑） | 2019年（百万英镑） |
| 原材料和消耗品 | 13.3 | 19.4 |
| 在产品 | 9.2 | 4.5 |
| | 22.5 | 23.9 |

本期确认为费用的存货核销金额为3 490万英镑(2019年：3 390万英镑)。

## 16. 贸易和其他应收款

| | 集团和母公司 | |
|---|---|---|
| | 2020年（百万英镑） | 2019年（百万英镑） |
| 贸易应收款 | 22.0 | 15.8 |

续表

|  | 集团和母公司 | |
|---|---|---|
|  | 2020年<br>（百万英镑） | 2019年<br>（百万英镑） |
| 其他应收款 | 11.4 | 6.0 |
| 预付账款 | 6.0 | 5.3 |
|  | 39.4 | 27.1 |

2021年1月2日，坏账准备金额不重大。金融资产的预期信用损失（expected credit losses, ECL）不重大。

资产负债表日未减值的贸易应收款账龄为：

|  | 集团和母公司 | |
|---|---|---|
|  | 2020年<br>（百万英镑） | 2019年<br>（百万英镑） |
| 未逾期 | 17.3 | 14.5 |
| 逾期1～30天 | 3.9 | 1.1 |
| 逾期31～90天 | 0.7 | 0.2 |
| 逾期超过90天 | 0.1 | — |
|  | 22.0 | 15.8 |

集团认为，根据历史付款行为和对客户信用风险的广泛分析，所有逾期超过30天且对ECL计提数额不大的备抵的应收款项仍可全额收回。根据集团对客户信用风险的监控，集团认为，对于未逾期的贸易应收款，无须对ECL计提大额备抵。

## 17. 现金及现金等价物

|  | 集团和母公司 | |
|---|---|---|
|  | 2020 年<br>（百万英镑） | 2019 年<br>（百万英镑） |
| 现金及现金等价物 | 36.8 | 91.3 |

## 18. 贸易和其他应付款

|  | 集团 | | 母公司 | |
|---|---|---|---|---|
|  | 2020 年<br>（百万英镑） | 2019 年<br>（百万英镑） | 2020 年<br>（百万英镑） | 2019 年<br>（百万英镑） |
| 贸易应付款 | 48.8 | 66.7 | 48.8 | 66.7 |
| 欠子公司的款项 | — | — | 7.7 | 7.7 |
| 其他税费和社会保障 | 6.8 | 8.9 | 6.8 | 8.9 |
| 其他应付款 | 17.4 | 31.9 | 17.4 | 31.9 |
| 预提费用 | 15.1 | 32.0 | 15.1 | 32 |
| 客户预付款 | 2.5 | 2.3 | 2.5 | 2.3 |
| 递延政府补助金 | 0.5 | 0.5 | 0.5 | 0.5 |
|  | 91.1 | 142.3 | 98.8 | 150.0 |

2019 年，预提费用和其他应付款包括 2 700 万英镑的绩效薪酬预提费用。2020 年没有类似的预提费用。

## 19. 当期纳税义务

集团和母公司的当期纳税义务为 0（2019 年：集团和母公司 1 180 万英镑），表示本年度和以前年度应缴纳所得税的估计金额。

## 20. 非流动负债——其他应付款

|  | 集团和母公司 ||
| --- | --- | --- |
|  | 2020 年<br>（百万英镑） | 2019 年<br>（百万英镑） |
| 递延政府补助金 | 3.7 | 4.2 |

集团已获五项有关扩建现有设施及兴建新设施的政府补助金。这些补助金已被确认为递延收入，并按其用于购置的资产的加权平均使用寿命摊销。

## 21. 雇员福利

### 养老金固定收益计划

#### 方案背景

公司为符合条件的员工发起了一项最终工资养老金计划。该计划于 2008 年终止，所有仍为该计划成员的剩余员工现在都是公司养老金固定收益计划的成员。

该计划由一个独立的受托人委员会管理，该委员会在法律上独立于本公司。受托人由雇主和雇员双方的代表组成。根据法律规定，受托人必须为所有相关受益人的利益行事，并负责有关资产的投资政策以及收益的日常管理。

英国立法要求养老金计划的资金来源必须谨慎。截至 2017 年 4 月 6 日，本计划的最后一次资金估值由一名合格精算师进行，结果显示有盈余。该公司现在无须向该计划缴款。

### 计划简介

养老金固定收益计划负债包括前雇员和当前退休人员的收益。总的来说，三分之二的负债归属于递延成员，三分之一归属于当前退休人员。

计划存续期是支付收益前的加权平均时间指标。整个计划的期限约为 18 年。

### 投资策略

公司和受托人已就适当时降低投资风险的长期战略达成一致。这包括一项政策，即持有足够的现金和债券资产，以支付至少未来五年的预期计划收益，从而改善该计划资产和负债的现金流匹配。

| | 集团和母公司 | |
|---|---|---|
| | 2020 年（百万英镑） | 2019 年（百万英镑） |
| 养老金固定收益计划负债 | (143.4) | (127.6) |
| 计划资产的公允价值 | 131.5 | 127.0 |
| 养老金固定收益计划净负债 | (11.9) | (0.6) |

### 养老金固定收益计划负债

养老金固定收益计划负债的现值变化如下：

|  | 集团和母公司 | |
| --- | --- | --- |
|  | 2020年<br>（百万英镑） | 2019年<br>（百万英镑） |
| 期初养老金固定收益计划负债 | 127.6 | 113.5 |
| 以往服务成本 | 0.1 | — |
| 利息成本 | 2.5 | 3.1 |
| 重新计量（收益）/损失： |  |  |
| • 死亡率假设的变化 | 1.1 | (0.9) |
| • 财务假设的变化 | 19.2 | 15.5 |
| • 经验 | (3.4) | — |
| 支付的收益金额 | (3.7) | (3.6) |
| 期末养老金固定收益计划负债 | 143.4 | 127.6 |

计划资产的公允价值变动如下：

|  | 集团和母公司 | |
| --- | --- | --- |
|  | 2020年<br>（百万英镑） | 2019年<br>（百万英镑） |
| 期初计划资产公允价值 | 127.0 | 105.1 |
| 计划资产净利息 | 2.5 | 2.9 |
| 重新计量收益 | 5.7 | 17.6 |
| 公司特别出资 | — | 5.0 |
| 支付的收益金额 | (3.7) | (3.6) |
| 期末计划资产公允价值 | 131.5 | 127.0 |

利润表中的费用如下：

|  | 集团 | |
| --- | --- | --- |
|  | 2020年<br>（百万英镑） | 2019年<br>（百万英镑） |
| 养老金固定收益计划净负债的利息支出 | — | 0.2 |

其他综合收益中确认的金额如下：

|  | 集团 | |
|---|---|---|
|  | 2020年<br>（百万英镑） | 2019年<br>（百万英镑） |
| 养老金固定收益计划的重新计量收益/（损失） | (11.2) | 3.0 |

自2003年12月28日（采用国际财务报告准则的过渡日）以来，集团和母公司在综合收益表中报告的累计重新计量损益为3 130万英镑的净亏损（2019年：净亏损为2 010万英镑）。

计划资产的公允价值如下：

|  | 集团和母公司 | |
|---|---|---|
|  | 2020年<br>（百万英镑） | 2019年<br>（百万英镑） |
| 股票——英国 | 21.5 | 46.5 |
| ——海外 | 50.1 | 36.7 |
| 债券——公司 | 19.6 | 12.7 |
| ——政府 | 31.8 | 23.7 |
| 绝对收益基金 | — | 1.1 |
| 现金及现金等价物/其他 | 8.5 | 6.3 |
|  | 131.5 | 127.0 |

主要精算假设（以加权平均数表示）：

|  | 集团和母公司 | |
|---|---|---|
|  | 2020年<br>（百万英镑） | 2019年<br>（百万英镑） |
| 贴现率 | 1.25% | 1.95% |
| 未来加薪 | 不适用 | 不适用 |
| 未来养老金增长 | 1.8%～2.3% | 1.7%～2.45% |
| 物价通货膨胀率（RPI） | 2.85% | 2.95% |
| 物价通货膨胀率（CPI） | 2.25% | 2.05% |

2020 年 11 月，政府宣布，从 2030 年起，RPI（零售物价指数，retail price index）将与 CPIH（含业主住房费用的消费者价格指数，consumer prices index including owner occupiers' housing costs）(CPI 与业主占用者成本)保持一致。因此，RPI 假设随着 RPI 和 CPI 之间假定的未来差距进行了更新。

### 死亡率假设

假设退休死亡率符合使用 CMI_2019 预测的 S2PXA 表，长期死亡率为每年 1.25%。根据这些假设，65 岁的退休人员预计寿命再延长 22.2 岁（2019 年：22.1 岁）和 24.2 岁（2019 年：23.7 岁）。目前年龄为 45 岁的成员，如果是男性，预计寿命从 65 岁起延长 23.6 岁（2019 年：23.5 岁），如果是女性，则从 65 岁起延长 25.7 岁（2019 年：25.2 岁）。

用于计量计划负债的主要假设的敏感性如下：

| | 假设变更 | 对计划负债的影响 |
|---|---|---|
| 贴现率 | 增长 0.1% | 减少 260 万英镑 |
| 贴现率 | 增长 0.5% | 减少 1 290 万英镑 |
| 通货膨胀率 | 下降 0.1% | 减少 160 万英镑 |
| 通货膨胀率 | 下降 0.5% | 减少 820 万英镑 |
| 死亡率 | 增长 1 岁 | 增加 530 万英镑 |

如果将折算假设从估值中删除，影响是计划负债增加 800 万英镑。

其他人口统计假设是根据该计划的最新趋势确定的。

2017 年 4 月对该计划进行了三年一次的评估。受托人和公司考虑了评估结果，未确定未来缴款要求。2020 年的三年期评估正在进行中。

2019 年，公司提供了 500 万英镑的特别缴款，以支持受托人采取的在十年内实现债务收购的战略。

### 养老金固定缴款计划

公司还为其他合格员工提供养老金固定缴款计划。该计划的资产与集团的资产分开持有。养老金成本为集团应付的缴款，本年度为 2 490 万英镑（2019

年：2 260 万英镑）。

### 股份支付——集团和母公司

集团已制定储蓄相关股票期权计划、高管股票期权计划和业绩分享计划。

这些计划的授予条款和条件如下，其中所有期权均通过实际交付股票的方式进行结算：

| | 授予日期 | 享有权利的员工 | 行权价格 | 授予的股份数量 | 可行权条件 | 合同期限 |
|---|---|---|---|---|---|---|
| 业绩分享计划 3 | 2012 年 3 月 | 高级经理 | 0 | 248 922 | 3 年的服务期，在这 3 年里，EPS 的年均增长率比 RPI 高 3%～8%，以及相对于比较组的 TSR（股东总回报）。 | 10 年 |
| 高管股票期权计划 16 | 2013 年 3 月 | 高级员工 | 480 便士 | 693 000 | 3 年的服务期，在这 3 年里，EPS 的年均增长率比 RPI 高 3%～7%。 | 10 年 |
| 业绩分享计划 4 | 2013 年 3 月 | 高级经理 | 0 | 305 592 | 3 年的服务期，在这 3 年里，EPS 的年均增长率比 RPI 高 3%～8%，以及相对于比较组的 TSR（股东总回报）。 | 10 年 |
| 业绩分享计划 5 | 2014 年 3 月 | 高级经理 | 0 | 224 599 | 3 年的服务期，在这 3 年里，EPS 的年均增长率比 RPI 高 1%～4%，ROCE 的年均增长率为 15.5%～17%。 | 10 年 |

续表

| | 授予日期 | 享有权利的员工 | 行权价格 | 授予的股份数量 | 可行权条件 | 合同期限 |
|---|---|---|---|---|---|---|
| 高管股票期权计划17 | 2014年4月 | 高级员工 | 500便士 | 598 225 | 3年的服务期，在这3年里，EPS的年均增长率比RPI高1%～4%。 | 10年 |
| 高管股票期权计划18 | 2015年3月 | 高级员工 | 1 022便士 | 298 045 | 3年的服务期，在这3年里，EPS的年均增长率比RPI高1%～7%。 | 10年 |
| 高管股票期权计划18a | 2015年5月 | 高级员工 | 1 056便士 | 3 285 | 3年的服务期，在这3年里，EPS的年均增长率比RPI高1%～7%。 | 10年 |
| 业绩分享计划6 | 2015年3月 | 高级经理 | 0 | 146 174 | 3年的服务期，在这3年里，EPS的年均增长率比RPI高1%～7%，ROCE的年均增长率为19%～21.5%。 | 10年 |
| 业绩分享计划7 | 2016年3月 | 高级经理 | 0 | 133 271 | 3年的服务期，在这3年里，EPS的年均增长率比RPI高2%～8%，ROCE的年均增长率为22%～27%。 | 10年 |
| 高管股票期权计划19 | 2016年4月 | 高级员工 | 1 088便士 | 235 857 | 3年的服务期，在这3年里，EPS的年均增长率比RPI高2%～8%。 | 10年 |
| 储蓄相关股票期权计划17 | 2016年4月 | 全部员工 | 870便士 | 361 853 | 3年的服务期。 | 3.5年 |

续表

| | 授予日期 | 享有权利的员工 | 行权价格 | 授予的股份数量 | 可行权条件 | 合同期限 |
|---|---|---|---|---|---|---|
| 业绩分享计划 8 | 2017 年 5 月 | 高级经理 | 0 | 206 404 | 3 年的服务期，在这 3 年里，EPS 的年均增长率为 5%～11%，ROCE 的年均增长率为 23%～27%。 | 10 年 |
| 高管股票期权计划 20 | 2017 年 4 月 | 高级员工 | 1 033 便士 | 246 219 | 3 年的服务期，在这 3 年里，EPS 的年均增长率为 5%～11%。 | 10 年 |
| 储蓄相关股票期权计划 18 | 2017 年 4 月 | 全部员工 | 807 便士 | 403 560 | 3 年的服务期。 | 3.5 年 |
| 业绩分享计划 9 | 2018 年 3 月 | 高级员工 | 0 | 190 943 | 3 年的服务期，在这 3 年里，EPS 的年均增长率为 5%～11%，ROCE 的年均增长率为 25%～29%。 | 10 年 |
| 高管股票期权计划 21 | 2018 年 3 月 | 高级员工 | 1 197 便士 | 228 923 | 3 年的服务期，在这 3 年里，EPS 的年均增长率为 5%～11%。 | 10 年 |
| 储蓄相关股票期权计划 19 | 2018 年 4 月 | 全部员工 | 954 便士 | 335 482 | 3 年的服务期。 | 3.5 年 |
| 业绩分享计划 10 | 2019 年 4 月 | 高级经理 | 0 | 128 534 | 3 年的服务期，在这 3 年里，EPS 的年均增长率为 5%～11%，ROCE 的年均增长率为 24%～28%。 | 10 年 |

续表

| | 授予日期 | 享有权利的员工 | 行权价格 | 授予的股份数量 | 可行权条件 | 合同期限 |
|---|---|---|---|---|---|---|
| 高管股票期权计划22 | 2019年4月 | 高级员工 | 1 830便士 | 140 913 | 3年的服务期,在这3年里,EPS的年均增长率为5%~11%,ROCE的年均增长率为24%~28%。 | 10年 |
| 储蓄相关股票期权计划20 | 2019年4月 | 全部员工 | 1 484便士 | 230 604 | 3年的服务期。 | 3.5年 |
| 储蓄相关股票期权计划21 | 2020年4月 | 全部员工 | 1 424便士 | 239 673 | 3年的服务期。 | 3.5年 |
| 业绩分享计划11 | 2020年10月 | 高级经理 | 0 | 166 366 | 3年的服务期,2022年的EPS表现,2022年的ROCE表现以及两项战略目标。 | 10年 |
| 高管股票期权计划23 | 2020年11月 | 高级员工 | 1 720便士 | 121 202 | 3年的服务期,2022年的EPS表现,2022年的ROCE表现以及两项战略目标。 | 10年 |

股票期权的数量和加权平均行权价格如下：

| | 2020年 | | 2019年 | |
|---|---|---|---|---|
| | 加权平均行权价格（便士） | 期权数量 | 加权平均行权价格（便士） | 期权数量 |
| 年初未行权 | 781 | 2 342 496 | 690 | 2 744 060 |
| 年内失效 | 1 203 | (87 654) | 870 | (200 762) |

续表

|  | 2020 年 | | 2019 年 | |
|---|---|---|---|---|
|  | 加权平均行权价格（便士） | 期权数量 | 加权平均行权价格（便士） | 期权数量 |
| 年内行权 | 703 | (429 086) | 697 | (700 853) |
| 年内授予 | 1 043 | 527 211 | 1 200 | 500 051 |
| 年末未行权 | 607 | 2 352 967 | 781 | 2 342 496 |
| 年末可行权 | 569 | 721 628 | 546 | 423 556 |

截至 2021 年 1 月 2 日未行权期权的行权价格在 0 ～ 18.30 英镑之间，加权平均合同期限为 5.36 年。年内行权的期权的加权平均市值为 17.61 英镑 (2019 年：20.13 英镑 )。

以授予股票期权作为回报而获得的服务的公允价值，是参照所授予的股票期权的公允价值来衡量的。收到的服务的公允价值的估计值是根据 Black-Scholes 模型计算的，适用于所有储蓄相关股票期权计划和高管股票期权计划，以及自 2014 年起实施的业绩分享计划。授予的每项期权的公允价值及计算中使用的假设如下：

|  | 2020 年 | | | 2019 年 | | |
|---|---|---|---|---|---|---|
|  | 业绩分享计划 11 | 高管股票期权计划 23 | 储蓄相关股票期权计划 21 | 业绩分享计划 10 | 高管股票期权计划 22 | 储蓄相关股票期权计划 20 |
|  | 2020 年 10 月 | 2020 年 11 月 | 2020 年 4 月 | 2019 年 4 月 | 2019 年 4 月 | 2019 年 4 月 |
| 授予日的公允价值 | 1 325 便士 | 493 便士 | 519 便士 | 1 726 便士 | 307 便士 | 469 便士 |
| 股价 | 1 407 便士 | 1 720 便士 | 1 780 便士 | 1 830 便士 | 1 830 便士 | 1 855 便士 |
| 行权价格 | 无 | 1 720 便士 | 1 424 便士 | 无 | 1 830 便士 | 1 484 便士 |

续表

|  | 2020 年 | | | 2019 年 | | |
|---|---|---|---|---|---|---|
|  | 业绩分享计划 11 | 高管股票期权计划 23 | 储蓄相关股票期权计划 21 | 业绩分享计划 10 | 高管股票期权计划 22 | 储蓄相关股票期权计划 20 |
|  | 2020 年 10 月 | 2020 年 11 月 | 2020 年 4 月 | 2019 年 4 月 | 2019 年 4 月 | 2019 年 4 月 |
| 预期波动率 | 45.81% | 48.43% | 38.02% | 28.06% | 28.06% | 28.07% |
| 期权期限 | 3 年 | 3 年 | 3 年 | 3 年 | 3 年 | 3 年 |
| 预期股息率 | 2.00% | 2.00% | 2.52% | 1.95% | 1.95% | 1.92% |
| 无风险利率 | (0.05%) | (0.04%) | 0.12% | 0.75% | 0.75% | 0.64% |

预期波动率基于历史波动率，根据公开信息对未来波动率的预期变化进行了调整。历史波动率是根据期权授予日前三年期间的每周滚动股价来计算的。

与股份支付有关的计入利润表的费用如下：

|  | 2020 年（百万英镑） | 2019 年（百万英镑） |
|---|---|---|
| 2016 年授予的股票期权 | — | 0.3 |
| 2017 年授予的股票期权 | 0.2 | 1.9 |
| 2018 年授予的股票期权 | (0.2) | 1.5 |
| 2019 年授予的股票期权 | 0.5 | 0.7 |
| 2020 年授予的股票期权 | 0.4 | — |
| 确认为员工成本的总费用 | 0.9 | 4.4 |

## 22. 预计负债

集团和母公司

| | 2020年修缮(百万英镑) | 2020年国民保险(百万英镑) | 2020年裁员(百万英镑) | 2020年其他(百万英镑) | 2020年总计(百万英镑) | 2019年修缮(百万英镑) | 2019年国民保险(百万英镑) | 2019年裁员(百万英镑) | 2019年其他(百万英镑) | 2019年总计(百万英镑) |
|---|---|---|---|---|---|---|---|---|---|---|
| 年初余额 | 2.3 | 2.3 | 1.1 | 1.7 | 7.4 | 2.8 | 0.8 | 3.5 | 2.3 | 9.4 |
| 本年度追加的准备金: | | | | | | | | | | |
| 常规 | 1.2 | — | 10.6 | 2.1 | 13.9 | 1.1 | 2.1 | 0.8 | — | 4.0 |
| 特殊 | — | — | 0.2 | — | 0.2 | — | — | 0.7 | — | 0.7 |
| 年使用量: | | | | | | | | | | |
| 常规 | (0.1) | (0.2) | (9.4) | (0.4) | (10.1) | (0.4) | (0.6) | (0.5) | (0.1) | (1.6) |
| 特殊 | — | — | (0.8) | — | (0.8) | — | — | (3.4) | — | (3.4) |
| 本年度转回的准备金: | | | | | | | | | | |
| 常规 | (0.7) | (0.6) | (0.7) | (1.1) | (3.1) | (1.0) | — | — | (0.5) | (1.5) |
| 特殊 | — | — | (0.1) | — | (0.1) | (0.2) | — | — | — | (0.2) |
| 年末余额 | 2.7 | 1.5 | 0.9 | 2.3 | 7.4 | 2.3 | 2.3 | 1.1 | 1.7 | 7.4 |

续表

集团和母公司

| | 2020年修缮（百万英镑） | 2020年国民保险（百万英镑） | 2020年裁员（百万英镑） | 2020年其他（百万英镑） | 2020年总计（百万英镑） | 2019年修缮（百万英镑） | 2019年国民保险（百万英镑） | 2019年裁员（百万英镑） | 2019年其他（百万英镑） | 2019年总计（百万英镑） |
|---|---|---|---|---|---|---|---|---|---|---|
| 计入流动负债 | 1.4 | 1.4 | 0.7 | 0.9 | 4.4 | 1.5 | 1.7 | 1.1 | 1.5 | 5.8 |
| 计入非流动负债 | 1.3 | 0.1 | 0.2 | 1.4 | 3.0 | 0.8 | 0.6 | — | 0.2 | 1.6 |
| | 2.7 | 1.5 | 0.9 | 2.3 | 7.4 | 2.3 | 2.3 | 1.1 | 1.7 | 7.4 |

年末预计负债与常规或特殊活动相关，如下所示：

| | | | | | | | | | | |
|---|---|---|---|---|---|---|---|---|---|---|
| 常规 | 2.5 | 1.5 | 0.8 | 2.1 | 6.9 | 2.1 | 2.3 | 0.3 | 1.5 | 6.2 |
| 特殊 | 0.2 | — | 0.1 | 0.2 | 0.5 | 0.2 | — | 0.8 | 0.2 | 1.2 |
| | 2.7 | 1.5 | 0.9 | 2.3 | 7.4 | 2.3 | 2.3 | 1.1 | 1.7 | 7.4 |

集团租赁的建筑物，在认为期权行权产生的国民保险费计提预计负债。
对未来股票期权行权产生的国民保险费计提预计负债。
其他预计负债主要是与租约尚未到期的停业店铺有关的亏损合同。
预计所有预计负债的大部分将在四年内结转，因此，折现的影响不会太大。

## 23. 资本和储备

### 股本

|  | 普通股 2020年数量 | 普通股 2019年数量 |
| --- | --- | --- |
| 年初已发行并缴足股款——2便士普通股 | 101 155 901 | 101 155 901 |
| 因行使股票期权而发行 | 270 137 | — |
| 年末已发行并缴足股款——2便士普通股 | 101 426 038 | 101 155 901 |

普通股持有人有权获得不时宣布的股息，并有权在公司会议上享有每股一票的表决权。

年内，根据"高管股票期权计划"以及"储蓄相关股票期权计划"，公司共发行了270 137股。平均行权价格为8.23英镑。

### 资本偿还准备金

资本偿还准备金与公司回购并注销的已发行股本的面值有关。

### 持有的自有股份

从留存收益中扣除的有3 900万英镑(2019年：3 990万英镑)，与格雷格斯员工福利信托所持有的自有股份相关。该信托于1988年建立，作为已发行公司股票的存储库，持有227 965股(2019年：406 357股)，截至2021年1月2日的市值为410万英镑(2019年：930万英镑)，尚未无条件授予员工。年内，信托以50万英镑(2019年：1 180万英镑)的总对价购买了25 600股(2019年：547 713股)，并以150万英镑(2019年：490万英镑)的总对价出售了203 992股(2019年：702 222股)。

格雷格斯员工福利信托持有的股份可以由员工在行使格雷格斯高管股票期

权计划、格雷格斯储蓄相关股票期权计划和格雷格斯业绩分享计划下的期权时购买，也可以由格雷格斯员工股票计划的受托人购买。受托人已选择放弃这些股份的应付股息。

## 股息

下表分析了股息的支付时间及相关年份：

|  | 2020 年<br>（每股便士） | 2019 年<br>（每股便士） |
| --- | --- | --- |
| 2018 年最终股息 | — | 25.0 |
| 2019 年中期股息 | — | 11.9 |
| 2019 年特别股息 | — | 35.0 |
| 2019 年最终股息 | — | — |
|  | — | 71.9 |

作为应对新冠疫情的现金保全措施，取消了 2019 年已宣告的 33.0 便士的最终股息。尚未宣告 2020 年的股息。

|  | 2020 年<br>（百万英镑） | 2019 年<br>（百万英镑） |
| --- | --- | --- |
| 2018 年最终股息 | — | 25.3 |
| 2019 年中期股息 | — | 12.0 |
| 2019 年特别股息 | — | 35.3 |
| 2019 年最终股息 | — | — |
|  | — | 72.6 |

## 24. 资本承诺

在截至 2021 年 1 月 2 日的 53 周内，集团签署了以 850 万英镑 (2019 年：

3 570 万英镑）购买不动产、厂房和设备以及无形资产的合同，预计将在下一财年结算。

## 25. 关联方

### 关联方的身份

集团与其子公司（见附注 13）、董事和高管以及养老金计划有关联方关系。

#### 与子公司的交易——集团

公司与其子公司或联营公司在本年度内未发生任何交易（2019 年：无）。

#### 与子公司的交易——母公司

|  | 欠关联方的款项 |  | 关联方欠款 |  |
| --- | --- | --- | --- | --- |
|  | 2020 年（百万英镑） | 2019 年（百万英镑） | 2020 年（百万英镑） | 2019 年（百万英镑） |
| 已停业子公司 | 7.8 | 7.8 | — | — |

格雷格斯基金会也是关联方，公司在这一年中向格雷格斯基金会捐赠了 110 万英镑 (2019 年：130 万英镑 )，并将销售手提袋筹集的 30 万英镑 (2019 年：40 万英镑 ) 和销售产品筹集的 20 万英镑 (2019 年：30 万英镑 ) 转交给该基金会。格雷格斯基金会持有格雷格斯公司的 30 万股股票，格雷格斯公司的董事 Richard Hutton 是格雷格斯基金会的受托人。

#### 与关键管理人员的交易

董事持股、股票期权、薪酬、养老金福利和其他非现金福利的详情见第 79 页至第 101 页的董事薪酬报告。主要管理人员薪酬汇总信息见附注 5。

## 格雷格斯公司十年历史

| | 2011年 | 2012年(重述)[2] | 2013年 | 2014年(重述)[1,3] | 2015年[1] | 2016年 | 2017年 | 2018年 | 2019年[5] | 2020年[1] |
|---|---|---|---|---|---|---|---|---|---|---|
| 营业额(百万英镑) | 701.1 | 734.5 | 762.4 | 806.1 | 835.7 | 894.2 | 960.0 | 1 029.3 | 1 167.9 | 811.3 |
| 总销售额增长/(下降) | 5.8% | 4.8% | 3.8% | 5.7% | 3.7% | 7.0% | 7.4% | 7.2% | 13.5% | (30.5%) |
| 公司管理店铺的同类销售额增长/(下降) | 1.4% | (2.7%) | (0.8%) | 4.5% | 4.7% | 4.2% | 3.7% | 2.9% | 9.2% | (36.2%) |
| 税前利润/(亏损)(PBT),不包括非常规项目(百万英镑) | 53.1 | 50.9 | 41.3 | 58.3 | 73.1 | 80.3 | 81.7 | 89.8 | 114.2 | (12.9) |
| 税前利润率,不包括非常规项目 | 7.6% | 6.9% | 5.4% | 7.2% | 8.7% | 9.0% | 8.5% | 8.7% | 9.8% | (15.9%) |
| 税前非常规项目(百万英镑) | 7.4 | 1.4 | (8.1) | (8.5) | — | (5.2) | (9.9) | (7.2) | (5.9) | (0.8) |
| 常规活动的税前利润/(亏损),包括非常规项目(百万英镑) | 60.5 | 52.4 | 33.2 | 49.7 | 73.0 | 75.1 | 71.9 | 82.6 | 108.3 | (13.7) |
| 不包括非常规项目的每股收益(便士) | 38.8 | 38.3 | 30.6 | 43.4 | 55.8 | 60.8 | 63.5 | 70.3 | 89.7 | (12.9) |
| 每股股息(便士) | 19.3 | 19.5 | 19.5 | 22.0 | 48.6[4] | 31.0 | 32.3 | 35.7 | 46.9[6] | — |
| 股东总回报 | 13.0% | (6.1%) | 0.6% | 69.7% | 87.1% | (23.8%) | 47.5% | (7.4%) | 87.5% | (22.0%) |
| 资本支出(百万英镑) | 59.1 | 46.9 | 47.6 | 48.9 | 71.7 | 80.4 | 70.4 | 73.0 | 86.0 | 58.7 |

续表

| | 2011年 | 2012年(重述)[2] | 2013年 | 2014年(重述)[1,3] | 2015年[1] | 2016年 | 2017年 | 2018年 | 2019年[5] | 2020年[1] |
|---|---|---|---|---|---|---|---|---|---|---|
| 已动用资本回报率（不包括非常规项目） | 24.4% | 21.3% | 16.4% | 22.4% | 26.8% | 28.1% | 26.9% | 27.4% | 20.0% | (2.4%) |
| 年末营业的店铺数量 | 1 571 | 1 671 | 1 671 | 1 650 | 1 698 | 1 764 | 1 854 | 1 953 | 2 050 | 2 078 |

1. 2014年和2020年为53周，影响了该年和紧随其后的一年的总销售额增长。
2. 采用IAS 19（修订版）后进行了重述。
3. 已重述，以包括特许经营装修成本的收入。
4. 包括2015年支付的20.0便士的特别股息。
5. IFRS 16（租赁）在财务年度开始时采用修正的追溯法实施。上一年的比较数据未重述。
6. 包括35.0便士的最终股息。2019年宣告的最终股息在新冠疫情期间作为现金保全措施被取消。

## 另类绩效指标计算

上述所有非公认会计惯例指标均可根据年度报告中包含的公认会计惯例指标计算出来，以下详细说明的除外。

同类（like-for-like，LFI）销售额增长——将公司管理店铺的现金销售额与历年交易进行比较，计算如下：

|  | 2020 年<br>（百万英镑） | 2019 年<br>（百万英镑） |
| --- | --- | --- |
| 本年度 LFL 销售额 | 665.2 | 987.8 |
| 上一年 LFL 销售额 | 1 042.2 | 904.7 |
| 增长 /（下降） | (377.0) | 83.1 |
| LFL 销售额增长 /（下降）百分比 | (36.2%) | 9.2% |

已动用资本回报率——计算方法是用税前利润除以当年的平均总资产减去流动负债。

|  | 2020 年<br>（百万英镑） | 2019 年<br>常规项目<br>（百万英镑） | 2019 年<br>包括非常规项目<br>（百万英镑） |
| --- | --- | --- | --- |
| 税前利润 /（亏损）已动用资本： | (13.7) | 114.2 | 108.3 |
| 期初 | 580.1 | 559.3 | 559.3 |
| 期末 | 589.8 | 580.1 | 580.1 |
| 平均 | 584.9 | 569.7 | 569.7 |
| 已动用资本回报率 | (2.3%) | 20.0% | 19.0% |

扣除租赁款项后的经营活动净现金流入——计算方法是从经营活动净现金流入中扣除租赁负债本金偿还额。

|  | 2020 年<br>（百万英镑） | 2019 年<br>（百万英镑） |
| --- | --- | --- |
| 经营活动净现金流入 | 43.6 | 219.1 |
| 租赁负债本金的偿还 | (42.1) | (49.6) |
| 扣除租赁款项后的经营活动净现金流入 | 1.5 | 169.5 |

Authorized translation from the English language edition, entitled The Finance Book: Understand the numbers even if you're not a finance professional, 2e, 9781292401980 by Stuart Warner, Saieem Hussain, Copyright © Stuart Warner and Saieem Hussain 2017 (print and electronic) © Pearson Education 2022 (print and electronic). This Translation of The Finance Book, 2e is published by arrangement with Pearson Education Limited.

All rights reserved. No part of this book may be reproduced or transmitted in any form or by any means, electronic or mechanical, including photocopying, recording or by any information storage retrieval system, without permission from Pearson Education.

CHINESE SIMPLIFIED language edition published by CHINA RENMIN UNIVERSITY PRESS CO., LTD., Copyright © 2024.

本书中文简体字版由培生集团授权中国人民大学出版社在中华人民共和国境内（不包括中国香港、澳门特别行政区和中国台湾地区）独家出版发行。未经出版者书面许可，不得以任何形式复制或抄袭本书的任何部分。

本书封面贴有 Pearson Education（培生集团）激光防伪标签。无标签者不得销售。

图书在版编目（CIP）数据

极简财务：第 2 版 /（ ）斯图尔特·沃纳，（ ）赛义姆·侯赛因著；韩洪灵，刘强译. -- 北京：中国人民大学出版社，2024.7
ISBN 978-7-300-32632-0

Ⅰ. ①极… Ⅱ. ①斯… ②赛… ③韩… ④刘… Ⅲ. ①企业管理－财务管理－基本知识 Ⅳ. ① F275

中国国家版本馆 CIP 数据核字（2024）第 055135 号

**极简财务（第 2 版）**
斯图尔特·沃纳
赛义姆·侯赛因　著
韩洪灵　刘　强　译
Jijian Caiwu

| 出版发行 | 中国人民大学出版社 | | |
|---|---|---|---|
| 社　　址 | 北京中关村大街 31 号 | 邮政编码 | 100080 |
| 电　　话 | 010－62511242（总编室） | | 010－62511770（质管部） |
| | 010－82501766（邮购部） | | 010－62514148（门市部） |
| | 010－62515195（发行公司） | | 010－62515275（盗版举报） |
| 网　　址 | http://www.crup.com.cn | | |
| 经　　销 | 新华书店 | | |
| 印　　刷 | 北京宏伟双华印刷有限公司 | | |
| 开　　本 | 720 mm×1000 mm　1/16 | 版　次 | 2024 年 7 月第 1 版 |
| 印　　张 | 27.75 插页 2 | 印　次 | 2024 年 7 月第 1 次印刷 |
| 字　　数 | 403 000 | 定　价 | 88.00 元 |

版权所有　侵权必究　　印装差错　负责调换